奧密科學大綱

Die Geheimwissenschaft im Umriß

目錄

序言十六到二十版——一九二五

〔1〕

從本書首次付梓以來已經過了十五年，現在也許能容許我說出一些內心的想法。

*****

〔2〕

我最初的計劃是想把本書中主要的內容加入到《神智學》的最後一章，那是另一本先前已經出版的拙著，但這行不通；當《神智學》將要付梓之時，這本書的主要內容仍未如《神智學》的內容那樣成熟，在我觀像時個別的靈性存有者在我心魂之前而我可以描述祂們，但是在《奧密科學大綱》中所表現的宇宙關係仍然不是那麼真切，個別的細節已經在那裡了，但是整體圖像仍不明確。

（3）

因此我選擇讓《神智學》以現在的形式出版，只包含個別人類生命中必要的靈性本質，接著再以自己的步伐去完成這本《奧密科學大綱》。

******

（4）

當時我心中所持的態度是，這本書的內容必須以比自然科學更精巧的思考方式來呈現何謂靈性，你可以在重新印的第一版序言當中發現，在我寫下關於靈性感知的一切時對自然科學具有強烈的責任感。

******

（5）

然而，當靈性世界將自身展現於靈視時並不會僅以這種方式呈現，因為這樣的啟示並非僅只是思考的內容，任何曾經直接經歷這些啟示的人都會知道，我們一般日常意識狀態的思考只適合表達感官的感知而非靈性的感知。

＊＊＊＊＊＊

〔6〕靈性感知的內容只能經由圖像傳達（觀像），經由圖像靈感可以訴說，同時這些靈感又是於出靈性存有者被直覺地感知而產生。（關於觀像、靈感與直覺本質的必要資訊可以在本書或是拙著《如何認識更高層世界的知識》當中找到）

〔7〕

時至今日，那些描述靈性世界圖像的人不能再只是表達這些圖像本身，這樣做是以完全不同於當代的意識狀態呈現，使得這些內容與當代的知識格格不入，擁有這些圖像的人必須在當代的意識中再加上能看入靈性世界的另一種意識狀態，如此他們所呈現的內容會是靈性世界，但是為了讓只能以現代辭彙思考而無法看入靈性世界的一般意識狀態完全理解，靈性世界必須化為思考形式才能流入我們的思考當中。

＊＊＊＊＊＊

〔8〕

只有我們在這條道路上自我設限才會持續缺乏理解，如此即是我們陷入了關於「知識極限」的當代偏見，這是由於不正確的自然觀所致。

＊＊＊＊＊＊

〔9〕

在靈性感知當中的一切都被浸入細微的心魂體驗，並非只有靈性感知本身，同時也有一般看不見的意識狀態所帶來的某種理解。

＊＊＊＊＊

〔10〕

如果只有膚淺知識的人宣稱那些相信自己能理解的人只是自我暗示，這顯示他們自己對於這些細微的體驗一點概念也沒有。

＊＊＊＊＊

〔11〕

但是事實上，在物質世界只能被理解為正確或錯誤的概念表達，在面對靈性世界時會變成我們真切的體驗。

〔12〕

如果我們容許我們的觀點受到任何一點影響，誤認為一般的意識狀態會限制我們去理解靈性感知的內容，那麼這樣的判斷和感覺就會像是烏雲一般妨礙我們的認知，使我們真的無法去理解。

＊＊＊＊＊＊

〔13〕

但是對於不帶偏見的意識，即使他仍未親見靈性世界，若是觀者能將所見化為思想的形式，靈性感知也可以被其他人完全理解，正如畫家完成的畫作能被畫家以外的人理解一般。然而，理解靈性世界並非如理解藝術作品般是一種藝術、感覺的過程，而是像科學一般的思考過程。

＊＊＊＊＊＊

******

〔14〕

但是，為了讓這種理解真正可能，展現靈性感知的人必須能將之化為思考的形式，而又不失其圖像特質。當我起草《奧密科學大綱》這本書時，這些都在我的心魂之前。

******

〔15〕

因此在一九〇九年時我覺得，我要寫出這本書預設的必要條件是：一、將我靈視所見的內容化為適當的思想形式；二、可以被任何沒有自我設限又願意思考的人所理解。

*****

〔16〕

我今天及在一九〇九年時都說過，我認為在當時出版這本書是有風險的，我知道專業的科學家無法擁有必要的公正性，同時多數的其他人是依賴科學作判斷的。

*****

〔17〕

但在我心魂面前的事實再清楚不過了，在人類意識最遠離靈性世界的時代，仍然有會有熱烈的渴望與之溝通。

*****

〔18〕

我也發現到即使有些人的經驗完全遠離所有靈性，當遇到生命的困難時，會以他們最深的渴望得到來自靈性世界的回應。

*****

〔19〕這些年來這樣的想法被完全確證，像是《神智學》和《奧密科學大綱》這類的書，需要讀者以善意去克服困難的書寫形式，也都被廣泛地閱讀。

*****

〔20〕我試著非常有意識地不去提供關於這些主題的「通俗化」說明，而是要求讀者發揮良好的思考能力才能接觸到這些內容，因為我銘印於拙著中的特質，僅僅是閱讀它們就已經開始了靈性的修練，以平靜而集中的方式運用思考，這樣的閱讀要求讀者增加心魂和靈性的力量，使他們

接近靈性世界。

〔21〕

＊＊＊＊＊＊

將這本書命名為《奧密科學大綱》立刻就引起了誤解，來自各方面的訊息都提到若要成為「科學」就不可能是「奧密或祕密」，這種反對意見多麼無知！這就像是以為一個人公開發行了某些內容是為了要保守「秘密」。這整本書沒有任何內容可以被標註「秘密」的標籤，而是想要使它的形式像是任何「科學」一般可以被理解，當我們使用「自然科學」這個辭彙時，不正是意味著我們正在處理有關於「自然」的知識嗎？「奧密科學」則是指當一個人的心魂由外在自然世界轉向內在靈性狀態時才會「奧密地」發生的科學。

＊＊＊＊＊＊

〔22〕

「奧密科學」與「自然科學」相反。

＊＊＊＊＊＊

〔23〕

經常有人會反對我的靈性感知，堅稱那只是將源自於遠古時期關於靈性世界的概念老調重彈，有人說我曾經閱讀過許多這類的事物，不知不覺中已經將它們吸收，然後再把它們表達出來時誤以為是出於自己的感知，我被說成是把諾斯替派的教義及東方詩意的智慧等表述為自己的作品。

〔24〕

這些反對意見中的思想也非常膚淺。

＊＊＊＊＊＊

〔25〕

我充份地意識到，事實上我對靈性事物的知識完全是出於我本身的感知，無論是細節或是較廣的視野，我對自己嚴格地測試以確保我感知的每一個步驟都在完全及審慎的意識下進行；我告訴自己，就像在數學上從一個思考到另一個思考的過程，沒有任何自我暗示或無意識可以參與其中，靈性感知必須從一個客觀的圖像進展到另一個，若非清晰而集中的意識所感知的靈性內容，不容許任何事物在心魂中活動。

〔26〕

＊＊＊＊＊＊

知曉一個觀像並不僅只是一個主觀的印象，健全的內在體驗中得到的是以圖像形式重製而成的客觀靈性內容；在靈性心魂層次有方法達到這樣的認知，就像一個健康的人可以在感官觀察的領域中去區分幻夢與客觀感知。

〔27〕

＊＊＊＊＊＊

如此，我感知到在我面前的結果，一開始祂們是沒有名字的「看見」。

〔28〕

******

稍後，我需要辭彙去描述及傳達祂們，因此我就去看關於靈性事物的既有文獻，以找尋辭彙去表達這些仍然沒有名字的事物；我自由地去使用這些我所找到的辭彙，因此我的用法很少與之在原來文獻中的用法一致。然後，在每個狀況下，我總是在這些內容已經出現在我感知當中之後，才會去尋找表達祂們的可能性。

******

〔29〕

我總是先從自己的感知中排除掉先前閱讀的內容，再以我先前描述的意識狀況來進行研究。

〔30〕

也有人宣稱我所使用的辭彙只是對遠古思想的懷舊，人們將注意力固著於表述的方式而沒有進入到內容，如果我說了在人類星芒身中的「蓮花」，這就證實了我只是重複了這個辭彙被曾經使用過的古印度教誨；當我使用了「天使」、「大天使」等等辭彙，就會被認為我就只是復興了諾斯替基督教派的概念。

******

〔31〕

我經常遇到這類完全膚淺的思想在反對我。

******

＊＊＊＊＊＊

〔32〕

在新版的《奧密科學大綱》將要付梓的此刻，我也要指出這個事實，因為這本書包括了整個人智學的大綱，也特別容易招致所有人智學可能引起的誤解。

＊＊＊＊＊＊

〔33〕

自從本書中所表現的觀像首次以完整的圖像出現在我的心魂當中，我仍然持續地發展自己感知人類、人類歷史發展及宇宙的能力，但我於十五年前在《奧密科學大綱》中所提供的大綱至今仍然無可動搖，從那時起我能傳達的所有事物，若是能在本書中找到適當的位置，都可以視為這個大綱的細部說明。

一九二五年一月十日於歌德館

魯道夫・史代納

＊＊＊＊＊＊

序言—七到十五版——一九二〇（譯者註：十六到二十版未收入本序）

〔1〕

為了這個新版的《奧密科學大綱》，我幾乎把整個第一章「奧密科學的性質」完全重寫，我相信這會減少許多據我所知先前版本所導致的誤解，在不同方面，我聽聞當其他學科提出驗證，這個學科僅只是說奧密科學宣稱這個或那個，很自然地會有這種先入為主的觀念，因為靈性感知所提供的證據，並不能像是感官所及實相之間的關係一樣，呈現出來就被迫要接受。為了處理這樣確實存在的先入為主，我企圖在之前版本所承繼的努力之上，更清楚地修訂第一章。

為了更清晰，我在本書的其他部分添加了一些內容，由於我在相關主題上不斷地體驗，我也努力改變了全書中多處內容的用語。

一九二〇年五月於柏林
魯道夫·史代納

*****

序言—第四版—一九一三

任何人要以這本書中記錄的內容來展示靈性科學的內涵，必須要考慮到當今大部分的人認為這類內容是不可能的，因此，在我們的時代被認為是嚴謹的思想會宣稱，在這裡所提到的內容是「永遠不能被人類的智識所掌握」，任何人若是知道並領會為何有那麼多認真人的如此宣稱，〔1〕

就會努力指出這種誤解是基於相信我們人類的理解是被拒絕於超感官世界之外。

＊＊＊＊＊

〔2〕

請考慮兩件事；首先，只要人類心魂長期而深刻地反省，他們就無法永遠自絕於以下事實，關於他們生命目標及意義的最重要問題，若是不接觸超感官的世界就永遠無法解答。在理論上關於這個事實我們可以欺騙自己，但是在我們心魂生命的深處會拒絕與這種欺騙共謀，當然，那些選擇不傾聽自己心魂深處的人會拒絕對超感官世界的描述，然而也有為數不少的人無法對這些心魂深處的需求裝聾作啞，他們會持續地敲門，以揭開那些被別人視為「不可思議」之事。

〔3〕

其次，經由「精確嚴密的思考」所進行的解釋不應該被低估，當他們需要被認真看待時就會感謝這種嚴謹的態度，這本書的作者並不想被認為輕率地忽略那些設下人類智識極限的思考成果，這些努力不應該因為當中使用了某些陳腐的學院用語就被忽略，因為在很多例子裡它們是源於真正的智慧以及對知識的實際努力。但是事實上，我們也要承認許多現在被認為是科學的知識並無法看穿靈性世界，而這些理由也給人無可反駁的感覺。

＊＊＊＊＊＊

〔4〕

人們可能會覺得奇怪，如果作者確實承認這些理由，為何他還企圖努力去描述靈性世界？因為若是一個人能在某種程度願意承認超感官的

＊＊＊＊＊＊

世界是無法被感知的，就不可能繼續去談論關於那個世界的種種。

＊＊＊＊＊＊

〔5〕

即使這樣的態度是可能的，同時也可能理解到當中出現的矛盾之處，然後，也不是每一個達到超感官領域的人都能以理性去理解他們自身的經驗；然而對於某些人來說，即使理性的證明似乎無可反駁，也不必然要視其為真實以取代所有理論性的陳述，在此企圖以類比的方法帶來理解，即使我們確實知道類比本身並不構成證明，但是它確實有助於使我們要表達的東西被理解。

＊＊＊＊＊＊

〔6〕

當只使用在日常生活或一般的科學當中，人類感官結構確實無法看穿超感官世界，這毫無疑問可以確證的；但是對於特定類型的心魂生命而言，這種證明的價值就如同證明人眼的裸視無法看穿生物的細胞或遠方天體的細節一般，宣稱一般的感官無法看穿超感官世界，就像說一般視覺無法看穿細胞一樣都很正確而可以證實，如果說證實了一般視覺無法看穿細胞並不會否定研究細胞的可能性，為何證實了一般感官無法看穿超感官世界就等於否定了研究靈性世界的可能性？

﹝7﹞

＊＊＊＊＊

我們可以領會這樣的類比會激起人們心中怎樣的感覺，我們甚至可以神入他們的懷疑，如果有人使用這樣的類比去對抗嚴謹的思考及決定智識極限所花費的努力，這樣的人可能連一點認真努力的想法都沒有。然而，這本書的作者在寫作時不但十分認真，而且也認為這樣的努力是人類最崇高成就之一，當然並不必然要由裸視無法看穿細胞為起點去論證，但是使用精確的思考去意識到思考本身的特質則確實是必要的靈性活動。對於那些將自己投入到這種思考活動的人來說，沒有注意到真實有可能與他們的想法不符是完全可以理解的，即使這個序言並不是適當的地方去處理反對這本書先前版本的人，有些人不理解這本書企圖達到的目標，另一些人則對作者進行不實的人身攻擊，在此要強調的是，只有那些選擇對本書整體表現內容閉上眼睛的人，才會想像它看輕了嚴謹科學思想的努力。

*****

〔8〕

人類的感知能力可以被增強，正如人的視力可以被增強一樣，然而增強感知能力的方法完全是屬於靈性的；它們是純然內在的心魂作用，它們在本書中被描述為冥想、專注或默觀，我們一般的心魂生命會受制於身體的器官，但是增強後的心魂生命可以讓自己從身體器官的限制中解放出來。對於特定的現代思想學派，這樣的宣稱似乎完全沒有意義而且是基於自我欺騙，從他們的觀點來看，很容易去論證「所有心魂生命」都是受制於神經系統，即使贊同本書觀點的人也可以完全理解這樣的論證，他們知道有些人認為宣稱任何心魂生命有可能獨立於身體之外是膚淺的，這些人確信即使是增強的心魂經驗也必然與神經的活動有關，只是那些「靈性科學的業餘者」沒有感知到這樣的關聯。

＊＊＊＊＊＊

〔9〕

由於本書中所敘述的內容與易於被理解的慣性思考背道而馳，因此可以預期有許多地方幾乎不可能在當代被充份理解，此時我們可以開始期待當代的靈性生命不再因為與本身想法不同，就視這些研究為空想及幻影並與它們劃清界線。然而另一方面，事實上已經有一些人能確實理解在本書中所敘述的超感官研究，這些人知道生命的意義無法經由一般關於心魂、自我等等的辭彙來表達清楚，而是需要確實進入超感官研究的成果，在相對短的時間之內本書就出到第四版，作者內心所感並非缺乏謙遜，而是充滿了喜悅和滿足。

＊＊＊＊＊＊

（10）

作者並非不謙遜地強調這件事情，而是更意識到即使是這個新版，相對於真實呈現「超感官世界觀的大綱」仍然差得遠了，為了準備這個新版作者重寫了整本書，為了更完整及清晰在許多重要的地方進一步闡釋，作者也可以感覺到在許多段落可以用更順暢的方式去表達超感官研究的成果，對於本書所談到古土星、古太陽、古月亮等演化過程，很難找到更好的方法去呈現當中的概念；在這個版本當中，關於這個主題的重要觀點已經用全新的方式處理過了，由於宇宙演化的經驗完全不同於在感官領域當中的任何經驗，因此要持續努力才能找到較適當的方式去表達它們，任何有真實意圖想進入這些內容的人會發現，即使許多事物不可能單靠貧乏的辭彙表達清楚，但是在這裡描述的形式會讓我們有機會達到它，例如，古土星演化的表達形式會不同於古太陽演化的表達形式。

＊＊＊＊＊

〔11〕

作者認為重要的增補已經被放在本書的第二部分，這個部分專門處理有關「更高層世界的知識」，作者企圖清楚地描述內在心魂如何從感官所及世界的限制中解放出來，並將自身轉化為能夠去體驗超感官世界，作者也企圖展現即使超感官世界只能由全然內在的方法手段去經驗，這樣的經驗也不只是對得到它的人才有主觀意義；這些內容是試圖去澄清，當心魂的獨特性及個人的特質可以從心魂自身中除去，任何個人以正確的方式從主觀經驗開始去發展內在都會有相似的體驗。當我們認為更高層世界的知識具有這樣的性質，才能將之與主觀的密契經驗區分開來，必須要說的是，這些密契經驗或多或少只是主觀的神秘體驗，然而經由靈性科學訓練的心魂追求的是客觀經驗，認清事實上這樣的經驗是純然內在的歷程，而這些經驗的普遍有效性也會因此而更明顯。在此可以再一次看到，以時下流行的思考方式確實很難達到正確的理解。〔12〕

＊＊＊＊＊

總之，作者要表達的是希望帶領善意的讀者可以接受它當中的內容，時下潮流經常會刻意去使用古代的辭彙，許多人認為唯有如此所描述的內容才有價值，然而我們要問的是，這本書中有些內容使用「玫瑰十字」或諸如此類的解釋又是為了什麼？重點是在現代這個演化階段，找到對於心魂適當可行的方式去看穿靈性世界，並且以此考察人類命運之謎和人類在超越出生及死亡限制之外的狀況，重點不在於企圖套用某些古代的用語，而是要對準真實。

〔13〕

＊＊＊＊＊＊

另一方面，用以展示本書世界觀的辭彙也會被某些具有敵對意圖的人使用，除了某些人只是想藉此打擊作者使他失去信用這類荒謬不實的用法之外，他們輕視獨立追求真理的努力，以致於無法看到這些努力真正的價值，這些反對者依賴著某些自己發明或沒有充分理解的思想學派，又強迫其他人接受他們的結論，這些都顯示他們不配使用這些辭彙，這些話是對於眾多攻訐的必要回應，但是作者在這裡不願意再進一步細究。

寫於一九一三年六月

魯道夫·史代納

初版序——一九〇九

******

當像是這樣的一本書準備好要付梓之時，它的作者已經能想像所有會招致的批評，同時保持平靜，例如，若有人認為某個特定主題必定要符合科學研究的成果，當他們開始讀到這個主題如何在這裡呈現，他們也許會得到以下判斷：「令人驚訝的是到了今天這個時代，還有作者對於最基本的科學概念完全無知，舉例而言，他使用『熱』這個概念的方式，顯示他完全沒有受到當代物理領域思想的任何影響，任何有一點科學知識的人都會告訴他，他所說的甚至不值得被稱為業餘者，而只能說是完全的無知。」〔1〕

這樣的批評確實有可能存在，甚至還有更多這類的批評，在另一方面，也有可能結果是這本書的讀者在看了幾頁之後就把它丟到一旁，依其氣質可能會微笑或憤怒，接著對自己說：「要多麼荒謬的思想才能在今天這個時代產生如此奇怪的偏見，最好是把這些解釋歸於怪誕的類別。」

但若本書的作者真的經歷了這類的批評之後，他會說些什麼？從他的觀點來看，難道他不會簡單地認為會這樣批評的讀者，只是沒有健全的判斷力或是缺乏善意才會做出這樣的判斷？

答案是否定的。本書作者並不完全如此，他可以想像這類的批評可能出於非常明智的人，甚至是很有能力的科學家，會很負責任地去達到他的判斷，這本書的作者可以神入這類人心魂的思考模式，知道如此判斷的理由。然而為了澄清他真正的立場，作者必須去做某些一般來說並不適當但是在這本書中又急切而必要之事，去談論到個人相關的狀態，當然與為何要寫作本書無關的部分並不會包括在內；像這樣的一本書中不應該存在只與個人相關及主觀的內容，它必須包含任何人都可以理解的內容，並且在表達時盡可能地去除個人的色彩，因此，在這裡提到與作者個人有關的事物，是為了解釋為何作者能理解上述的批評，而又仍然可以寫出這本書。

雖然有可能避免提到個人背景又明確表達這本書中所敘述的細節確實與現代科學的進展是一致的，然而若是要這麼做，現在這本書會需要好幾卷的序言；由於當下不可能寫那麼多序言，為了證明作者確信他的主張與當代科學有可能是一致的，作者發現他必須去描述個人的處境，例如，若非他三十年前有幸研究過許多不同學派的物理學理論，他就不可能寫出書中有關熱的內容，當時他特別感興趣的研究焦點是被稱為「熱力學」的理論，作者持續研究相關解釋的歷史發展，像是梅耶（Julius Robert Mayer）、赫姆霍茲（Helmholtz）、焦耳（Joule）、克勞修斯（Clausius）等等，這些研究打下良好的基礎，使他可以理解之後熱力學的發展，他在研究這個科學領域的成果時完全沒有進入障礙。

承認在這個領域中的能力不足，對於作者來說確實是保留某些東西不寫在書中的充份理由，依他自己採行的原則，若要說出或寫下任何關於靈性科學領域的主張，就要先充份了解當代科學在相關事物的知識；他並不打算把這個當成通則去要求所有人，因為也許其他人會覺得，即使他們並不知道當代科學觀點會如何看待這件事，只要是出於自身健全感知所得到的感覺和意見，都很迫切需要表達出來，不過作者仍然打算堅守自己的原則，例如，若非他能以當代科學的術語來描述，他就不會寫下書中有關人類腺體或神經系統的隻字片語。

即使有些讀者會判斷以這種方式討論「熱」的人對於當代物理學一無所知，本書的作者仍然相信自己寫下的內容沒有問題，因為他已經努力鑽研過當代的研究。事實上，若是他不知道當代的研究，就不會用這種方式來表達，他也知道說出這樣的原則可能會被誤認為不夠謙虛，然而對這本書而言這樣的說明是必要的，否則作者真實的動機可能會被誤認為比不夠謙虛更糟的東西。

******

也可能有人會從哲學的觀點來批評這本書，一個哲學家在讀過這本書後可能會問自己：「作者是否對近來在認識論的所有著作一無所知？是否他完全沒聽聞康德（Kant）這號人物的存在？康德會說在哲學上絕不允許提出這樣的觀點。」順著這樣的方向下去很容易接著批評，「對於哲學家來說，這麼缺乏批判性、天真而且不專業的作品是無法忍受的，而且繼續深入研究也只是浪費時間。」

〔2〕

基於上述理由，儘管有可能會引起誤解，作者要再次揭露一些個人的事，他從十六歲開始研讀康德，而他現在也真誠地相信自己可以完全客觀地從康德的觀點來看待本書的內容；也就是說，如果他不知道哲學家用當代的批評標準來看待這本書會覺得它天真，他就有理由不寫作這本書，作者也知道他所做的已經超越康德認為知識可能的極限，赫爾巴特（Herbart）也許會發現在本書中有的只是「素樸實在論」，仍未發展成「細緻概念」，他甚至也可以了解現代的實用主義者，如詹姆仕（James）

和席勒（Schiller）等人，會認為這本書超越了「真實心智圖像」的極限，而在只有在真實心智圖像的界限內我們才能吸收、判斷、付諸實踐及驗證。（作者註：甚至可以認真考慮及研究《彷彿哲學》、柏格森主義和《語言批判》。此註為第四版所加，一九一三）

即使已經知道了上述的一切，甚至是因為知道了才更覺得自己適合去寫這本書的內容，這本書的作者已經在他之前的幾本書中處理了哲學思潮的流變，包括：《歌德世界觀的認識論基準》、《真理與科學》、《自由的哲學》、《歌德的世界觀》、《十九世紀的世界觀及生命觀》、《哲學之謎》（原書註：本書要到第七版起才提及，一九二〇）。

＊＊＊＊＊

〔3〕

許多其他類型的批評仍然可能被引用，有人讀了作者任何一本之前的作品，像是《十九世紀的世界觀及生命觀》或《海克爾及其反對者》

這本小冊子，可能又會批評「完全不可理解，同一個人如何能寫出這些書，然後又出版《神智學》和現在這本書？先前如此強烈地為海克爾(Haeckel)辯護的人，怎麼可能之後又反過來抨擊出於海克爾研究而來的明確「一元論」？若是說《奧密科學大綱》的作者曾經激烈地反對海克爾就還可以理解，但是他曾經為海克爾辯護，甚至將《十九世紀的世界觀及生命觀》這本書題獻給他，如果海克爾知道這本書的作者將來會以粗糙的二元論來寫《奧密科學大綱》這種書，他必定會嚴正地拒絕這樣的提獻。」

然而，作者所採取的觀點是，對海克爾知之甚詳的人並不理所當然地必定認為，任何並非出於海克爾的概念及假設都是沒有意義的，更進一步，作者認為要理解海克爾唯有經由神入其科學作品才有可能，而非只是激烈地攻擊他，作者發現海克爾的反對者幾乎沒有意見是對的，所以他會在《海克爾及其反對者》當中為這位偉大自然哲學家辯護，只是作者超越了海克爾的假設，而採取了靈性的世界觀與海克爾的自然觀並列，這並不意味著必須把他列入海克爾的反對者，事實上，任何人若是以正確的方式努力去看，就會理解作者現在寫的確實與之前的作品毫無矛盾。

******

〔4〕

作者也充份理解有一些批評家只是粗淺地認為在本書中的描述是出於瘋狂的想像或思想的夢幻遊戲。

******

〔5〕

對於這種看法的必要回應都已經包含在這本書中，必須要以極高的理性思考程度來檢驗本書的內容，只有以與自然科學同樣客觀的理性來看待本書的人，才能說出這樣檢驗證明了什麼。

＊＊＊＊＊＊

〔6〕

在向反對者說了那麼多之後，再向可能認同的人簡短說幾句話，對他們來說最精要的內容在第一章「奧密科學的性質」當中，然而，仍然有一件小事需要在這裡提到，即使本書所研究的內容無法被受限於感官世界的理性所掌握，只要能選擇運用無偏見的理性及健全的真理感這些天賦禮物，本書所提供內容並非不可理解；作者坦白地說，最重要的是希望讀者不要盲目接受在這裡所展現的，而是要以自己心魂的洞見及生命經歷盡量檢驗這些內容，（作者註：這裡所述不是要用超感官的研究方法去檢驗靈性科學的內容，而是要盡可能地以健康、沒有偏見的思考及常識來做檢驗。此註為第四版所加，一九一三）最重要的是他希望謹慎的讀者只接受在邏輯上合理的內容，作者知道若是基於盲信這本書是沒有價值的，只有通過無偏見的理性驗證之後才有生命力，盲信很容易混淆了愚笨的迷信和真理，許多只信仰超感官就滿足的人會覺得讀這本書需要使用太多的思考，但若考慮到本書所要傳達的，事實上所傳達的內容並不是唯一重要的事，同樣重要的是傳達方式本身，因為它要符合相關生活領域的良心自覺，在靈性的領域當中，最高的真理會與吹牛行騙混雜，知識和迷信在真實生命中很難區分，而我們也很容易將它們都混為一談。

＊＊＊＊＊

任何熟知超感官研究的人在讀這本書時會注意到作者企圖清楚地守住一條界線，只去談適合在當代被傳達的超感官知識，而絕口不提必須等到之後的時代或者要用別種方法傳達的內容。

寫於一九〇九年十二月

魯道夫．史代納

〔7〕

第一章

奧密科學的性質

〔1〕

＊＊＊＊＊＊

「奧密科學」這個遠古的辭彙被用來描述這本書的內容，這個辭彙立即引起當代人們矛盾的感覺，對許多人來說，這也許會令人討厭或引來嘲笑、憐憫微笑甚至是輕視，這些人想像以此為名的思維模式只是基於空想或幻夢，即使「宣稱」為科學其實當中潛藏著復興各種迷信的意圖，所有熟悉「真正科學方法」及「努力追求真知」的人應該要避開；對於另外一群人來說這個辭彙意味著能提供他們在別處得不到的，依其各別的傾向，有些人會被內在對知識的渴望所吸引，另一些人則會被心魂昇華的好奇所影響；在聽聞「奧密科學」這個辭彙之時，還會有其他不同程度的拒絕或接受介於這兩個極端之間。

不可否認對於某些人來說奧密科學這個辭彙具有魔戒般的吸引力，因為它似乎滿足了他們去知曉某些「未知」、神秘及晦澀難明事物的強烈渴望，而這些知識並無法以自然方式得到。這些人並不想把某些可以理解的東西搞清楚，以滿足心魂最深層的渴望，他們傾向相信世界上除了有可以被理解及知道的事物之外，一定還有某些是必定不可知的；他們沒有注意到的矛盾是，有關知識的最深渴望，他們放棄所有「已知」清楚的知識，而只珍愛那些以自然研究型式無法得知的事，任何談論「奧密科學」的人都應該銘記在心的是，出自於這類矛盾誤解的倡議者並不會得到真正的科學，而是會得到相反的東西。

（2）

*****

這本書的目標讀者，是那些不會因為某些辭彙可能引起偏見就動搖了本身公正開放的人，這裡所提到的奧密知識並不是只有少數人因為其特殊命運才能接觸到的「神秘知識」，當人能考慮到當哥德說出宇宙現象「揭示了奧秘」時心中所想，就能公正地使用奧密科學這個辭彙；若是只以感官及受限於感官的智性去掌握，在這些現象當中就會保有未顯露的「秘密」，而被視為超感官方式才能研究的知識。（作者註：有些人反對作者在更早的版本中使用「奧密科學」這個辭彙，因為他們認為就性質而言科學不可能是「保持神秘」或不為人知的，如果這個辭彙如他們所認為的使用，他們的反對確實是正確的，但事實並非如此；自然科學被稱為「自然」的意思，並不是對於每個人來說它的內容都是「很自然的」，因此作者所稱的「奧密科學」並非「隱藏不為人知」的科學，而是研究那些無法被一般感官認識的宇宙現象，因此「奧密科學處理那些「顯露出來的奧密」，若是以適當的方式來研究，這些知識一點也不神秘。）

當然，對於那些認為「科學」只限於研究感官及受限於感官的智性所揭露的內容的人，這裡所稱的「奧密科學」並不構成一種科學，然而，若是這樣的人希望了解自己，他們必須承認拒絕「奧密科學」並不基於有真憑實據的洞見，而僅僅依據武斷的個人感覺。為了理解這個，人要去深思科學是怎麼出現的，以及它們在人類生命中的意義；科學的起源就其本質而言，並不依賴其所研究的客體，而是由進行科學研究時心魂的活動來決定，在進行科學研究時心魂的活動及態度才是我們所要重視的，如果人只有在處理感官所及的資料時才習慣於使用這種心魂活動，我們就容易誤以為感官資料是必要的條件，而忽略了這種人類心魂的活動及態度不只能運用在感官所及的事物，然而如果人能超越這種武斷的自我設限，除了某些運用的特例之外，能考慮到科學活動本身的特質，這就是我們稱這些非感官世界的內容可以成為「科學」知識的基礎。

人類的認知能力試著以研究自然科學相同的方式，去研究另一個世界的內容，靈性科學試圖解放科學方法及研究精神，不只限於使用在尋找感官所及的事物之間的關係及過程，同時又保持這樣的思考方式及精神態度；靈性科學試圖以自然科學訴說感官所及事物相同的方式，去訴說感官所不及的事物，當自然科學以科學的思考及研究方法自我設限於感官所及的範圍，奧密科學則視心魂在自然世界當中的活動為一種自我教育的方法，並企圖把它所養成的能力運用在超感官的領域，因此它並不去企圖去談感官世界的現象，而是以科學家談論感官世界相同的方法去談論超感官世界的內容，由於在過程中它保存了自然科學方法的精神態度，這是自然研究可以被稱為科學的核心，因此奧密科學也可以稱自己為科學。

＊＊＊＊＊＊

〔3〕

當一個人考慮自然科學在人類生命中的意義，就會發現這個意義並不只限於得到關於自然的知識，因為這些知識的細節會讓人經歷到人類心魂本身不是什麼；由於人類的心魂並不活在人所得到關於自然的知識當中，而是活在去得到關於自然知識的過程當中，因此人類心魂在涉及到自然的活動過程中經驗了自己有意識的生命及存在，在這當中得到的是自然知識以外的東西，而被稱為在得到自然知識過程中經驗到的自我發展。奧秘科學企圖將這些自我發展的成果運用在自然領域之外，奧秘科學家的意圖並不是貶低自然科學的價值，相反地，他們比自然科學家更能理解自然科學真正的價值，他知道，若是缺乏自然科學那樣精確的思考方法，就不可能建立任何科學；但是如果能經由符合真正自然科學精神的思考培養出足夠的精確性，那麼心魂的內在力量也能在運用到其他領域時維持住。

*****

〔4〕

然而，在此也可能導致一些疑慮，與觀察研究超感官世界的內容相比，在觀察研究自然時心魂被更大範圍觀察的客體所引導，因此在研究超感官世界時出於純粹內在的衝動，心魂需要有更大的力量才能堅持住科學的思想方法，因此許多人無意識地認為，要維持住科學的思想方法只能由外在的自然現象來引導，他們傾向武斷地認為當這些外在的引導消失，心魂當中的科學方法就只能在黑暗中摸索；這些人沒有意識到科學方法的特殊性，在很大程度上他們基於必然升起的錯誤判斷，科學的思維態度並不會被觀察自然現象有效地增強，此外，心魂會想要觀察研究超感官的世界，不用說，許多這類有關超感官世界內容的不科學說法會升起，然而，並不是因為這樣的說法在本質上是不科學的，而是在這樣的例子當中經由觀察自然而來的科學自我教育被忽視了。

＊＊＊＊＊＊

〔5〕

考慮到上述的狀況，當任何人提到奧密科學時必定要能清楚辨別，有些關於世界奧密的臆測是出於幻夢及異想天開並不符合科學精神，如果我們不在一開始談奧密科學的內容時就把這些可能的偏差談清楚，那麼很可能到頭來徒勞無功，因為對於心魂中帶有先入為主偏見的人來說，會因為這些實際存在的大量偏差去否定所有在這個方向上的研究，而認為整個奧密科學都是不可信的。然而在大部分狀況下，科學家或從科學想法來的批評，拒絕奧密科學都是如上所述極為武斷的，所提到的偏差經常也只是無意識的藉口，與這樣的反對者長篇大論徒勞無功，確實，沒有什麼能阻止他們高舉非常明確堅定的反對意見，從一開始就不可能斷定相信別人是錯誤的人是否有真憑實據，因此，朝向奧密科學努力的人能做的就只有說出他自認為適合的話，每個人都可以自行判斷上述說法是否正確，事實上，只有能避免各種教條的人可以理解這些奧密研究者如何表達宇宙顯露出來的奧秘，當然這些研究者有義務去展示他所呈現的如何與其他知識及生命領域的成果產生關係，他也必要展示可能有哪些反對意見，以及外在感官的生命實相如何證實他的觀察，只是他們不應該企圖以說服雄辯的方式去說明事物，而是要清楚地陳述內容及影響。

＊＊＊＊＊＊

〔6〕

經常會聽到反對奧密科學的人宣稱，奧密科學的主張沒有提供證明，他們只是堅稱這個或那個，並且說奧密科學是這麼教導的。不要誤認為本書中接下來的任何部分會以這種方式來呈現；在此我所做的努力是容許人類心魂經由研習自然知識逐漸發展本身的能力，然後在心魂的演化過程中將會接觸到超感官的事物，如果每個讀者都能深入本書的內容就一定會遇到這些事情。然而，在進入到靈性科學領域時會遇到與純粹自然科學觀察不同的狀況，在自然科學中，事實將自身呈現在感官所及的領域之中，科學家在面對感官經驗的關係及歷程時，會認為他們自己的心魂活動退到背景，然而研究靈性科學的人則必須將他們的心魂活動放到最前方，因為讀者必須以正確的方式進行心魂活動才能經驗到這些事實，即使沒有人類的心魂活動，自然科學的事實仍然可以呈現在人類的感知當中，但是靈性科學的事實不同，它們必須經由人類心魂的活動才能為人類所感知，因此傳達靈性科學的人必須先假定讀者會將自己投入研究當中，他的表達則會完全基於所發現的事實，不摻雜任何個人的性格好惡，並且完全符合自然科學所訓練出來的科學精神態度，於此，他也必須談到觀察研究超感官事物的方法。

任何人一開始接觸到奧秘科學，就會立即發現自己得到許多不曾擁有的概念和想法，他們對於「證明」的性質也會有與之前不同的想法，在自然科學當中，「證明」是由外部帶來的某種東西，然而在靈性科學的想法當中，用來證明某種自然科學想法的心魂活動已經在追尋真相中展現，如果通往它們的道路沒有自己建構一套證明過程，人就無法發現這些事實，任何走上這條道路的人將會親證這些內容，而沒有任何證明可以從外部得來，沒有認出奧密科學這種特質就會導致許多誤解。

＊＊＊＊＊＊

〔7〕

整個奧密科學必須出自根植於每個人類心魂深處的兩個想法，對於在本書中被稱為奧密科學家的人來說，如果一個人使用正確的方法，這兩個想法陳述的事實就可以被經驗到，對於許多人來說這些極具爭議性的想法只會引來激烈的辯論，甚至是不可能被「證明」的。

＊＊＊＊＊＊

〔8〕這兩個想法如下：首先，在看得見的世界背後，還有一個看不見的世界，從感官及受限於感官的思考來看這個世界會暫時被隱藏起來；其次，若是能發展沈睡於人類內在的能力，就有可能進入這個隱密的世界。

＊＊＊＊＊＊

〔9〕也許有人會說並不存在任何隱密的世界，人類感官所及的世界就是唯一的世界，在它當中的所有謎團都可以經由它本身範圍之內解決，即使人類目前還沒有能力回答所有存在的問題，有朝一日靠著感官經驗及物質科學必定可以找到答案。

〔10〕

另一些人說，我們不必堅稱在看得見的世界背後沒有任何隱密的世界，但是以人類的認知能力來說並無法進入那個世界，因為在這之前有無法跨越的極限；對於追求「宗教信仰」的人可以躲到那個世界去，但是基於嚴格事實的真正科學家不能涉及那個世界。

＊＊＊＊＊＊

〔11〕

第三類的人認為在那個領域人們應該放下所有的「知識」並滿足於「信仰」，若是有人想把認知帶入那個領域就太傲慢了；抱持這種意見的人認為軟弱的人類想要進入專屬於宗教生活的世界是一種錯誤。

＊＊＊＊＊＊

〔12〕

＊＊＊＊＊

還有其他反對者會堅持，在感官世界建立對於所有人都適用的普遍知識是可能的，但是在超感官的領域則只有各別的個人意見，在這當中不能主張有普遍的確定性。

〔13〕

＊＊＊＊＊

其他人還有其他各種不同的說法。

〔14〕

＊＊＊＊＊

清楚明白，單靠觀察感官所及世界中的事實，不可能解答所有感官世界的謎團，即使相關的科學發展到了極致，它們永遠不可能以這種方式被解答，因為感官所及事實的本質清楚地指向一個隱密的世界，若是人不能覺察到這件事，就將自絕於感官世界事實湧現的各種謎團；他選擇不去看見這些問題及謎團，才會認為所有問題都可以靠感官所及的事實來解答，他希望提出的問題確實可能在未來被他所預期能找到的事實完全解答，我們也不能完全否認這樣的可能性，但是如果我們不能提出進一步的問題，如何能等到特定事物的答案？受奧密科學啟發的人只是主張，對於他們來說提出更多問題是理所當然的，這必被認為是人類心魂完全正當的展現，科學不能強制禁止人類去提出無偏見的問題。

*****

〔15〕

在此必需回應另一種觀點：由於人類認知的極限無法跨越，因此人類會被迫停在看不見的世界之外。毫無疑問，若是採取他們慣用的認知方式，人類確實不可能進入那個看不見的世界，對於那些相信感官認知是唯一可能認知方式的人，就不可能採取人類被拒絕於更高存在世界以外的觀點，即使我們說人類有可能發展出另一種可以進入超感官世界的認知方式；如果一個人認為這種感知方式是不可能的，他就會堅持任何談論有關超感官世界的說法都是毫無意義的，然而從無偏見的觀點來看，會採取這樣觀點的人是因為他們對於其他種類的感知方式一無所知，人們如何能對自己一無所知的東西下確定的判斷？無偏見的思想應該堅持立場：只對自己知道的東西發表意見，而不去論斷自己所不知道的事情，這類的思想只會主張人們有權利去談論他們實際經驗的，沒有人有權力宣稱他們不知道或不想知道的東西是不存在的，我們不能拒絕任何人忽略超感官事物的權利，但是也沒有人可以合理地認為自己是權威，除了能判斷自己是否知道什麼之外，還可以判斷「別人」不可能知道什麼。

〔16〕

對於那些認為進入超感官領域是傲慢的人，奧密科學的觀點要提醒他們注意，進入這樣的領域是有可能的，如果一個人任由這樣的能力消極地沈睡而非積極地發展並善用它，這個人就對不起本身擁有的能力。

******

〔17〕

最後，回應那些認為有關超感官世界的看法只是純粹個人的感覺和意見，而不可能有全人類的共通性；確實每個人只能經由自己的努力得到關於這些事物的洞見，但是只要全人類都走得夠深遠，就會發現同一的洞見取代了歧異的觀點，歧異的觀點只存在於個人以符合個別差異的方式去追尋最高真理的過程，而非採取科學驗證的道路，必須再次無條件的承認，只有那些能完全沈浸於奧密科學獨特道路的人才能體會它的

******

正確性。

＊＊＊＊＊＊

〔18〕

如果一個人能認知到或僅僅是推測，在這個外顯的世界背後還有一個隱密的世界，同時又意識到當人的感知能力發展之後這個隱密的世界將會向我們顯現，那麼每個人都可以在適當的時間找到通往奧密科學的道路；當一個人被這樣的心魂經驗引領朝向奧密科學，不僅會開啟他的求知慾去追尋答案，同時會更進一步讓他預期自己能克服阻礙或削弱生命的所有事物。

從更高的感知來看，當一個人被迫拒絕接受或否認超感官世界的存在，代表一個人生命的衰弱，甚至是心魂的死亡，在特定狀況下，當他失去那些隱密事物將向他顯現的希望，甚至會導向絕望；這些死亡與絕望會以各種不同的形式出現，同時在心魂層次去對抗奧密科學的努力，當我們人類的內在力量減弱時它們就會出現，之後如果一個人要得到任何生命的力量，它就必須從外部來，然後人感知顯現在感官上的客體及事件並且以智性分析它們，它們使人喜悅和痛苦並且驅使人採取相應的行動。人們也許可以這麼過一陣子，但假以時日人的內在將會死去，因為以這種方式從外在世界得到的將會使人筋疲力盡，這並不專指某一個人的個別經驗，而是出於對於全人類生命的無偏見觀察，能使人免於這種耗盡的則是潛伏於事物深處的隱密要素，如果這些能從深處提升生命新活力的力量在人類內部漸漸消失，那麼到最後外部事物再也無法對生命提供助益。

******

〔19〕

這件事不只是關乎個別人類的福祉或不幸，從更高的觀點來看，經由奧密科學精確的觀察可以確實知道，一個人的福祉或不幸與整個世界的福祉或不幸緊密結合在一起；人將會得到這樣的洞見，知道當一個人沒有以正確方式發展自身的能力，他會對整個世界及其中的每個存有者都造成傷害；當一個人因為失去與超感官世界的聯繫而使自己的生命浪費和空虛，他不只是破壞他自己內在的某些東西，這最終會導致他自己的衰敗和絕望，同時他本身的虛弱也會對我們所生活的整個世界演化造成阻礙。

〔20〕

＊＊＊＊＊＊

目前，人類仍然有可能欺騙自己，他可以宣稱自己相信並沒有那個隱密的世界，人的感官及智性所及已經包含所有可能存在的事物；然而這種欺騙只能存在表面意識，而非意識深處，人內在的情感及慾望並不會屈從於這種虛假的信念，無論如何，人總是渴求某些隱密的事物，當這些隱密的事物被隔離了，將使人進入懷疑、對生命沒有安定感甚至是變得絕望，能認知到那個隱密的世界能夠幫助人超越沒有期待、不確定感和絕望，簡而言之，這些都會削弱人類在地球上的生命，使他無法提供在這個世界上會被需求的服務。

*****

〔21〕

靈性科學知識能帶給生命的美麗果實不只是滿足了人類的求知欲，更重要的是能帶給生命力量和堅定，這樣的知識就像是永不枯竭的源頭，帶給人們工作的力量及對生命的信心，一旦真正接觸過這個源頭並且重複從那裡得到慰藉，就沒有人會再感到無力。

*****

〔22〕

另一些人一點也不想知道有關奧密科學的知識，因為他們認為在當中有上述的那些危害，如果只考慮到生命表面及外在的部分，那麼這些人可能是對的，他們不想看到生命所提供被稱為現實的事物有任何減損，他們認為當人們對現實世界感到厭惡而去尋求隱密世界的援助是一種軟弱，因為隱密的世界只不過是人們古怪的幻想，若是一個人不能經由靈性科學的努力去避免落入病態的幻夢及軟弱，我們就必須承認這樣的反對有部分的正確，他們確實是基於健全的判斷力，但是這樣只能達到一半的真實而非完整的真實，因為他們停在事物的表面而非深入其中。如果努力追求超感官知識會削弱生命並使人遠離真正的實相，那麼這樣的反對意見應該會強大到足以在這樣的靈性趨勢下破除它的基礎。

＊＊＊＊＊

〔23〕

然而對於奧密科學來說，並不適合用一般世俗的詞語去反駁這些觀點為自己「辯護」，他們唯一能做的是對那些不帶有偏見的人說明奧密科學的價值，並闡明當人們能採取正確方法進入奧密科學時，會增加他們生命的活力及力量，因為真心追求奧密科學並不會使人們變得不切實際或避世，反而是會從本身心魂及靈性深處的生命源頭不斷得到力量。

******

〔24〕

當人們首次接觸到奧密科學的研究時，仍然會遇到其他理解上的障礙，原則上讀者會發現奧密科學描述某些心魂體驗，如果能跟從它去做就會引導他朝向超感官世界的內容，這會是終極的理想，但是仍然需要經由實踐才能真正理解。

在讀者能直接經驗到這些內容之前，他必須先吸收大量由別人傳述的超感官經驗，這別無他法而且本書也會這樣做；作者將會描述他本身相信有關人類的本質、人類在生與死之間的經歷以及死後在靈性世界中脫離身體的狀況，此外，他也會描述人類及地球的演化。在此似乎有某些可疑的知識被以像是教條的方式呈現，讀者被要求相信是基於作者的權威，但事實並非如此，實際上，作者所表達關於超感官世界的知識，對於心魂來說是活的內容，當沈浸於這樣的內容時將點燃本身心魂的衝動，使他朝向相對應的超感官實相。當一個人閱讀有關靈性科學的知識時，他內在的活動完全不同於閱讀有關感官所及事物的知識；當一個人讀取有關感官所及世界的一切，他讀到關於它們內容，但若一個人以正確的方式去讀取超感官的實相，他將自己沈浸入靈性存有之流，在吸收靈性研究結果的同時，他自己也走上朝向這些結果的內在道路。

確實在一開始讀者並不會注意到上述事實，一般人想像進入靈性世界必定與獲得感官經驗相似，因此當他們經由閱讀進入到這個世界時就，會認為這不過就只是一些思想而已，但若一個人真的吸收了這些思想，他就已經在靈性世界當中，而且會真的明白當一個人以為自己只是接收了這些思想的內容時，他已經在無意間體會了當中包含的實相。

如果一個人能確實練習在本書第二部分以及最後被稱為通往超感官知識的「道路」，他所經歷的真實性質將會完全清楚地被理解，很容易會認為顛倒過來才是正確的—也就是說道路應該要先被描述，但事實並非如此；任何人想單靠「修練」就進入超感官世界，而沒有將心魂轉向去注意超感官世界的某些必要事實，那麼這個世界將會保持模糊和令人疑惑的混沌；一開始一個人天真地學習特定必要的資訊做為進入這個世界的方法，在這之後他必須放下無懷疑的天真，完全有意識地去體驗自己得到的資訊。

如果一個人在奧密科學的研究上走得夠深入，他會堅信這是通往超感官知識唯一可靠的道路，他也會意識到認為超感官知識可能經由暗示或教條影響我們的說法是沒有根據的，因為他必須先排除暗示的力量，心魂活動才能得到這些知識，而且這樣的知識也只能經由警醒健全的判斷之後才能如實地傳遞給另一個人；當人一開始讀這些內容時沒有意識到他活在靈性世界當中，並不是因為他本身缺乏思考或只是被動地吸收了暗示，而是因為他在閱讀時經歷了某些細微和不熟悉的狀況。

因此，經由研讀本書的第一部分，一個人會開始參與分享超感官世界的知識，而經由實際練習第二部分的心魂鍛練，他將會獨立地得到關於這個世界的知識。

＊＊＊＊＊＊

〔25〕

當一個真正具有科學精神的人經由研讀本書進入靈性世界，他會發現這與他在感官所及的世界中使用的科學方法沒有任何必然的矛盾；科學家都會使用特定的工具及方法，他會轉化「自然」所提供的生產出自己的工具。超感官知識的研究也使用工具，只是這裡使用的工具正好是人本身，人必須先為了更高的研究進行準備，人類「天生自然」未經訓練開發的能力及力量，必須經過轉化成為更高的能力及力量，如此人類才能把自己預備好成為研究超感官世界的工具。

第二章

人類的組成性質

* * * * * *

〔1〕

當從超感官感知的方式來觀察人類，這種認知方式的原則立即產生了影響，這種觀察是基於可以認知到人類組成所「揭露的奧秘」，以超感官認知所及的範圍來看，人類組成的所有部分當中，只有被稱為物質身的部分可以被感官及依賴於感官的智性所觸及。為了精確澄清物質身的概念，首先必須將注意力轉向生命相關考察的最大謎團—死亡的現象，這通常被關聯到被稱為無機物的類別—礦物界，在這當中總是帶有死亡，為了充份理解這個事實就必須透過超感官知識來解釋，而本書中很大部分都是為了貢獻於此，然而，在此仍有一些想法必須先被提到以便於確立方向。

＊＊＊＊＊＊

〔2〕

在現象界，人類所擁有的物質身與礦物界具有相同的性質，因此從另一方面來看，人類擁有與礦物不同的部分就不宜被認為是物質身，若能清晰且無偏見地反思，最重要的事實是死亡呈現了人類與礦物界相同的部分，在此可以指出當一個人死後只剩下屍體，它確實要經過礦物界可以發現的歷程，在此強調的是，人類這個被稱為屍體的部分確實與礦物界當中所運作的具有相同的成份及力量，基於此同樣要被強調的是，當死亡發生時物質身就開始瓦解粉碎，然而也有充份的理由可以說，在人類身上的物質，確實有與礦物界相同成分與力量的作用在當中，但是當人類活著時，它們的工作是為了更高目的而服務，只有在死亡發生之後，它們才會用與在礦物界當中完全相同的方法作用在人類的物質身上，當它們以其真實本質顯現時，就會瓦解粉碎人類物質身的形式。

〔3〕

＊＊＊＊＊＊

在此要能清楚區分人類當中顯現出來的部分及隱藏起來的部分，在人類活著的期間，有一些隱藏起來的部分必須與在物質身當中的礦物成份及力量對抗作戰，當這個戰爭停止，礦物的影響力就顯現出來。在這個點上超感官的科學必須被考慮進來，去尋找是什麼維持了這個戰爭，而這個無法被一般感官觀察而只能由超感官的觀察才能達到。在本書之後的章節將會再討論，如何將這些「隱密」的事物變得如同正常視力可見的感官現象一般顯現，在此只先描述超感官觀察的結果。

〔4〕

＊＊＊＊＊＊

正如同先前指出的，去描述如何進一步獲得更高感知能力的訊息，只對於那些已經熟知各種超感官研究成果的人才有價值，在超感官的領域裡確實有可能去理解尚未觀察到的事物，不僅如此，這些理解是走向超感官感知正確道路的第一步。

*****

〔5〕

即使與物質身瓦解粉碎力量戰鬥的隱密事物本身只能由更高的視覺才能直接觀察到，但它的影響即使對於受限於現象界的理解判斷能力也很清楚明白，這些影響力在人類活著的時候會經由形塑人的物質身當中的礦物成份及力量來展現，當死亡發生，這個形會漸漸消失，而物質身也化為外在礦物界的一部分。然而，從超感官感知來看，在人活著的時候會有一個獨立的組成部分，去防止物質身中的物質成份及力量走向本身瓦解粉碎的道路，可以稱呼這個人類組成的獨立部分為「乙太身」或「生命身」。

為了防止在一開始就引起誤會，在使用這個辭彙來指稱人類組成的第二個成員時，有兩件事情要謹記在心；首先，「乙太」這個辭彙的用法不同於它在當代物理學當中的意義，在那裡乙太被用來描述光傳導的介質，然而在這裡，這個辭彙的用法只限於上述的定義，它被用來描述只能由更高視覺才能感知到的實體，然而用一般感官只能知道它的影響，亦即是它能給予物質身當中的礦物成份及力量特定的形狀或形式；其次，也不要誤解「身」這個字。為了指稱更高的存有者，不可避免地會使用到日常語言當中用來指稱物質世界事物的辭彙，從物質所及的感官來看，乙太身當然沒有任何物質的部分，無論如何想像它有多麼地精微細緻。（原書註：作者已在其著作《神智學》中討論過，使用「乙太身」、「生命身」等辭彙不是為了復興科學上已經過時的舊觀點「生命力」）

******

〔6〕 當以「乙太身」或「生命身」來描述超感官的實相時，這已經走到

了與當代主流意見矛盾的另一方，由於人類靈性演化到現代所產生的情境，討論人類組成的非物質部分時常會被認為是不科學的，物質主義的觀點到達極致，認為活的人類身體只是各種物質成份及力量的組合，所有這些都可以在無生命的礦物界當中找到，之間的差別只在於生物的組成方式比無生命的物質更複雜而已。

然而不久之前，一般的科學也仍然保有其他的觀點，任何人如果能認真回顧十九世紀前半的嚴謹科學作品，他就會理解到在那時「認真的自然科學家」仍然有意識到在生物當中有些與無生命的礦物不同的部分，他們稱之為「生命力」，然而，當他們考量此種「生命力」的概念時只是隱約知道有這類的事物存在，而不是想像成上述「生命身」的那種特質，他們認為「生命力」為活體當中的物質成份及力量追加了補充，就好像磁力加到了一般的鐵當中就變成了磁鐵。

然後到了某個時刻，有關「生命力」的概念完全被從科學的相關教導當中移除了，只有從物理或化學的原因去解釋才被視為是有效的，近來，有一些科學思想家對此提出了反思，類似「生命力」的一些假設某種程度已經被允許存在，而不再被視為純然無意義的廢話。然而即使容許此種假說的科學家，通常也很難把上述「生命身」的觀點當成一般性的解釋。一般來說，從超感官知識的立場來看與採取上述觀點的人對話通常沒有什麼實效，相反地，是超感官知識去理解到物質主義的概念與當代自然科學巨大進展必然相伴共生，這樣的進展是基於對於外在感官的觀察方法進行重大的精鍊提升，如果以人類本質的性質來看，在人類演化過程中，提升某種特定能力達到更完美的境界通常是以失去其他能力做為代價，經由自然科學人類得以發展出極為精確的感官觀察能力，不過同時也讓人類朝向「隱密世界」的能力被迫退到背景去；但是到了這個時代，重新培養這種能力已經變得必要，要能贏得隱密的知識，不再只是在邏輯上精確駁斥那些否定隱密世界存在的論點，而是讓這些隱密的實相在適當的光當中展現它們自己，然後那些「時機已到」的人將會認知到這一點。

〔7〕

之所以要在這裡說這麼多，是為了要避免人們誤以為作者無視於科學的觀點，其實作者也知道當他提到「乙太身」時，在許多地方會被認為只是純然虛構的幻想。

＊＊＊＊＊＊

〔8〕

由於乙太身是人類組成的第二個成員，超感官知識認為它是比物質更高層的實相，超感官感知到的乙太身將會在本書稍後的章節當中描述，為什麼要這樣描述的道理將會更清晰，到目前為止，只要說乙太身完全滲透瀰漫在物質身中，並且將乙太身視為物質身的建築者就足夠了。所有物質身中的器官都是依靠乙太身的流動和運作才能維持其形式及結構，例如，物質身的心臟是基於「乙太心」，物質身的腦是基於「乙太

＊＊＊＊＊＊

腦」等，乙太身就像物質身當中有分化成不同功能，只是又更錯綜複雜，在物質身中的器官相對來說是各自獨立的部分，乙太器官則是活生生地彼此交織、穿透流動成為整體。

＊＊＊＊＊

〔9〕

人類與植物共同之處在於擁有乙太身，正如人類與礦物共同之處在於擁有物質身，所有的生物都有自己的乙太身。

＊＊＊＊＊

〔10〕

從乙太身開始超感官觀察可以繼續探索人類組成的更高層次，為了把人類組成的下一個成員具象化，超感官觀察指向睡的現象，正如在談論到乙太身時會指向死的現象。就外顯的現象來看，人類所有創造性的活動全都是基於清醒意識狀態下的行動，但若要讓這樣的活動有可能進行，就要重複地進入睡眠狀態取得新力量才不至於筋疲力盡。行為與思考在睡眠中不見了，所有的痛苦、快樂都從有意識的生命中消失，當人醒來，意識的力量從睡眠的無意識中湧現，正如深奧隱密之處湧出的泉水，當人睡眠時意識沈入黑暗深處，之後當人清醒時同一個意識又再度浮現，依照超感官的認知，能從無意識當中一次又一次清醒過來，有賴於人類組成的第三個成員，可以稱之為星芒身。

正如物質身無法只依靠物質成份及力量維持自身的形，而是必須要有乙太身滲透瀰漫在其中，相似地，乙太身也無法使自身充滿意識之光，如果只留下乙太身本身，那麼他會保持在睡眠的狀況中，換句話說，它只能在物質身當中維持像是植物的生命狀態，乙太身在星芒身的照耀下才能醒來，從外在感官來觀察，當人入睡之後星芒身的影響就消失了，然而以超感官來觀察，星芒身仍然存在，但它會與乙太身分開，或者說是從中撤退，事實上感官觀察並無法察覺星芒身本身，只能看到它對外顯世界的影響，而這些影響在睡眠時並不會直接顯現出來。

以此類推，人與礦物共通之處在於他們都有物質身，人與植物共通之處在於他們都有乙太身，而人與動物的共通之處則在於他們都有星芒身。植物存在於持續的睡眠狀態中，如果不能細察其區別，很可能會誤認為植物也擁有與動物及人類一般的清醒意識，然而只有當人對意識的概念不夠精確時才會發生這樣的誤解，有人會宣稱，當植物遇到外部刺激時也會像動物一樣會有運動，例如某些植物的葉子在遇到外部刺激時會捲曲起來，然而是否有意識並不取決於是否對外在的刺激有反應，而是在反應之外是否有新的內在體驗，否則就可以說一塊鐵在熱的影響之下膨脹了也算是有意識，舉例而言，只有在熱的影響之下使你產生了痛的內在體驗，才能說這當中有意識。

******

〔11〕

在超感官認知下人類組成的第四個部分，並沒有與外在的感官世界有任何共通之處，由此將人類與其他受造物區別開來，使人位於這個世界的頂端。超感官感知經由指出另一種與清醒的意識狀態完全不同的經驗來形成這第四個人類組成部分的概念，這樣的區別會在人類清醒時認真專注觀察而變得直接和明顯，有時候某些經驗必然來來去去，但也有些並非如此的經驗，若是能將人類的經驗與動物的經驗對比會更加明顯；動物經常性地經驗到外在世界的影響，有冷與熱的影響、快樂與痛苦、依照身體的規律歷程意識到餓與渴，但這些經驗並非人類生命的全部，人類還發展出超越這些的願望與欲求，如果走得夠遠，一定能在身體內部或外在刺激找到動物行動或感受的準確原因，但對於人類就並非如此，人類可以在身體內部或外在刺激之外，自己去產生願望與欲求，所有屬於這個領域的事物都來自特別的源頭，依照靈性科學的觀點，這個來源可被描述為人類的「吾」，而「吾」就是人類組成的第四個部分。

如果只留下星芒身本身，快樂與痛苦、飢餓與渴的感覺，將在它當中發生，但是在當中沒有任何恆久不變的感覺在其中，稱為「吾」本身並非是恆久不變的，但他可以有意識地經驗這種恆久性，在此必須精確地陳述吾的概念以免誤解發生，當人能意識到在不斷變動的內在經驗當中有某些恆久不變的，對於「吾的感覺」就開始顯現了，以飢餓的感覺為例，它並不能給予吾感覺，每當造成飢餓的原因重新出現，飢餓的感覺又會浮現出來，因此生物會熱切追求食物，吾的感覺並不會讓人在飢餓感重新出現時驅使他去尋找食物，而是當他保留了之前一次飢餓被滿足的快樂感覺並意識到它，不只有當下的飢餓經驗驅使他，同時過去的快樂經驗也提供他尋找食物的動力。

當乙太身沒有在當中作用物質身就會瓦解，若是沒有星芒身照亮乙太身就會沈入無意識當中，以此類推，若是沒有「吾」解救過去將之帶回到現在，星芒身就只能不斷地遺忘；死亡之於物質身，就如睡眠之於乙太身，以及遺忘之於星芒身，另一方面，也可以說生命之於乙太身，就如意識之於星芒身，以及記憶之於「吾」。

*****

〔12〕

誤認為動物具有記憶比誤認為植物具有意識更容易發生，即使很長一段時間沒有見到主人一條狗仍然能認出主人，人很自然地就會認為狗具有記憶，然而事實上，這樣的認知是出於與記憶完全不同的原因；狗會感受到牠的主人本身具有某種吸引力，這樣的吸引力會造成主人出現時狗會覺得快樂，當主人離開又出現時，又更新了這個快樂，然而記憶並不是只能感受到當下的經驗，而是能保持過去的感受，即使承認了以上的說法，仍然有可能誤認為狗具有記憶，例如，一個人可以說當主人離開了，狗會覺得悲傷，所以說在當中仍保有某種記憶，但是這仍然是個錯誤的結論，由於分享了主人的生活，對於狗來說牠會需要主人的出現，而當主人缺席時狗就覺得飢餓，一個人如果不能確實區分這兩者的不同，就無法清楚地洞見生命真實的情境。

******

〔13〕

特定的偏見可能會使人反對上述的說法，並堅稱人無法確定在動物身上是否有如人類般的記憶，這樣的反對意見其實是基於缺乏訓練的觀察，如果一個人能確實地觀察動物一連串的行動，他就會注意到動物行為與人類行為的不同，並且承認動物行為當中缺乏記憶。

對於超感官的觀察來說這非常清楚直白，然而超感官才能直接觀察到的事物，當人使用充滿思想活動的感官也可以認出它在感官世界的影響，如果有人說人類能經由內在的心魂觀察意識到自己的記憶，而動物無法這麼做，這樣的宣稱是基於致命的錯誤，一個人當然可以意識到自己具有記憶的能力，但是這並非來自於心魂對內的觀察，而是由於人經驗到自己與外在世界事物的關係，他經由自身、其他人類、甚至是動物所經驗到的都是完全相同的模式，當一個人相信單憑內在的觀察就能斷定記憶存在，他就是被幻象所蒙蔽。即使有人說記憶的基礎來自於內在的力量，但是一個人要能判斷自己具有記憶，仍然要經由觀察外在世界的生命脈絡，以動物來說牠們能判斷生命的脈絡關係就如同人類一樣，當代心理學受制於本身完全未經訓練的思考與不精確的概念，基於錯誤的觀察而產生許多誤解。

〔註1〕

本書關於記憶的討論很容易被誤解，只看外在歷程的人不會立即注意到，在動物甚至是植物當中發生類似於記憶的事情，與此處所指人類的真實記憶有何不同，確實，當動物重複執行特定動作三到四次以後，其動作從外在歷程來看就好像是有記憶以及與之相關的學習；是的，正如某些自然科學家及其追隨者一般，人們甚至可以擴展延伸記憶或回憶的概念去說，當小雞剛從蛋殼中爬出並啄食穀物時，就知道如何移動頭及身體來達成目的，這不可能是在蛋殼中學會的，因此它必定是從成千上萬的親代學來的，（例如埃瓦爾德．黑林在《論記憶作為有機物的一般功能（一八七〇）》中所提到的）這可以被稱為類似記憶的現象；但是，人類可以在之後真實感知先前的經驗，而非只是由先前狀態影響之後狀態的過程，如果我們不考慮人類發生的獨特過程，就無法真正理解人類的本質。在本書中所謂的記憶是指這種對過去的感知，而非只是先前狀況在之後的變化再現，如果我們要將記憶這個詞彙用於植物界和動物界的相應過程，那麼就必須為人類準備另一個詞彙，在本書上述的介紹中，重要的並不是詞彙，而是為了理解人類的本質必須要清楚辨認這種區別，即使是看起來智力很高的動物表現也不能與這裡所謂的記憶相提並論。

＊＊＊＊＊

〔14〕

記憶與遺忘之於「吾」的意義，就相當於睡與醒之於星芒身，正如睡眠使得白天的掛慮和擔憂消失於無形，而遺忘將不愉快的生命經驗蒙上帷幕，模糊了部分的過去，正如必須要睡眠才能將耗盡的生命力重新振作，人類也必須將部分特定生命經驗的記憶排除，才能開放而不帶偏見地面對新的經驗，經由特定的遺忘人類才得到了接收新經驗的力量，若是以學習寫字的過程為例，孩子學習如何寫字必經的細節會被遺忘，只有寫字的能力被留下來，如果所有學習寫字的過去經驗都在寫字的時候重新浮現在心魂感受當中，怎麼有可能去書寫？

*****

〔15〕

當下，記憶以不同的階段和程度浮現，最簡單的型式是，當人感知到一個客體，而在他轉身看不見時，仍然可以在心中憶起它的心智圖像，這個心智圖像是人在感知到這個客體時形成的，而這個過程發生在星芒身和吾之間，星芒身使人對外在事物形成的印象有意識，但這個意識只能存在於吾完全吸收它的內容並使之成為自己的一部分之前。

超感官觀察正是在這裡區分出身體與心魂的不同，只要談到星芒身就會同時考慮到某個存在的客體相關知識浮現，然而，這樣的知識要持續必須要心魂的作用，但是從上述的內容會立刻知道人類的星芒身與能使知識持續的心魂部分是非常緊密聯結的，從某個角度來看它們是結合在一起成為人類組成的一個部分，也可以統稱這個部分為星芒身，但是如果需要更精確的描述，可以稱人類的星芒身為心魂身，而把與星芒身結合在一起的心魂稱為感覺心。

*****

〔16〕

當人接收了從外在客體而來的知識並完全吸收它的內容之後，吾在更高層次指揮了它的活動，這樣的活動使吾從外在感知的客體解放出來，以便於對於已經吸收進來的部分下工夫，這個部分的心魂作用可以被稱為理知心，不論感覺心或理知心，都是對於從感官接收到的客體印象及其在記憶中所保持的部分下工夫，在此心魂都是完全被外在的事物所包圍，即使從記憶中所吸收的也是之前由外界接收而來。

然而，心魂仍有超越這些的部分，他不只是由感覺心與理知心組成，從超感官感知的觀點很容易可以經由指出一個簡單的事實來形成概念，而這件事情的深遠意義必需要被正確的評價，在人的語言範圍之中，只有一個名字與其他所有的名字在其本質上有所區別，這個名字就是「吾」，其他所有的名字都可以被任何人用來稱呼其他的人或事物，然而「吾」這個名字只能被用來指稱自己，「吾」這個名字不會被從外部聽到而能指稱自己，只有自己能對自己用這個名字，「吾」這個名字只能用在我自己身上，「對其他任何人而言吾只是個你，而對吾而言其他人也只能是個你。」

這個事實只是更深層真理的外顯部分，而「吾」的真正本質是不倚賴任何外在事物，因此任何外在的人事物都不能用這個名字來指稱吾，能夠有意識地聯結到超感官智慧的宗教信仰，就會指稱「吾」做為「上帝不可言說的聖名」，這樣的說法正是上述說明的佐證。沒有任何外在事物可以進入人類心魂中這個特別的部分，這是心魂被隱藏起來的「至聖所」，只有與祂有相同本質的心魂才被容許進入其中，「上帝居於人類之中，只有當心魂意識到吾之後祂才開始訴說」，正當感覺心與理智心安居於外在世界之時，若是心魂能感知到自己的存在及本質，那麼心魂的第三個成員就會使自己沈浸於神聖之中。

〔17〕

＊＊＊＊＊＊

另一方面，有人可能會誤以為上述的觀念是把吾與上帝完全等同，然而上述的說法並不是主張吾就是上帝，而是說吾與上帝在本質上都具有相同的神聖性，當有人從大海中取出一滴水，而說明這滴水與大海具有相同的本質時，難道他就是主張一滴水等同於大海嗎？如果要使用類比，那麼可以說一滴水之於大海就相當於「吾」之於上帝，人可以向內發現神聖是因為人類最深的本質正是來自於上帝，只有經由心魂的第三個成員，人才能探索內在的知識，同時經由星芒身，他可以得到與外在世界有關的知識，這就是為什麼奧密科學把心魂的第三個成為稱為意識心。從奧密科學的觀點來看，心魂由三個部分組成：感覺心、理知心和意識心，而同時身體有三個部分組成：物質身、乙太身和星芒身。

＊＊＊＊＊

〔18〕

正如前述對於記憶的討論一般，心理學上錯誤的觀察也可能使人難以得到關於「吾」的本質的適當洞見，許多人認為他們所知的似乎是在反駁上述的說法，但事實上是在提供明證，以愛得華．馮．哈特曼（Eduard von Hartmann）在他的《心理學大綱》當中，對於「吾」的說法為例子：

「首先，自我意識比吾這個辭彙更加古老，人稱代名詞在語言演化中是相對晚才產生的，它對於語言的價值只是提供縮寫，吾這個辭彙只是發言者本身名字的簡省代稱，因此，不論其他人要用什麼名字才能適當地稱呼他，每個發言者都可以用這個辭彙來稱呼自己，對於未經訓練的動物或未經教育的聾啞人士，即使不使用適當的名字，自我意識仍然能高度地發展，只要意識到自己的名字，即便不使用吾這名字也完全沒差別，有了這樣的認知，將可以有效移除吾這個辭彙在許多人心中的神奇氛圍，這個辭彙並不能提供任何自我意識的概念，而是這個辭彙從自我意識的概念中得到了完整的內容。」（作者註：System der Philosophie im Grundriss. Band III. Bad Sachsa 1908.）

＊＊＊＊＊＊

〔19〕

不必與這樣的觀點爭論，也可以完全同意不應該在吾這個辭彙上附加神奇的氛圍，因為這樣反而會模糊了對這件事情的深刻思考，但是一件事物的本質並不是取決於指稱它的辭彙如何演變，真正重要的是，存在於自我意識當中的吾的本質是「比吾這個辭彙更加古老」，然而人類需要使用這個具有獨特含意的辭彙來表示自己與外在世界的關係並不同於動物，演示三角形這個「辭彙」如何演變並不能使人明白任何三角形的特質，相似地，了解吾這個辭彙在語言演化過程當中如何被使用，並不能幫助人斷定吾的本質為何。

＊＊＊＊＊＊

〔20〕

「吾」的真實本質最初在意識心當中揭露自己，因為感覺心與理知心失之於外物，而意識心能守住自己，這就是為何只有經由特定的內在活動意識心才能察覺到「吾」，從來來去去的外物所形成的心智圖像，經由它們的力量對理知心工作，但如果是「吾」感知到自己，他將不再只是沈溺於自己，為了意識到自身的本質及存在，必須使用內在活動從自身的深處喚醒自己。當自我反省使人察覺到「吾」的存在，「吾」的內在活動就開始了，經由這樣的活動意識心察覺到吾，與人從三個身體及另外兩個心魂部分所感知到的有完全不同的意義。

使吾在意識心當中顯現的力量與祂在其他世界展現的力量完全相同，但是在身體及另外兩個心魂部分這個力量並不直接展現，而是間接顯示出其不同程度的影響，在最低層次影響力會經由物質身展現，然後一步一步提升到充滿理知心的程度，也可以說，每向上提升一步，就有一件掩蓋奧密的帷幕被揭開，在意識心充滿之處，這些隱密的要素在心魂最深的殿堂中顯露出來，即使祂的顯現只像是出於靈性海洋中的一滴水，人仍然必須先掌握這樣的靈性，從內在發現認知祂，然後才能發現祂在其他地方的顯現。

＊＊＊＊＊

〔21〕

以這種方式滲透到意識心當中的在奧密科學當中稱為靈性，於此，意識心與隱藏在萬事萬物當中的靈性結合，如果有人希望掌握隱藏在萬事萬物中的靈性，他就必須採取在意識心當中掌握吾的方法，他將能感知到吾的內在活動轉向外在世界，這麼做使他發展自己的更高層次，在身體層次及心魂層次之外添加新成員，走上這條路的第一步是經由吾對心魂下工夫，征服內在心魂層次的較低成員。與仍然沈溺於較低層次欲望及感官享受的人比較，開始對自己下工夫的人明顯地成為高尚的理想主義者，他們從特定較低的喜好脫離而轉向較高的傾向，能達到這樣的效果，是因為他們以吾對自己的心魂下工夫，使之高尚與靈性化，吾就成為心魂生命的主人，行之久遠，若非吾本身容許就沒有任何欲望與衝動可以進入心魂之中，以這種方式整個心魂都將成為吾的顯現，而在此之前吾只在意識心中顯現。基本上，整個人類的文化活動及靈性努力都是要使吾成為整個心魂的主宰，無論當事人是否有意願或意識到，所有活在當代的人類都涉入到這個工作。

〔22〕

這樣的工作使人達到更高的層次，而在人類當中又增加了新的成員，因為這個部分過去仍未向人顯現。然而人類不只是經由吾下工夫成為整個心魂的主宰，使之前隱密的成員顯現，若是把這樣的工作延伸也可以達到星芒身。然後吾可以經由把祂與那個隱密的成員結合而完全掌握星芒身，完全被吾征服與轉化的星芒身可以被稱為靈自我，在東方智慧的傳統中則稱為意（Manas）。靈自我形成了人類組成的更高成員，在此之前祂只是以未成熟的初胚形式存在，當人類越是對自己下工夫祂就越能顯現出來。

＊＊＊＊＊＊

〔23〕

正如人以背後隱密的力量征服了星芒身一樣，當他努力內在發展時

＊＊＊＊＊＊

也會進一步征服乙太身，然而對於乙太身下工夫是比對星芒身下工夫需要更強烈及嚴格的鍛練，因為對吾來說乙太身是隱藏在兩重帷幕之後，而星芒身只被單一層帷幕掩蓋。

可以經由覺察人類生命過程會發生的改變來區分對這兩個身體下工夫有什麼不同，首先，想想當吾對心魂下工夫時心魂的特質發生了何種改變，熱情與欲望、快樂與痛苦都不同了，一個人只要回顧他的童年時光，什麼帶給他快樂？什麼帶給他痛苦？有什麼是他在童年過後才學會的能力？所有上述的一切只是表現了吾如何主宰了星芒身，因為這個身體就是痛苦、快樂、悲傷、喜悅的載體。

相對地，在生命過程當中也有改變較小的部分，例如一個人的性格、氣質、習性等等，一個急性子的小孩在他之後的生命過程中也經常會展現出暴烈的性情，這是如此明顯的事實，以致於有些思想家完全否認人有改變基本個性的可能性，他們認為有些東西終其一生都不會改變，只是在不同方向上顯現，這樣的看法是基於不完整的觀察，一個人若是能足夠仔細的觀察，他就會發現人的性格與氣質會受到吾的影響而改變，即使相對來說這樣的改變是緩慢的，可以把兩種改變的差異類比為時針與分針的移動。

現在，改變個人性格與氣質的力量屬於乙太身的隱密領域，它們與掌管生命國度的力量有相同特質，亦即生長、營養及繁殖所使用的力量。本書稍後的說明將對這些問題提供正確的解釋。

〔註2〕

吾作用在星芒身的變化與作用在乙太身的變化之間無法畫分出清楚的界線，它們會互相傳遞，當一個人學到某種東西並因此獲得特定的判斷能力，那麼星芒身就發生了變化，但是如果這個判斷改變了心魂狀態，以致於他在學習之後對事物的感覺與以前有所不同，那麼乙太身就發生了變化，能被人類一再憶起而成為人類資產的一切都是基於乙太身的變化，逐漸成為記憶的固定資產是基於事實上在星芒身上的作用已經轉移到乙太身上。

如果人只是放任自己快樂、痛苦、喜悅、悲傷，吾並不會對星芒身工作，吾的工作會讓這些心魂的特質開始改變，同樣地，如果吾將祂的活動用來改變性格和氣質等，祂就把工作延伸到乙太身，無論一個人是否意識到，他的行動都會造成這樣的改變，在一般日常生活中造成改變的最強驅動力就是宗教，當吾容許自己不斷對這樣的影響力開放，這樣的驅動力就會在吾之中發展出力量對乙太身工作並且轉化它，正如較小的生命驅動力會導致星芒身的轉化，這些較小的生命驅動力來自於人的學習、反省、情感的昇華等等，受制於生命當中許多不同的變化，然而另一方面宗教情懷在思考、情感、意志當中留下了一致的銘印，它們發出普遍、一致的光照亮整個心魂生命，一個人的思想與情感每天都會因為不同的影響而改變，然而若是一個人經由本身的宗教情懷，發現了在這些改變之外仍有某些恆久不變的，可以讓今日及明日的心魂經驗都歸結到相同的基本情懷，宗教信仰就可以穿透影響他整個心魂生命，由於不斷重複它的影響會隨著時間而越來越強，這就是為什麼它的力量會強大到足以影響乙太身。

真正的藝術對於人類也有相似的影響，當藝術作品外在的形、顏色及調性能使人的思考與情感都穿透進入其背後的靈性，則吾就能接受到那樣的驅動力使作用延伸到乙太身，如果一個人能從這樣的結論去思考，他就能正確評估對於人類的發展及演化來說藝術有多麼巨大的重要性。

已經舉出幾個例子說明吾的驅動力如何作用在乙太身，在人類生命之中仍然有許多類似的影響力，只是它們的作用不如上述的例子那麼明顯可以被觀察到，然而從上述的例子當中已經可以知道在吾逐漸發展的過程中又形成了另一個隱藏在人之內的成員，這是人類靈性的第二個部分，可被稱為生命靈，在東方智慧中稱為「覺（Buddhi）」，生命靈是適當的名稱，因為在祂當中運作的力量與「生命身」當中的力量相同，只是當它們顯現為生命身的時候人類的吾並沒有在其中作用，然而當祂們顯現為生命靈的時候就在當中瀰漫了吾的活動。

〔24〕

人類理智的發展、昇華的情感及展現高尚的意志都是衡量星芒身轉化為靈自我的方法，同時宗教及其他相關經驗在乙太身上留下銘印使之轉化為生命靈，這些在日常生活當中或多或少都會無意識地發生，相對地所謂的入門，則是經由超感官知識的指引使人能有意識地對靈自我及生命靈下工夫，這些方法會在本書稍後的章節談到，在此最重要的只是演示出除了身體及心魂之外，在人類當中還有靈性的活動，稍後會再談到相對於無常的身體，靈性是如何隸屬於人類永恆的部分。

＊＊＊＊＊＊

〔25〕

吾的活動並不局限於影響星芒身和乙太身，祂也會延伸到物質身，例如當在某個狀況之下人的臉變紅或蒼白，都可以看到吾對物質身的影響，在這個例子裡吾確實觸發了物質身的過程，當經由吾的活動造成了一個人的物質身改變，吾確實統合了物質身中的隱密力量及造成物質身改變的力量，如此就可以說吾經由了這些活動對物質身下工夫，然而這樣的說法不應該被誤解為這樣的作用只是純物質性的，因為在物質方面可見的改變只是作用外顯的部分，在背後不可見的部分其實還有靈性力量在其中，在此所說的不是作用在物質身外顯部分的力量，而是靈性作用能影響使身體存在及再次瓦解的超感官力量。

在日常生活當中吾對於物質身的作用幾乎很少被人清楚地意識到，只有藉由超感官知識有意識地進行鍛練才能清楚地掌握這個過程，然而若是能達到這個程度，就會有人類內在第三個靈性的成員顯現出來，這個部分相對於物質人可以被稱為「靈性人」，在東方智慧中被稱為「真我（Atma）」。

在談到靈性人時很容易有誤解，因為物質身顯現為人類最低層次的組成部分，人們很難接受在物質身下的工夫會轉化為人類存有的最高成員，但是正因為物質身對靈性活動而言隔著三層帷幕，人類最高層次的內修需要結合吾及隱藏在物質身中的靈性。

〔26〕

＊＊＊＊＊

因此，對於奧密科學而言人類的存在被視為由幾個不同的部分組成：具有身體性質有物質身、乙太身和星芒身，屬於心魂層次的有感覺心、理知心和意識心，吾的光芒在心魂之中照亮，靈性的部分則有靈自我、生命靈及靈性人。如上所述，感覺心和星芒身非常緊密地結合成為一個整體共同工作，相似地意識心和靈自我也形成一個整體，因為靈性會在意識心當中閃耀，並且經由祂照亮人類組成的其他部分。把這些都考慮進來，可以用以下的結構來說明人類的組成，星芒身與感覺心視為一個成員，同樣的意識心與靈自我也視為一個成員，然後把理知心簡稱為吾，因為他分享了吾的特質，特別是當吾還沒有意識到祂的靈性本質時。最後可以得到人類組成的七個部分：

一、物質身

二、乙太身或生命身

三、星芒身

四、吾

五、靈自我

六、生命靈

七、靈性人

******

〔27〕

那些習慣於物質主義概念的人們經常宣稱，依據七這個數字去將人類的組成分為不同部分具有某種「朦朧的魔力」及迷信的特質，但如果他們能依循前面的解釋而不要自以為是加上「魔力」元素，就會發現這一點都不神秘。當談到人是由「七」個不同部分組成，無異於說光是由七個顏色組成或是音階由七個音組成（這裡把第八度音當成是重複的根音），正如光有七種顏色、音有七個音階，從人類的屬性來看也可以展現為上述的七個成員，對音及光來說七這個數字沒有隱含任何「迷信」，而對於人類來說七個成員也是如此。

（曾經在某次演講的討論當中有人提到，用七這個數字來描述顏色並不正確，因為在「紅色」與「紫色」的光譜之外仍然有其他眼睛不可見的顏色，即使把這個也考量進去，這樣的類比仍然是適當的，因為在人類的組成當中，也仍然有超越物質身到靈性人以外的部分，只是這些延伸即使以超感官的觀察仍然「無法看見」，就像超過紅色到紫色之間的色光無法被眼睛看到一樣，對這樣的評論正面回應是必要的，因為很容易會以為當超感官觀察運用自然科學概念時是外行和不精確的，但若任何人能很精確深入地理解上述的說法，就會發現事實上它們並沒有與真正的自然科學相衝突，即使自然科學的事實被引用來當成案例，或是直接指出與自然科學研究的關係時也都是如此。）

第三章

睡眠與死亡

＊＊＊＊＊＊

〔1〕

如果沒有考慮到死亡，人無法真正解開生命之謎；同樣地如果不了解人在睡眠中經歷的狀態，也無法透徹理解清醒意識的精髓，沒有感覺到超感官知識重要性的人很可能會因為它當中有關睡與死的觀點而懷疑。超感官知識可以理解這些懷疑的原因，例如有人主張，因為人來到這裡是為了積極和有目標的生活，如果一個人越投入生活就越能有效率和創造性，相反地若是一個人去鑽研睡眠與死亡這類事情，只會導致他傾向無所事事的白日夢及空洞的幻想。人們很容易以為拒絕「幻想」是健康心魂的表現，而投身於「無所事事的白日夢」是一種病態的特徵，這種人顯然缺乏生命的活力和喜悅，而不可能有任何「真正的創造」。

認為上述的說法全然錯誤並不公道，因為仍然有部分真實的核心在當中，它只包含了四分之一的真實而需要由其他四分之三的真實來補充它；如果反對這四分之一的真實，將會招致那些只理解這四分之一而不知道其他四分之三的人懷疑。

*****

〔2〕

確實必須承認，若是探究睡眠與死亡背後的真實會導致虛弱和遠離現實生活那確實是病態的，而且無可否認從古至今以奧密科學之名行事者，確實帶有不健康的銘印及敵視生命的傾向；但是這些不健康的成份並不是出於真正的超感官知識，相反地真正的事實如下：正如一個人不可能永遠清醒，若是以寬廣的視野看待真實生命的情境，人不可能缺乏來自超感官要素的給予而單獨存在，生命在睡眠狀態下持續，清醒時人主動及創造的能力是在睡眠當中得到力量及更新，這也與人從外顯世界中觀察到的相同。真實的世界比外在感官能觀察到的更為廣大，感官世界的知識必須以得自於超感官世界的知識來補充才能有成果；一個人若是不能一再地從睡眠中補充本身耗盡的力量必定會毀滅自己的生命，相似地若是一個世界觀不能從超感官世界的知識得到養分就必定導致荒蕪。

「死亡」也與此相似，生命屈服於死亡使新生命得以出生，超感官知識確實能讓人更清楚歌德優美的名言：「大自然發明了死亡是為了擁有豐富的生命。」（原書註：出於《自然，片段》，「生命是自然最美的發明，而死亡是使生命更豐富的詭計。」）正如同若是沒有死亡，就沒有一般意義下的生命存在，若是沒有來自超感官領域的洞見，就不可能得到關於感官世界的真正知識，所有感官世界的知識必須一再投入超感官領域才能逐步形成，顯然超感官的科學能喚醒一般感官世界知識的生命，以超感官科學的真實形態出現時它從來不會削弱生命，當生命單獨存在時他會變得虛弱和生病，這時超感官知識可以一再地給予力量並使他更新和健康。

******

（3）

當人們入睡，他們組成要素之間的關係發生改變；物質身及乙太身仍睡在床上，但星芒身及吾就不在那裡，因為在睡眠中乙太身仍然與物質身相連結，所以人的生命歷程會繼續，若是物質身單獨被留在那裡就必定會瓦解。然而在睡眠中，心智圖像、痛苦和快樂、喜悅和悲傷、表現自身意識意圖的能力及其他相似的部分都消失不見，而星芒身正是上述這些的載體，如果能不帶偏見地評估這種狀況，就不會認為在睡眠中星芒身連同快樂和痛苦、觀念與意志的整個世界都一起被毀滅了，它只是以不同的情況存在。如果人類的吾及星芒身不只是被痛苦、快樂及上述的其他事物填滿，而是要有意識地感知它們，那麼星芒身就必須與物質身和乙太身連結；在清醒時這三者連結在一起，但是在睡眠時星芒身就離開了物質身和乙太身，以一種不同的形式存在。

因此，接下來超感官知識的任務就是要去研究星芒身這種不同的存在形式；若只從外顯世界來觀察，星芒身在睡眠中確實消失不見，但是經由超感官的觀察可以持續追蹤它，直到它在清醒時又重新佔有物質身及乙太身。只要涉及世界上不可見事物的知識，要能發現在睡眠時到底發生了什麼，就必須經由超感官的觀察；一旦超感官觀察的發現被陳述出來，就立即能被不帶偏見的思考所理解，因為不可見世界的過程會在可見的世界上顯現其影響，如果一個人能發覺超感官觀察所揭示的會使感官世界的過程更清晰地被理解，由生命本身提供的事實正是這類事物存在的證據。即使不用本書稍後所述的方法去得到超感官感知的人，也可以接受超感官知識的陳述，並將它們用在自己能經驗到的感官世界中，這麼做會使他們發現生命變得清楚而可以理解，他們越是能精確而徹底地觀察日常生活，就會越確定這樣的信念。

＊＊＊＊＊＊

〔4〕

即使星芒身在睡眠中沒有經驗到心智圖像、快樂、痛苦或其他相似的事物，但它並非保持閒置不動，相反地，在睡眠中它仍然必須保持生氣勃勃地活動，在與物質身和乙太身共同工作一段時間之後，它需要韻律地重複這樣的活動。就像一個鐘擺在擺動向左之後又會回到中間，然後必定會向右擺動，因為它從向左擺動的過程中得到了動能；對於星芒身及吾也是這樣，它們在物質身及乙太身當中活躍一陣子之後，也會有動力使它們接下來必須有一陣子在心魂及靈性的環境中以不受身體限制的狀態活動，以人類一般的生命狀態而言，當星芒身與吾在不受身體限制的狀態下就會進入無意識，因為相對而言當它們與物質身及乙太身結合在一起時呈現出清醒的意識狀態，正如同鐘擺會擺向右相對而言也會擺向左。進入無意識狀態的需要會使人類的心魂及靈性經驗到疲勞，然而疲勞本身表現出以下事實，星芒身與吾在睡眠中更新轉化以準備進入下一次的清醒狀態，當心魂與靈性活動不在其中時，物質身及乙太身會經歷純粹有機而無意識的形構活動，這樣無意識的形構活動與人類有意識的活動互補，而且必須有韻律地重複交替。

〔註3〕對於睡眠與疲勞之間關係的看法通常都與事實不符，睡眠被認為是由疲勞所引起，這個想法過於簡單，事實上一個完全不疲勞的人在聽他不感興趣的演講或其他類似的場合也經常會睡著，任何宣稱如此會使人感到疲勞的人都是試圖用缺乏正確嚴謹知識的方法來解釋。無偏見的觀察必會得出以下結論，清醒與睡眠代表著心魂與身體的不同關係，這在日常生活中必須有韻律地交替發生，正如鐘擺必須左右擺動，無偏見的觀察結果是，心魂被外在世界的印象所充滿會喚醒進入另一種沈迷於享受自己身體狀態的欲望，有兩種心魂狀態交替：沈溺於外在印象以及沈溺於自己的身體狀態，在第一種狀態下對第二種狀態的渴望是在不知不覺中產生的，然後也在無意識下進行，享受自己身體狀態的渴望表現為疲勞，實際上我們必須說：我們感到疲勞是因為我們想要睡覺，而不是因為我們感到疲勞而想要睡覺，由於人類心魂已經適應了可以任意喚起

必要發生在日常生活的狀況，所以當他對外在印象麻木就可能喚起享受自己身體狀態的渴望，也就是說，即使內在狀況沒有理由這樣做人還是會睡著。

人類的物質身必須要靠乙太身才能維持適當的形態樣貌，然而要做到這樣乙太身也必須從星芒身那裡得到適當的力量；乙太身是物質身的雕刻師或建築師，但若它要能以正確的方式形塑物質身，就必須從星芒身那裡接收必要的指引和刺激，在星芒身當中包含了乙太身形塑物質身所需的原型模範，在清醒的意識狀態下星芒身本身並不充滿這種原型模範，因為心魂將他自己的圖像放在這些原型模範的位置，當人將感官指向外在環境，他將會經由感官形成與外在環境相應的心智圖像，這些心智圖像會開始擾亂維持物質身的乙太身，如果一個人的行動能提供星芒身以正確方式刺激乙太身的圖像就不會有任何干擾發生，然而事實上這樣的干擾於人類存在中扮演了重要角色，提供給乙太身的原型模範在人類清醒時並不能完全發揮作用，在清醒時星芒身在物質身內作用，而在睡眠時它就從物質身外作用。

＊＊＊＊＊＊

〔5〕

物質身需要由與其有相似特質的外在世界取得營養才能維生，對於星芒身來說也有類似的情形，想像把人類的物質身與外在物質環境完全隔離它必定會毀滅，這表示若是缺乏外在物質環境的支持，物質身就不可能存在，事實上人類的物質身要能存在，整個地球都是不可或缺的，人類的物質身是地球的一部分，或者更廣泛來說是整個物質宇宙的一部分；從這個角度來看，這樣的關係也類似於手指與整個人的關係，當你把手指從手掌上斷開，它就不再是原來的手指，只會死亡凋零，同樣地若是把人的身體與整個提供他生命條件的地球分開，他也活不了，若是把一個人舉到離地球表面很高的地方，他就會像從手掌斷開的手指一般死亡凋零，一般人較少會用手指與整個身體的關係來類比人體與地球的關係，是因為手指不能在身體上行走而人可以在地球上行走，所以手指對於身體的依賴比較明顯能被觀察到。

＊＊＊＊＊

〔6〕

正如物質身被嵌入它所從屬的物質世界，星芒身也被嵌入其所從屬的世界，然而當人類醒來時它又被從當中撕裂分開，可以試著用以下的類比來說明發生了什麼事，想像一個充滿水的容器，在當中的每一滴水都不是單獨存在，然而當有人用一小塊海綿從當中吸了一滴水起來，這就類似於人類星芒身在醒來時所發生的事，在睡眠時星芒身融入與其相似的世界，從某個角度來看它確實屬於那個世界，但是當人醒來時，物質身與乙太身把星芒身吸收進來並使其充滿自身，這兩個身體的器官包含了星芒身從其所屬世界接收的訊息，但是為了得到這些訊息星芒身又必須從外在世界分離，因為只有在星芒身所屬的世界才能接收到乙太身所需要的原型模範。

正如物質身可以從其環境中接收食物，在睡眠時星芒身也會從其所屬的世界接收圖像，事實上當星芒身離開了物質身與乙太身時是居於大宇宙當中，而整個人類也是在同一個宇宙中誕生，從這個宇宙人類可以接收到維持形態樣貌所需的圖像，在睡眠時人可以和諧地融入其中，當清醒時就必須讓自己離開這個完全被包容的和諧狀態才能得到外在的感知；在睡眠中星芒身一再回到宇宙的和諧之中，當人醒來時就從這個和諧的宇宙帶回足夠的力量給他的身體，使他能暫時離開這種宇宙的和諧狀態，星芒身在睡眠時回到自己的家鄉，而在醒來時為生命帶回更新的力量，從外在表現來看健康的睡眠使人精神奕奕，然而奧密科學將進一步描述，狹義上來說星芒身的家鄉比物質身所屬的物質環境更加廣大，就人類的物質身來說是地球的一部分，然而星芒體所屬的世界還包含地球以外的其他天體，在睡眠時人類進入了不屬於地球的其他世界，如前所述，這樣的事實將在本書稍後說明變得更清晰。

〔7〕

＊＊＊＊＊＊

雖然指出可能因此而引起的誤解應該是多餘的，但是在物質主義思考方式盛行的現代卻是必要的，帶有物質主義觀點的人會說科學能研究的是睡眠時物質身的狀態，即使科學家們尚未對睡眠的物理成因有一致的看法，然而有件一事情是確定的：必定有某種物理過程是睡眠這種現象的基礎。想承認超感官知識完全不會與上述說法有矛盾！他能同意上述觀點的說法，正如同他能完全同意一間房屋的物理結構是由磚塊層疊而成，當房屋完成了也可以用純粹的力學法則來解釋其形式及穩固性，然而要建造一間房屋就必須要有建築者的想法，若只是研究物理法則並無法發現這樣的想法。

正如在房屋結構的物理法則背後，還要有建築者的想法才能真正理解房屋，在正確的物質科學敘述背後，還需要超感官知識提供進一步的解釋，確實這樣的類比常被用來證成這個世界靈性背景的存在，但是在這種情況下，重要的並不是對特定概念是否熟悉，而是在論證中給予適當的評價，對立的思考方式具有很大的影響力，使人們難以判斷這些想法的真正價值。

＊＊＊＊＊

〔8〕

夢是介於清醒與睡眠的中間狀態，如果深入思考會發現，夢中經驗到一個由彩色圖像交織的世界，當中仍然隱藏了某些規律與法則，即使最初似乎顯示出令人困惑的起伏和流動，清醒時人類會被感官認知和理性判斷法則所捆綁，但在夢中他又會從當中解放出來；然而夢仍然服從某種迷人又令人捉摸不定的神秘法則，這就是為什麼人會把基於藝術感又充滿想像力的美好戲劇類比為「夢」的更深層原因，一個人只要回想起夢的某些特質就可以找到證據。例如有人夢到他正在驅逐一條衝向他的狗，當他醒來時發現自己正無意識地推開一床被子，它正壓著某個不熟悉的身體部位而打擾到睡眠。

在這個例子當中，夢從外在感官感知歷程得到什麼？睡眠的生命使人暫時無法意識到清醒時感官能感知到的世界，但它仍然能確實堅持一項本質，那就是在睡眠中的人希望能除去某些事物，在此之外他編織連續的圖像，這些圖像是清醒時日常生活的回聲，但從中採用的方式卻是雜亂無章，因此人會感覺到即使有相同的外在刺激，在作夢時卻可能召喚出不同的圖像，雖然它們都能象徵性地表現出人想要去除某些事物的感覺，夢創造了象徵圖像，它們是使用象徵的創作者，即使身體內在的歷程也能被轉化成為夢的象徵。例如有一個人夢到他身邊有火焰爆裂，他在夢中看著這個烈焰，當他醒來時發現他蓋的被子太厚重而變得過熱，這個過熱的感覺在夢中會以象徵方式表現。

十分戲劇化的經驗也有可能在夢中上演，例如有人夢到他站在懸崖邊緣並且看到一個孩子衝向它，在夢中他經歷了各種煩惱：只要那個孩子注意就有可能不掉下懸崖！他看到那個孩子掉了下去並且聽到身體落到谷底的聲音，接著他醒來時發現原來掛在牆上的東西掉下來並且發出聲音；夢境會用刺激的畫面來表現單純的事物。在此不必深究上述的例子裡一個墜落物的聲響如何在夢中被發展成具有時間性的連串故事，重點在於知道夢會將清醒時的感官感知轉化為圖像。

〔9〕

可以看到當感官活動暫停，某種創造性的活動就出現在人當中，同樣的創造性也會在完全無夢的睡眠中顯現，這是與清醒相反的心魂狀態，在無夢的睡眠中星芒身必須完全從乙太身與物質身退出，雖然在夢中星芒身會與物質身分開而不再與外在感官連結，但是它仍然與乙太身保持某種連結，能以圖像形式感知到星芒身中的歷程正是因為它仍然與乙太身存有連結，當這樣的連結也斷開，這些圖像立刻沈入無意識的黑暗，如此就進入無夢的睡眠。

＊＊＊＊＊

夢境中的圖像雜亂無章是因為星芒身與物質身感官的連結斷開，使它無法讓這些圖像與外在環境的事物產生正確的關連，當考慮自我分裂的夢境時這樣的說法能更清楚地解釋，例如有一個人夢到他坐在教室中無法回答老師的提問，接著老師立刻解答了這個問題，由於無法使用物質身的感官，作夢者不能將兩件事情視為同一個人的經歷，為了使人能認知到內在有一個恆久的吾，人類必須先具有外在感官，只有當一個人獲得能力不經由外在感官而可以意識到自己的吾，才能在物質身之外也感知到這個恆久的吾，超感官意識必須得到這樣的能力，在本書稍後會提到獲得這些能力的方法。

******

〔10〕

即使談到死亡，它的發生也只是因為組成人類的各個部分之間的關係改變，再次重複之前提過的，超感官感知所描述的內容都可以在外顯世界觀察到它的影響，只要不帶偏見公正地判斷，超感官知識的訊息都可以經由觀察外部生活得到確證；然而以死亡的例子來說，在可見範圍內不可見的印記並不那麼明顯，因此就比較難用外在生活的事件來確證超感官知識的訊息有多麼重要，即使本書中已經舉出那麼多的事例，但是那些拒絕理解感官經驗如何明確指出超感官世界存在的人，就只會宣稱超感官知識的訊息僅僅是想像虛構出來的。

*****

〔11〕

當一個人入睡，星芒身從乙太身及物質身當中釋放出來，但是乙太身及物質身仍然連結在一起，然而死亡時物質身與乙太身分開，物質身依其本身內在的力量成為必定瓦解的屍體，另一方面當死亡發生時乙太身發現自己處於一種在出生到死亡之間從沒經歷過的狀態，少數極端的例外會在稍後提到，此時乙太身仍然與星芒身連結，但是物質身已經不在，因為在死後乙太身與星芒身並不會立即分開，很容易理解為什麼會有力量將它們暫時結合在一起，否則乙太身就沒辦法從物質身體當中解放出來，例如在睡眠時乙太身和物質身結合在一起，星芒身沒辦法把它們分開，在死亡時這個不可或缺的力量發揮作用將乙太身從物質身中拉開，因此，這時候乙太身會與星芒身連結在一起，超感官觀察顯示這樣的連結在每個人身上都不相同，一般來說連結會持續幾天，持續期間只能作為參考。

之後星芒身會脫離乙太身繼續自己的旅程，然而當這兩個身體仍然連結在一起時，人類還能有意識地感知自己星芒身當中的經驗，當物質身還在，睡眠時脫離物質身的星芒身就會立即從外部修復更新筋疲力竭的器官，然而死後物質身已經不在了，就沒必要再進行這項工作，前述的工作力量就被用來使人感知到星芒身本身的歷程。

〔12〕

＊＊＊＊＊＊

堅持只觀察生命外在歷程的人可能會主張，對於具有超感官感知能力的人上述說法很理所當然，但是對於沒有這種天賦的人就不可能明白這些事實，然而情況並非如此；就算有些事物超越了感官可及的領域，一旦它們被超感官感知所發現之後，這些知識也能被一般思考判斷能力掌握，這種判斷只是以正確方式考慮外顯世界中的生命關係，如果不能將思考、情感、意志的活動視為非外顯世界的展現，就無法了解它們彼此之間的關係，以及它們在外顯世界如何被人類經驗到，只有將它們的活動及其在人類生命歷程的作用視為由超感官知識得出的非物理性結論，人們才能真正清楚理解其外顯活動，若是想不靠超感官知識的幫助來理解這些活動，就像是處在沒有光的屋子當中一樣，要能看見物體在環境當中必然要借助於光，同理在心魂生命中發生了什麼也必然要借助超感官知識才能解釋。

******

〔13〕

當人類連結到物質身，外在世界會以圖像或再現的形式進入意識；然而當他放下物質身，星芒身就不再受限於物質感官所感知到的外在世界，開始能有其他的經驗。起初星芒身並沒有新經驗，因為與乙太身連結在一起會阻止它去經驗任何新的事物，由於乙太身擁有整個生命過程的所有記憶，這些記憶會以整體鮮活的圖像展現，因此人類在死後最初經驗到的會是死亡到出生之間的生命經驗以連串的畫面展現在他面前。在塵世生活中，記憶只有在人類清醒時才會存在，清醒時它會與物質身結合在一起，同時會受限於物質身；但是對於心魂來說，所有在塵世生活中使他產生印象的都會被保存下來。由於物質身並不是記憶的完美工具，因此我們很難在生活中的每一刻都想起過去發生的所有，在死亡後物質身形成的阻礙消失不見，只要人們仍然保有乙太身，就能擁有某種完美的記憶，然而當乙太身失去它與物質身相似的形狀，這種完美的記憶就消失了。這也是為何一段時間之後星芒身就會與乙太身分開，因為只有當乙太身仍然保持與物質身相似的形狀時，星芒身才能與之結合。

在出生到死亡之間，乙太身和物質身只有在特殊狀態下才能短暫分開，例如當一個人的手或腳在巨大的壓力下，一部分乙太身有可能會和物質身暫時分開，這時候我們會說肢體「痲木」了，這種感覺就是源自於乙太身的分離。（當然，物質主義的觀點會否認看不見的存在，而主張這一切只是出於壓力對於物質身的干擾）在這樣的例子當中，以超感官觀察可以看見相對應的乙太身如何離開物質身。

如果一個人經歷了極度震驚或類似的打擊，可能有一小段時間大部分的乙太身與物質身分離，這會發生在這個人發生瀕死經驗時，例如溺水或在登山時由高處墜落，有這樣經驗的人所陳述的會非常接近事實，也可以被超感官觀察證實，他們會說在那樣的片刻，整個過去生命的經歷會像是一個浩瀚的記憶圖像顯現在心魂之前。

在許多適合的例子當中挑選其中之一在此引證，因為這個人的整個想法都會認為上述說法完全就是無稽之談，當任何人在超感官觀察的初步階段，去熟悉一些認為靈性科學的看法只是某種荒誕幻想的人的說法總是有益的，因為這些說法就很難被認為是超感官觀察者的偏見。（靈性科學家有可能從認為他們的研究毫無意義的人身上學到許多，即使這些人的批評並非確實相應也不用感到挫折，當然，超感官觀察本身並不需要經由這些事物來證實，這些引證並不是意圖要證明任何事，只是用來澄清它的發現。）本尼迪克特（Moritz Benedikt）是一位著名的刑事專家及其他許多自然科學領域的知名研究者，在回憶錄提到他個人的經驗：有一次他經歷了溺水的瀕死經驗，在那時他見到自己一生的記憶成為一幅圖畫展示在面前。

即使有其他人描述在類似情境下經歷了完全不同的圖像，甚至有時候會找不到與過去生命經驗的關聯，也不能用來反駁上述的說法；在物質身與乙太身分離的特例中升起的圖像，並非總是能夠找到與生命經歷適當的對應，然而若是能以正確的方式評估，這樣的關聯就能被辨認出來。即使有些人在溺水的瀕死經驗中並沒有感知到上述的圖像，也不能否定上述的說法，要牢記這樣的經驗只會發生在物質身與乙太身分開，但乙太身仍然與星芒身結合在一起時，如果這樣的震驚也使得乙太身與星芒身分開，就不會發生上述的經驗，因為這時人就完全失去了意識，就像經歷了無夢的睡眠一樣。

＊＊＊＊＊

〔14〕

在死後的瞬間，一生過去的所有經歷會總結成為一幅記憶圖像，之後，星芒身就脫離乙太身繼續自己的旅程，由此不難看出星芒身於物質身中活動所得到的一切仍然保留在它之中。吾已經發展出某種程度的靈自我、生命靈及靈性人，祂們之所以能被發展是出於吾的努力，而非各個身體的不同器官，就吾的本質而言並不需要外在器官來感知自己，也不用外在器官來保存與祂結合的所有，但是也許會有人質疑：為何在睡眠當中完全感知不到發展出來的靈自我、生命靈及靈性人？這是因為從出生到死亡之間吾都受到物質身的束縛，即使在睡眠中吾和星芒身結合在一起而在物質身之外，吾仍然與物質身緊密相連，因為星芒身的活動仍然會被導向物質身，在這種狀況下吾及其感知就會被導向外在感官世界，而無法直接得到靈性啟示。在死亡之後吾從物質身及乙太身的連結當中解放出來，這時吾才能開始接收到靈性啟示；當心魂脫離了一生束縛他的物質世界，另一個世界就為他點亮。

即使到了這個時刻，人與外在感官世界的連結還沒有完全終止，相反地，某些仍然存在的欲望維持了這樣的連結，這些欲望是經由他意識到組成的第四個要素「吾」而創造出來的；出於其他三個較低階身體的欲望與希求只會在外在世界中作用，當這些身體被放下後這些欲望就停止了，例如飢餓是起因於外在身體，當吾不再與外在身體連結這種欲望就自然安靜下來，如果吾除了出於其靈性本質的欲望之外，不再擁有其他欲望，那麼祂就能完全滿足於死後所移居的靈性世界；但是生命已經給予祂更多的欲望，例如吾會去追求那些只能經由物質身器官才能滿足的快樂，即使些快樂並不是源起於這些器官，不只是三個外在身體會經由物質世界滿足欲望，吾也會從物質世界中尋找快樂，然而在靈性世界中並沒有方法可以得到這樣的快樂。

對於吾來說人生在世會有兩種欲望：一種欲望是源自於外在的身體，它們必須經由身體來滿足，但若是身體瓦解了就會自然停止；第二種欲望則是出於吾的靈性本質，假使吾在身體裡這些欲望就會經由身體器官來滿足，因為隱而未現的靈性要素會在身體器官中作用，使用外在感官感知的同時也會接收到部分靈性，這種靈性要素在死後仍然存在，只是會以不同的形式呈現，在感官世界中吾對靈性的欲望在感官消失之後仍然存在。如果在上述兩種欲望之外沒有第三種欲望，死亡就只是表示從欲望可以被感官滿足的狀態，轉變為欲望會被靈性世界的啟示所滿足的狀態。然而吾於感官世界的生命過程中會產生第三種欲望，因為吾也會在沒有靈性顯現的層面尋求到快樂。

最基礎的享樂也可能是靈性的真實展現；經由攝食來滿足飢餓感也是靈性的展現，因為若是沒有攝取到營養，在某個層面的靈性要素就無法逐步成長，然而吾也會追求這些必要需求以外的享樂，例如去追求好吃的食物，忽略營養及靈性的滿足，其他許多在感官世界的經驗也是相同的道理，這樣的欲望若是沒有吾參與其中也不會在感官世界裡被創造出來，然而這樣的欲望也不是源自於吾的靈性本質。即使吾是靈性的存有者，當祂活在身體裡時仍然會需要感官的享樂，因為靈性會展現在感官可及的世界中，吾其實是經由投身於感官感知的事物去享受靈性之光的照耀，即使外在感官不再做為靈性之光的媒介，吾仍然可以繼續享受這光。

然而在靈性世界中，那些在感官世界中不含靈性本質的欲望就不可能被滿足；當死亡發生，滿足那些欲望的可能性就被斷絕了，想要品嚐美食的愉悅感只可能經由身體器官（包括舌頭、顎……）在進食時產生，當物質身被放下人就不再擁有這些器官，若是吾仍然想要追求那種快樂，就必定會處於欲求不滿的狀況，只要能與靈性調和，那種快樂的欲望會像仍擁有物質身器官時存在，然而出自於吾而又不帶有靈性作用的欲望在死後就無法被滿足，對於在這種狀況下的人類處境，可以設想為一個極為口渴的人在沙漠地區裡找不到任何水，因此死後吾所處的狀況即是仍然心懷對外在世界快樂的欲望，但又缺乏可以滿足那種欲望的器官，當然上述口渴的例子只是讓我們能類比想像死後吾所面對的困境，事實上它包含了更強烈且廣大範圍的欲求不滿。吾在下一個階段的任務是使自己不再受到外在世界吸引力的束縛，在這方面吾必須做到內在的淨化及解放，所有人生在世出於身體的欲望必須被根除，因為它們並不適合存在於靈性世界當中。

上述欲望的世界在死後會被消解與毀滅，就像一個物體著火而焚毀，這讓人們瞥見那個被超感官知識稱為「靈性焚毀之火」的世界，所有出於感官而又不傳達靈性內涵的欲望都會被這個「火」燒盡。當他們面對靈性科學所提供關於死後經歷的概念，也許會覺得恐怖而絕望。

〔15〕

那些希望能經由感官滿足的期待在死後完全不可能實現，只能由物質世界滿足的欲望必定轉變為劇烈的剝奪感；會採取這樣的觀點是沒有考慮到，死後會被「焚毀之火」燒盡的欲望並非有益，從更高的意義來看是破壞生命的力量。藉由這樣的力量使吾過於緊密地與感官世界綑綁在一起，超出其能從感官世界得到對其發展有益的需要，感官世界事實上展現隱藏在其背後的靈性，而靈性會以某種形式向物質感官顯現，如果吾不使用物質感官就無法享受隱藏在感官世界背後的靈性本質，然而若是吾欲求的感官享受並不包含靈性本質，那他就會遠離這個世界當中真實的靈性實相；當感官享受展現出靈性就能提升與發展吾，無法展現靈性的享受則使吾貧乏與荒蕪，在感官世界追求沒有靈性的欲望對吾的傷害已經造成，但是直到死後它的影響才能被吾覺察，在有生之年去滿足這樣的欲望只會創造出與之相似的新欲望，當下人並沒有意識到這樣

＊＊＊＊＊＊

的作為會使他自己被「焚毀之火」包圍，直到死後人才會開始覺察到包圍他的焚毀之火，而這種覺察使其療癒與助益變得明顯。

例如，一個人愛上另一個人，並不只是被那個人物質感官可及的層面吸引，然而只有這個層面是死後不能再被感知的部分，直到死後人才能理解，所愛的人能被物質感官感知的部分只是手段而非目的，事實上，保有那些只能經由物質器官才能滿足的欲望，會阻止人完全明白上述的道理，如果無法根除這些欲望，就無法在死後有意識地感知所愛的人，從這個觀點來看，超感官知識所描述的死後經歷，會由恐怖而絕望的圖像轉化為深層的安慰與滿足。

＊＊＊＊＊

〔16〕

死後的經歷與人生在世還有另一個不同之處，在淨化期間人的生命可以說是倒過來活的，人會重新經歷從出生開始一生的過程，只不過它是從死亡生的那一刻開始以倒敘的方式回溯到童年，如此他從靈性上看到一生中並非出於吾的靈性本質的一切，並以相反方向經驗到；例如，有一個人在六十歲那年過世，而他在四十歲那年曾經發怒使另一個人的身體及心魂受傷，那麼他就會在死後回溯其生命旅程到四十歲的那時重新經歷這個事件，只不過他所經歷到的並非攻擊別人得到的快感，而是感受到對方因此所遭受的痛苦。

從上述的例子我們可以理解，之所以這類事件會在死後造成痛苦的經歷，是因為這當中吾的欲望是源自於外在的物質世界，事實上，吾滿足這樣的欲望不只傷害了其他人，同時也傷害了自己，只是傷害自己的部分在有生之年隱而未現；然而在死後，整個造成傷害的欲望世界會對吾顯現，此時吾會感覺被所有曾經引動這類欲望的事物吸引，以便能將這些欲望以其被創造出來相同的方式由「焚毀之火」燒盡。

當回溯旅程到達出生那一刻，所有這類欲望都已經被焚毀之火淨化，從此之後再也沒有任何能阻礙他完全獻身於靈性世界，人進入了新的階段；正如人在死亡時放下了物質身，之後放下乙太身，接著只能存活於外在物質世界意識中的星芒身也瓦解了，對於超感官知識而言，共有三個不同的屍體：物質身、乙太身和星芒身。淨化期大約會持續塵世生命三分之一的期間，到淨化期的終點人就會脫下星芒身，只有根據奧密科學來思考人類的生命歷程，之後才能清楚為何會如此，以超感官來觀察會發現，當人類通過淨化階段達到更高境界時會脫下星芒屍體，這經常出現於人的四週，正如物質屍體在人類身處的世界中可以被物質感官所感知。

＊＊＊＊＊

〔17〕

淨化期後吾提升到一種全新的意識狀態，在死亡前人的感知由外在流向吾，因為意識之光照亮了它們，但是到這個時候另一個世界會由內在湧出進入意識，雖然在出生到死亡的期間吾也同時會活在這個世界，但是它會被感官顯現的帷幕所遮蔽，只有當吾能放下所有感官感知而從「內在至聖之所」去覺察，才能發現當中的實相，正如在死亡之前吾的自我感知只會發生於內在，然而死後經歷完淨化期，靈性世界會完全由內在展現。

事實上這個世界在人放下乙太身之後就已經顯現，只是人朝向物質世界的欲望會像烏雲般遮蔽了它，這就像是會被「火」焚毀的欲望形成了黑暗邪惡的陰影散佈在靈性體驗的至福世界中，甚至這些欲望不只是陰影，它們也是實體的存有者；當吾脫離了物質器官而能夠感知到何謂靈性時，這些就會立刻顯現，這些存有者看起來就像人們之前透過感官經驗到的扭曲變形漫畫，以超感官觀察描述淨化之火的世界住滿了這樣的存有者，它們展現在靈性之眼前的是可怕和痛苦，並且似乎是以破壞為樂，它們熱衷於靈性的邪惡，與之相比在感官世界的邪惡就顯得微不足道了，當人將上述這類的欲望帶入到超感官世界，對這些存有者而言就是可以滋養與增強力量的食物。

當人能不帶偏見地去觀察動物界，那麼這個感官所不及的世界似乎就沒有那麼不可置信；從靈性的眼光來看殘酷潛行覓食的野狼是什麼？從人的外在感官來看牠當中展現了什麼？無非就是一個心魂依從其欲望生活及行動，人可以稱狼的外形是這些欲望的具體呈現，即使人沒有器官去感知牠的外形，仍然必須承認這些看不見的欲望會經由其影響而被感知到，即是潛行覓食的力量並不能被人類的眼睛看見，但是經由可見的野狼它做出所有的行為。

確實，淨化之火的存有者只能被超感官意識到而無法被物質感官感知，然而它們會傷害吾以獲得養份其作用是非常明顯的，若是適當的享受放縱到缺乏節制和過度時，這些影響就變得清楚可見，感官所及的事物之所以能吸引到吾，是因為這樣的享受當中具有與吾自身相同的本質。動物只能被三個身體的欲望驅使向外在世界追求滿足，人類能擁有更崇高的享受是因為他們除了三個身體之外還有第四個組成部分—吾；如果吾的欲望不用來維持或發展自己，反而會對自身存在造成破壞，那麼這樣的欲望並非出於三個身體或吾自身，引起這樣欲望的存有者其實相無法被感官感知，它們能影響吾的更高本質，引誘其產生與感官無關但又只能經由感官滿足的欲望，這些存有者的食物是比動物欲望更邪惡有害的激情與渴望，因為它們並不存在於感官世界，但是又能抓住靈性並將之拖入感官世界，因此從靈性的眼光來看，這些存有者的形式比最野蠻的動物還要更醜陋可怕，因為動物只包括出於感官世界的欲望，這些存有者的破壞力遠超過任何感官所及動物界中的破壞性憤怒，超感官知識必須由此擴展人類的視野，才能理解在所有可見的有害動物之下還有某些更低層次的存有者。

******

〔18〕

當人在死後穿過這個世界，會發現自己面對一個純粹只有靈性內涵的世界，在這個世界當中升起的欲望只能從靈性層面得到滿足，然而在此人仍然能區分屬於自身的吾及構成外在的環境，這裡可以被稱為吾之外的靈性世界，只不過在這裡經驗到環境流向人的方式，就如同有生之年在身體當中感知到吾的方式，在出生到死亡期間環境是經由人的身體器官向他訴說，一旦他放下所有的身體，新環境的語言會直接向吾深處的「內在至聖之所」訴說，此時整個環境當中充滿了與人內在吾相似特質的存有者，因為事實上只有吾能親見另一個吾，正如在感官世界中人類被礦物、植物及動物組成的環境包圍，在死後他會被靈性本質組成的世界包圍。

然而還有一些不屬於環境的會隨著人進入靈性世界，那就是吾在感官世界的經歷；在人死後只要乙太身仍然與吾連結，這些經驗的總合就會以全觀的記憶圖像短暫呈現，之後當乙太身被放下，仍然有一部分來自記憶圖像的會被吾永久保存，就像是把人生在世所有的經歷蒸餾粹取出最精華的部分，這是生命產出的靈性成果，由於這樣的產出只有靈性，它包含了所有經由外在感官揭露的靈性內涵，但若沒有感官世界的生命經歷就不可能有這種產出。死亡後吾覺得出於感官世界的靈性成果是他自己的內在世界，透過它吾進入了靈性世界，那裡的存有者都像是吾一般由其內在最深處展現自己；就像是植物的種子包含了整個植物的精華，只有進入另一個不同的世界—土壤—當中才能發芽生長，而吾從感官世界帶來的就像是種子，它進入靈性世界後接收到環境的影響力而開始發展。

事實上超感官科學只能使用圖像描述在靈性領域發生了什麼，當人為了經驗外在感官看不見的事物，而用超感官意識去探究相應的圖像時，會發現它們展現了真正的實相；相較於可以用描繪圖像的方式去說明感官世界，即使另一個世界是全然靈性的，在某方面仍有與感官世界相似之處。

〔19〕

******

例如在感官世界當外物作用在眼睛時會展現為色彩，在「靈性領域」當吾受到某個靈性存有者影響也會產生與色彩相似的經驗，只是這樣的經驗是以人類在有生之年從內心深處體驗到吾的方式產生，而非像是有光從外在落到人身上，就像是有另一個存有者直接影響到吾，造成的印象就如同充滿色彩的圖像一般，因此在靈性環境當中存有的吾都是在放射出光的世界中展現自己，由於它們的來源不同，這些靈性世界的色彩經驗自然不同於物質世界的色彩經驗。

但是有另一種靈性經驗更接近於感官世界的經驗，靈性世界的聲音與感官世界對聲音的印象最為接近，當人越深入靈性世界，他內在的生命脈動會越像是感官世界中的聲音與合聲，然而他並不是感知到這些聲音由外在感官傳來，而是這樣的力量之流經由吾湧向靈性世界，這樣的感覺就像是當他在感官世界說話或唱歌時也可以感知到自己的聲音，只是在靈性世界他知道從內在湧出的聲音是其他存有者經由他向靈性世界表達自己。

在「靈性領域」中聲音更高的展現就成為「靈性語言」，不只是另一個存有者的生命脈動經由吾湧出，那個存有者最深處的本質也與吾交流，當靈性語言經由吾湧出，兩個存有者彼此交融合一而沒有在物質世界中必然經驗的分別，這是死亡後吾會在靈性世界與其他靈性存有者交往的真實經歷。

＊＊＊＊＊

〔20〕

靈性領域展現在超感官意識之前可以區分為三個不同的國度，它們可以被類比為感官世界的三個領域，第一是靈性世界的「土地」、第二是靈性世界的「水域」、第三是靈性世界的「大氣」。

靈性領域的第一個國度是「靈性的土地」，所有在地球上可以被物質感官感知到的，都可以在此感知到它們的靈性本質，例如給予水晶形狀的力量可以在此被感知到，只是它們在此的展現會與它們在感官世界的展現形成對比，在物質世界充滿石材的空間從靈性視覺來看會形成某種空洞，然而形成石頭形狀的力量會在這個空洞的四週被看見，在感官世界中這個石頭所擁有的顏色，在靈性世界會被經驗為互補色，因此紅色石頭在靈性領域會展現為綠色，而綠色石頭在靈性領域則會展現為紅色，其他所有性質也都會以對比的形式呈現，正如石頭、土壤、…等等會形成感官世界的固態土地或大陸，上述的結構也會形成靈性的「土地」。

所有在感官世界的生命都是在靈性世界的水域，對於物質眼睛來說生命是展現在它對植物、動物及人類的影響，但是對靈性眼睛來說生命具有流動的本質，像海洋及河流般滲透遍及靈性的土地；因為在感官世界中的海洋及河流好像是不規律的散佈，更佳的類比是人體當中的血液循環，但是上述的「生命之流」具有某種規律的分布，而被經驗為活生生的靈性聲音。

靈性領域的第三個國度是靈性的大氣，所有在感官世界呈現為感覺的在靈性領域都會像在地球上的空氣般彌漫，可以想像它像是流動的感覺之海；悲傷、痛苦、快樂、高興流過這個領域就像在感官世界中的大氣有清風及暴風，想像在地球上發生了戰爭，不只是有形的人類出現在彼此面前可以被肉眼看，同時感覺也會面對感覺、激情也會面對激情，戰場不只充滿了人類，同時也充斥著痛苦。在此所有激情、痛苦及征服的快感不只以感官可見的影響活躍著，在靈性領域也可以被靈性感知為氣象變化，這樣的事件就像是物質世界的雷陣雨，靈性感知這些事件也可類比為在物質世界聽到語言，因此可以說「靈性語言吹過」靈性領域的存有者及事件，就像在地球上的存有被空氣所環繞滲透。

〔21〕

更進一步可能在靈性世界被感知到的，可以被比擬為物質世界的熱及光。思想界遍及於靈性領域的所有事物之中，正如同熱遍及於塵世間的所有事物及存有之中，然而在此必須想像這些思想都是活生生獨立的存有者，所有人類在物質世界能掌握到思想只是類似於在靈性領域中這些思想存有者的影子，想像在人之內的思想其實是獨立於人之外本身具有內在生命的活躍實體，這會讓人對於精神領域第四個國度的內容有一點圖像，人有生之年在物質世界能理解的思想，只是思想界經由身體器官的展現，所有人類發展出來能豐富物質世界的想法其實都源自於這個靈性領域，我們不要認為只有偉大發明家或天才的想法才是如此，可以看到人突然有了個「想法」並不只是從外在世界照搬過來，而是用來轉化這個外在世界；所有由外在世界引起的感覺及熱情都可以說是源自於靈性領域的第三個國度，但是在心魂中使人具有創造力來轉化及豐富這

＊＊＊＊＊＊

個世界的想法，都可以在靈性領域的第四個國度當中找到它們的原型。

在靈性領域第五個國度的展現可以被比擬為物質世界的光，在此智慧以其樸素的原型顯現，屬於這個國度的存有者將智慧注入其環境就像太陽光照亮物質世界的存有者，被智慧之光照亮才能在靈性領域展現出真正的重要性及意義，正如物質存有在被光照亮才能展現出色彩。

在靈性領域還有更高層次的國度，但是它們將在本書稍後的章節中才會提到。

〔22〕

＊＊＊＊＊＊

死亡後吾帶著感官世界生命的精華深入靈性世界，前世的產出直到淨化期結束前仍然與部分星芒身結合在一起，直到朝向物質生命的欲求和渴望在死亡後完全被放下，吾連同祂在感官世界得到的才深入靈性世界，這可比擬為將種子植入土壤，種子從其環境吸收成份及力量是為了發展成為新的植物，相似地，深入靈性世界的吾最精要的也是發展與成長。

在器官能感知的客體中隱藏著形成這個器官的力量；眼睛能看見光，但若沒有光就不會有眼睛，終其一生在黑暗中的生物不會發展視覺器官，相似地，整個人類的身體器官也都是被這些身體能感知的客體背後隱藏的力量創造出來，建構物質身的力量來自物質世界，建構乙太身的力量來自生命世界，建構星芒身的力量來自星芒世界。當吾轉化進入靈性領域，祂會遇見這些隱藏在物質感知背後的力量，那些總是環繞著人類並且建構人類物質身的靈性存有者，在靈性領域的第一個國度當中能被吾所感知，在物質世界人只能察覺到這些靈性力量的外顯部分，然而在死亡後他會發現自己被些形成的力量包圍，它們也會以生時未見的真實形式顯現。相似地，在第二個國度當中人會發現自己被形成乙太身的力量包圍，在第三個國度當中組織星芒身的力量會湧向他，在靈性領域更高層次的國度也會注入他，形成他塵世生命的架構。

此後，這些靈性世界的存有者與人從前世生活所帶來的成果協同工作，這樣的互動使人再次被組成靈性實體；睡眠中物質身及乙太身留在原處，即使星芒身及吾在這兩個身體之外，它們仍然與這兩個身體保持聯繫，在這種狀況之下星芒身及吾在靈性世界接收到的影響只能恢復人在清醒時所耗盡的氣力。然而在淨化期結束之後不只放下物質身及乙太身，同時也放下了依戀物質世界欲望的星芒身，從靈性世界流向吾的所有就不只進行修復，更進一步還能重新創造，經過一段時間之後（在本書稍後會提到）吾的四週會再次形成星芒身，以便能重新活在適合人類出生到死亡期間安居的乙太身及物質身，然後人就準備好再次誕生，納入前世的成果重新出現在地球上。

直到形成新的星芒身為止，人都有意識地見證自己的再造，因為靈性領域的力量並不經由外在器官向他示現，而像是吾深處的自我意識一

（23）

＊＊＊＊＊＊

般從內在顯現，只要人的注意力不朝向外在感官世界就仍然能感知到這些啟示；然而當星芒身再次形成的瞬間，人的注意力就轉向外在，此後星芒身會再次需求外在的乙太身和星芒身，而背離了內在世界的啟示，因此這個時候會開始一段無意識的過渡時期，意識將在感知物質世界所需的器官形成之後才會於物質世界重現。

在過渡期間由內在感知照亮的意識走到盡頭，新的乙太身開始連結到星芒身，然後人就準備好再次投胎到物質身當中；只有帶有生命靈及靈性人的吾才能有意識地參與這個重新連結的過程，因為祂們是隱藏在乙太身及物質身當中的創造力量，在人達到這個境界之前，在演化上比人類更先進的存有者就必須指引這個重新連結的過程，這些存有者引導星芒身來到一對特定的父母，以便提供適合的乙太身及物質身。

在乙太身完全與星芒身結合之前，對於要重新投胎到物質身的人類而言有一件意義極為重大的事情發生；在每個人前世所創造的破壞性力量會在死後回溯的旅程中變得明顯，再回頭看前面的例子，有一個人在前世的四十歲時因其發怒而造成另一個人的痛苦，那麼在死後遇見他人的痛苦就會對吾自身發展造成破壞力，在前世發生的這類事件也都會有相似的作用，這些發展障礙也會在吾要重新投胎到人世時重現；正如在死亡時某種過去的記憶圖像會在吾之前顯現，現在則會經驗未來人生的預覽，這個人會再次看到這種圖像，但是這次它會展現出自我發展道路上必須去克服的所有困難，在此所見將成為這個人必須帶入新生命的力量的起點，導致他人受苦的圖像在重新投胎入世時成為吾的推力去彌補自己造成的痛苦，因此前世生命確實會對來世生命有影響，從這個角度看，來世的作為會被前世的作為以某種方式引動，這種前世與來世的規律連結可以被視作命運的法則，若是借用東方智慧的辭彙則會稱這樣的法則為「業（karma）」。

******

〔24〕

然而在死亡到重生期間，人類被要求進行的工作並不只有建構新的身體組織，這個過程中人居於物質世界之外，與此同時地球也在演化，在相對短暫的期間內地球表面已經變化，在幾千年前現今德國所在的地區看起來如何？通常人重新投胎入世時它看起來已經與前世時有所不同，當他不在地球上時各種事物已經發生改變；隱藏的力量也參與了地表改變的工作，這些力量來自人類死後居住的靈性世界，而在那裡的人類也共同協助了地球的轉化，只是這樣的工作必須在更高的存有者指導之下進行，正如人類尚未帶有生命靈及靈性人之前，對於靈性本質與物質表現之間的關係無法擁有完全清晰的意識。但是人確實協助了地球的轉化，也可以這樣說，在死亡到重生之前的人類轉變地球的方法依其本身內在發展的進程而有所不同，如果我們觀察地球上某一特定地區，然後在很長一段時間之後再觀察它，我們會發現完全不同的狀態，造成這些改變的力量也出於死後的人類，因此即使在死後到重生之間人類仍然與地球保持連繫。

從超感官的意識來看任何物質存有都是隱藏在背後靈性的展現，依照物理的觀察，改變地球的是太陽光、氣候變遷及諸如此類的現象，然而依照超感官的觀察，死後人類的力量仍然經由陽光灑落在植物上；如果從這個角度觀察，就能意識到人類心魂如何徘徊在植物四週、改變地球表面及諸如此類的事物。人在死後的狀態不只是專注於自己及為重新投胎準備，同時也被召喚以靈性方式對外在世界工作，正如同他在有生之年會被召喚以物質身體工作。

******

〔25〕

不只是在靈性領域當中人類的生命會影響到物質世界的狀況，反之亦然，人在物質世界的活動也會影響到靈性世界；舉例而言，在母親與孩子之間存在愛的聯結，這樣的愛是出自深植於感官世界的兩個人彼此之間的吸引力，但會隨著時間推移而改變，出於感官的聯結會越來越趨向靈性，這種靈性的聯結不只是為了物質世界，同時也是為了靈性領域，在生命中的其他關係也是如此。由靈性存有者在物質世界所編織的在靈性世界仍然存在，有生之年緊密交往的朋友到靈性領域後仍然在一起，當放下身體之後他們的關係比有生之年更加緊密，因為如上所述，純粹的靈性存有者在靈性領域會從彼此的內在顯現，此外，兩個人所編織的聯結會引導他們在新生命中再度找到彼此，因此在死後人們會再度找到彼此的說法真實不虛。

＊＊＊＊＊

〔26〕

人類從出生到死亡緊接著再從死亡到重生，這個過程循環重複，每當人從塵世生活帶來的在靈性領域結為成熟的果實，他又會一再回到地球，然而這樣的過程並非無始無終會永無止盡地重複，在過去某個時刻人已經從其他型式轉化成上述的存在型式及過程，而未來將會再轉化成為其他型式，本書稍後的章節將會從超感官意識的觀點描述宇宙演化與人類的關係，當中會提到這些轉變階段的概要。

＊＊＊＊＊＊

〔27〕

當然，比起出生到死亡之間做為人類存在基礎的靈性本質，在死亡到重生之間所發生的過程對於外在感官來說更加隱密，當這個隱密世界的影響進入到物質存有時，外在感官才能感知到這些影響，由感官觀察而來的問題是，是否人類在誕生來到這個世界時已經帶有某些東西，可以用來證明超感官知識所描述在死亡到重生之間的過程；如果有人發現一個蝸牛殼時並沒有動物的蹤跡在其中，他也會承認這樣的殼是經由動物的活動產生，他不會相信這樣的殼能單靠物質的力量創造出來。同理，如果有人觀察活著的人並且發現某些不可能起源於今生的現象，那麼承認這些現象出自於超感官科學所描述的過程是合理的，如此一來明晰之光將照射到除此以外無法解釋之事。因此明智的感官觀察將能經由可見的影響去理解不可見的成因，任何人能不帶偏見地去觀察人生，伴隨著每一次重新觀察就會發現上述的說法越來越令人信服，重點在於要找到正確的觀點來看待對生命的影響；例如，超感官知識描述淨化期過程的影響會在哪裡被發現？依照靈性研究的成果，人在經歷了淨化期之後進入了純粹靈性的領域又會如何發生影響？

＊＊＊＊＊

〔28〕

如果深刻、嚴肅地反省生命，會發現在這個領域有許多謎需要去關注，看見一個人生於窮困不幸而且天賦貧乏，這樣的環境似乎注定了艱困受限的一生；而另一個人從出生那一刻起就被用心關懷及受到良好的照顧，並發展出許多天賦，這似乎注定了豐富而滿足的一生。面對這樣的問題人可能採取兩種完全相反的觀點；第一種是堅守於感官經驗及用受限於感官的理智去推斷，這樣的觀點並不認為有人生於安樂而另一個人生於不幸是需要去探究的問題，即使他們不使用「偶然」這個詞彙，也不認為有任何因果關係法則造成這樣的差異，涉及潛能與天賦的部分，他會認為這些都是遺傳自父母、祖父母及其他祖先，拒絕從人類出生前的靈性歷程尋找原因，然而經由那些經歷人才形成了獨立於遺傳以外的能力與天賦。

另一個觀點無法滿足於上述的解釋，堅稱在外顯世界看不到任何發生在特定地點或環境的事件可以假設在背後沒有造成它發生的原因，即使在很多實例當中這些原因還沒有被發現，它們也一定存在；高山的花不會在低地生長，因為它們當中有某種本質將它們與高山環境結合，同理，在人類當中也有某種因素使他們生於特定的環境，但若是只在物質世界當中並不能找到充足的原因來解釋，對於能更深入思考的人來說只從感官經驗解釋，就如同不從一個人打另一個人背後帶有的情緒去解釋，而只去解釋他手部的物理機制。

採取第二種觀點的人同樣無法滿足於所有天賦與才能都只來自「遺傳」的解釋，即使如此仍然要指出有某些能力持續在家族中傳承，兩百五十年間音樂的才能在巴哈家族的成員間流傳，白努力家族出了至少八位數學家，即使當中有些人在童年時被安排從事其他專業，但是「遺傳」得來的天賦終究使他們回到家族的職業，此外，也可以宣稱精確研究一個人的血統傳承會顯示這個人的天賦曾經以某種形式出現在他的祖先身上，而他身上展現的只是這種遺傳傾向的累積。

採取第二種觀點的人當然不會無視於上述的事實，但是這並不意味著他們就只能像其他人一樣基於物質感官世界的歷程去解釋所有的事，他們會指出單就遺傳特質本身的加總不可能形成一個完整的人格，正如只有金屬零件本身的加總不可能就變成一部時鐘，如果有反對者認為父母共同作用會造成特質的組合，就像是鐘錶工匠做的事一樣，那麼他們會回應：「若是能不帶偏見地觀察，會發現每個孩子都會有全新的特質，這不可能來自父母，因為他們並沒有這樣的特質。」

******

（29）

不清明的思考可能在這裡引起許多混亂，最糟的是採取第一種觀點的人認為採取第二種觀點的人反對「既定事實」，即使後者並不否認這些事實的真實性及價值，他們也可以清楚看見有某種文化天賦和靈性趨向是在家族之中「傳承」的，某些能力的加總及組合可能生下出眾的名人，他們也承認最傑出的名字通常列在家譜的最後，很少會在開頭就發現。只是這些事實也無法用來反對他們與那些拒絕超感官實相的人有不同想法，反駁的論點會說：人類確實會展現某些來自祖先的特質，因為心魂與靈性經由誕生進入物質身，而這些身體的特質是來自祖先。但是這樣的說法無非只是表明個體浸入哪個媒介就會帶有它的特質，雖然下面用到一個古怪而陳腐的類比，任何不帶偏見的人都無法否定它：所有落入水中的人衣服都會被沾濕，但是並不能說濕衣服是他內在的特質；同理，一個人披上了祖先的特徵，也無法以此說明他內在獨特性的起源。此外，如果最傑出的名字通常列在家譜的最後，這表示他需要這個姓氏的血緣，用來形成在今生發展個體獨特性必要的身體。這並不能證明個人特質是遺傳而來，事實上若是以健全的邏輯會達到相反的論證，若是個人的天賦都是經由家族遺傳而來，那麼他應該出現在家譜的開頭，並且把它傳承給後代，但是由於最傑出名字都列家譜的最後，因此這並不是由遺傳得來。

〔註4〕

當然，很容易會誤解這樣的說法，如果一個人的天賦只受制於「遺傳」法則，那麼它們應該在血統之初就顯現出來，而不是到最終才顯現，也有人說天賦不可能一開始就顯現出來，因為它們需要先被發展出來，但這並不是有效的反對意見，因為如果你想證明某個東西是從前代遺傳而來，就必須先指出在後代再次發現的天賦在前代已經存在，如果在血統一開始就顯現的某個東西後來又再次發現，那麼就可以說是來自遺傳，但是如果後來才出現先前沒有的東西，就不能說是來自遺傳了，上述句子的倒置只是表明遺傳的概念是不可能的。

〔30〕

＊＊＊＊＊

這並不是要否認有些談論生命中靈性因素的人也會造成混亂，因為他們經常使用過於含混籠統的詞彙談論；當有人說遺傳屬性的加總就會成為一個人的人格，就如同宣稱一些金屬零件的加總本身就會成為時鐘，但是也必須承認許多關於靈性世界的陳述並無異於宣稱「金屬零件無法把自己組裝成時鐘，因此必定有某種靈性實體在推動指針前進。」面對這樣的斷言，有更充份的理由回應：「我並不費心於移動時鐘指針的『神秘』存有者，而是會努力去理解造成指針移動的機械結構。」不僅要知道在時鐘這類機械背後會有鐘錶工匠這種靈性的存在，而且還要務實地去理解鐘錶工匠在裝配時鐘之前心中的想法，這些想法會在機械當中被發現。

＊＊＊＊＊＊

〔31〕

關於超感官的虛幻夢想只會帶來混亂，也無法化解反對者的疑慮，因為這些反對是有道理的，以不精確的方式描述超感官實體並不會幫助人真正理解實相，當然，許多反對者也會同樣地反對靈性科學明確清楚的描述，只是在這種狀況下我們可以指出隱密的靈性要素如何影響了外在的生命，所以可以主張：先假設靈性研究基於觀察所建立起來的說法為真，亦即在死後人類經歷了一段淨化期，在那裡心魂經驗到前世生命中的特定行為如何阻礙了人們未來的演化，與此同時會產生一種意圖要糾正彌補這些行為的結果，當人們帶著這樣的意圖進入新生命，會形成某種天賦特質引領人們到有機會糾正彌補過去行為的情境，如果有人能看到所有意圖的總合，就能理解為何一個人會注定要出生在那個環境。

同理可以運用在另一個假設，先假設靈性科學的說法為真，亦即前世地球生命的果實會成為人類的靈性種子，這個種子會在人類死亡到新生之間所處的靈性領域成熟，在新生命重現時轉化為傾向與才能並且形成人格，這些都反映出我們前世生命所獲得的影響。

如果先接受這些假設並且能無偏見地觀察生命，就可能經由這些充份理解到感官世界所有現象的完整意義與真實性，當人將注意力轉向靈性世界，就能理解那些只經由感官經驗無法理解的事物，最重要的是所有不合邏輯的假設將會消失，例如前面提到的，最傑出的名字出現在家譜的最後是因為他的天賦是遺傳而來；靈性科學傳達的超感官事實使得生命能被合邏輯地理解。

〔32〕

******

然而，對於靈性世界沒有個人經驗而又想要更深入了解實相的真理追尋者，仍然會提出很重要的反對意見：不能僅僅因為這有助於解釋其他方式無法解釋的事物就把這種假設視為真。這種反對意見在那些能直接從超感官經驗到相應事實的人看來完全沒有意義，在本書稍後將會指出一條個人學習的道路，不僅能直接經驗到這裡陳述的靈性實相，也可以了解靈性的因果法則。然而對於不願意走上這條道路的人而言上述的反對意見確實是很重要的，同時對於願意走上這條道路的人這樣的反對意見也很有價值，因為對他們來說以正確的方式接收到反對意見是最好的第一步。

確實，如果沒有相關知識，人不應該僅僅因為這有助於解釋其他方式無法解釋的事物就假定某些東西存在，然而在此所提到的靈性實相狀況完全不同，如果人接受這樣的假設不僅會使生命能夠被合邏輯地理解，而且還會有更多不同的體驗，想像當有一些事情發生使人感到極大的痛苦與窘迫，他有兩條路可以選擇，其一是深陷於痛苦與窘迫的情緒之中，甚至是沈溺於悲傷，但另一條路是他可以告訴自己：「事實上是我在前世生命中建構的力量使我現在面對到這件事，這是我自作自受。」然後他可以激發由此種想法而來的所有感覺，當然，懷抱至誠以全力去經驗這種想法會對他的感覺與情緒產生影響。

如果能做到這點將會得到一種經驗，這最好用比喻來說明，先假設有兩個人都拿到一根封蠟，其中一個人用理性去描述它的「內在本質」，但是如果沒有以某種方式去展示它，無論這些描述再怎麼深刻人們還是會說這個「內在本質」只是純粹的幻想；而另一個人以一塊布磨擦封蠟，然後用它來吸引小顆粒。第一個人的想法出於他的頭腦提出了評論，與第二個人的想法有很有巨大的不同；第一個人的想法沒有具體事實，而第二個人的想法能將物體中隱藏的真實力量引發出來。

去想像前世生命已經植入了某種力量使人遇到特定事件也是相同的

道理，只要這樣想就會點燃人內在真實的力量，使他能以完全不同於以往的方式去面對這件事，他明白了這件事有其必然性，而非以為這只是偶然的巧合，由於這樣的想法帶有力量能向他揭示事物的實相，因此他就會理解到這是正確的想法；如果重複這樣的內在體驗，這樣的想法就會成為內在力量的來源，同時也會因為豐富的成果使這樣的想法得到確證，它也會漸漸變得更明顯而被意識到。這樣的體驗對於身體、心魂及靈性都有療癒的效果，對生命的各個層面都有正面的影響，帶著這樣的意識人就能以正確的方式找到生命脈絡中適當的定位，當他認為只存在由出生到死亡之間的這次生命就屈從於謊言和幻覺，重新再投身為人的知識會使人類的心魂更加強壯。

當然，靈性的因果法則只能經由每個人的內在生命去確證，但是每個人都有可能得到確證，對於尚未得到確證的人本身無法去評價它的力量，然而對於已經確證的人就不會再對它有任何懷疑；一個人不必對此感到驚奇，因為這些會與人最內在的人格相關聯，很自然地也只能經由最內在的體驗來確證。

雖然這些事情與人的內在體驗如此緊密，而且只能經由每個人的內在體驗來確證，但是並不能因此就反對這些內容做為靈性科學的主題；當然，每個人必須有自己的體驗，就像每個人都必須自己去解答數學證明題一樣，因此達到內在體驗的方法會對所有人適用，如同解答數學證明題的方法會對所有人適用。

＊＊＊＊＊＊

〔33〕

就算撇開超感官觀察不談，也無法否認上述的論證，最核心的是上述想法確實會產生力量，以不帶偏見的邏輯去檢視它還是能成立，其他的論證當然也很重要，但是它們都存在會被攻擊的漏洞；如果一個人能採取足夠無偏見的觀點就會發現，人類能夠被教育的事實構成了邏輯上有效的論證，在人類身體當中有一個靈性存有者在為生命奮鬥。他可以比較人類與動物的不同，動物一般的特質及能力在出生時就已經明確地展現，牠如何被遺傳所注定以及發展上如何受到環境影響都清晰可見；你可以看見小雞從被孵出來的那一刻起就能以特定方式執行其生活機能。

然而人類經由教育建立起與其內在心魂活動的關係，而會有某些部分與其遺傳無關，人有能力吸收這些外來的影響，每一個教育工作者都知道，這些影響力會與當事人發自內在的力量相遇，如果不是這樣所有教育的努力都毫無意義。不帶偏見的教育工作者會意識到，遺傳而來的傾向與個人發自內心的力量之間有很清楚明確的界線，個人內在的力量是源自前世的生命。誠然，這些事情並無法像「重量」這類的物理事實可以用秤子來證實，但是由於這些屬於生命更私密的部分，對於有感覺的人來說無形的證據比有形的證據更令人確信。

反對者會主張動物也可以被訓練而獲得某些特質或能力，就像受教育一樣，但是如果我們能看見事物的本質就會發現這種異議無效；先撇開在全世界各地都能發現的過渡狀態不談，對動物訓練的成果並不會只與個體融合，但對人的教育只會在個體上作用，家畜與人類共同生活被訓練出來的能力可以被繼承，也就是說這樣的影響是在物種層次而非只在個體身上，達爾文描述了狗在被訓練或看見之前就會打雜，誰又能說人類的教育是與此相似之事？

＊＊＊＊＊

（34）

有些思想家經由觀察而超越了人類只是由外在遺傳之力組合而成的想法，他們升起另一種想法，認為有一個靈性存有者、個性先存在，並且由祂來形成物質身，但是他們大多還無法理解有再現的塵世生命，前世生命的成果在兩次生命之間是參與建構人類的形塑力量。在此舉出其中一個例子—艾曼紐．赫爾曼．費希特（Immanuel Hermann Fichte），他是偉大哲學家費希特的兒子，在他的著作《人類學》當中（第

五百二十八頁）經由他的觀察得到以下結論：（原書註：萊比錫出版，一八六〇年）

「從真實的意義來看父母親並不是生產出孩子，他們除了提供有機質，同時也是心魂成份的中介，展現在孩子身上成為氣質、獨特的心魂色彩和特定的意圖等等，所有這些的共同來源如上所述可以用『想像力』這個辭彙來概括；在所有這些人格的要素中我們可以清楚看到父母親心魂獨特的混合及連結，因此說這純粹只是生殖的結果也很合理，特別是當我們把生殖理解為實際的心魂過程時更會得到這樣的結論。但是人格真正的核心與關鍵並不在此，因為更深入與敏銳的觀察顯示，這些心魂的特質也只是一個人真實精神和理想傾向的外衣及工具，它們可以促進或阻礙傾向的發展，但是不可能由它們當中產生這些傾向。」

接下來會讀到（第五百三十二頁）：「每個人類都依據其預先帶有的靈性形式存在，從靈性層面考量，兩個人類個體的差異就像是兩種動物一般。」

這些想法走得還不夠遠，只能容許靈性存有者進入到人的物質身，由於他們並不將這個存有者的形塑力量歸因於前世生命，因此每一個人類的個性都是由神聖源頭而來的全新靈性存有者；假設上述說法為真，那麼就無法解釋出於人內在的天生傾向與他在此生的外在環境遭遇之間有什麼關係，如果每個人內在的存有者都是由神聖源頭而來的新個體，那麼就會對遇見的塵世生命完全陌生，然而事實並非如此，人類的內在存有者已經與外在世界有所連結，換句話說也不是第一次在這裡生活。不帶偏見的教育工作者會清楚地觀察到，當我把一些人類塵世生活的成果帶給學生，這些確實是他們遺傳特質以外的東西，然而他們會覺得好像曾經參與過產出這些成果的過程，如果從各個不同觀點來考量現代人類的生命，只有重覆的塵世生命，連同靈性科學所揭示在塵世生命之間於靈性領域發生的事，能提供令人滿意的解釋。

用「現代」人類這個辭彙是故意的，因為靈性研究發現塵世生活的循環是從某個時刻開始，在那時人類的靈性存有者進入其軀殼的狀況與現代非常不同，接下來的章節我們會回顧人類初始的狀態，從靈性科學的研究成果揭露人類如何在地球演化的過程當中逐步得到目前的形式，同時也會更精確地指出人類的靈性核心是如何從超感官世界進入到物質身當中，以及靈性的因果法則──「人類的命運」──會如何發展。

第四章

宇宙演化與人類

〔1〕

******

在前面的章節可以看到，人是由四個部分組成：物質身、生命身、星芒身及吾的載體，「吾」能作用在其他三個成員並且轉化它們，在較低的層次上這樣的轉化發展了感覺心、理知心、意識心，而在較高的層次上則形成了靈自我、生命靈及靈性人；現在，人類的這些成員各自與整體宇宙有著不同的關係，他們的演化也與宇宙演化緊密相連，經由仔細探究宇宙演化人可以得到人類存有之謎更深入的洞見。

〔2〕

******

顯然人類生命與其所在演化的環境有許多不同的關聯，即使是物質科學也已經由所觀察到的事實承認，人類居住的地球本身也經歷了演化，物質科學指出在現代人類出現以前地球經歷了不同的階段，同時也展示人類如何緩慢地從文明非常簡單的狀況逐漸發展到當代，因此物質科學也相信人類的演化與其所居住的天體—地球的演化有關聯。

＊＊＊＊＊

〔3〕

靈性科學（作者註：此處使用靈性科學，從上下文可看出與奧密科學及超感官知識同義）則是經由靈性感官所得到的知識去追溯這樣的關係，當回溯人類演化的過程就會很清楚看到，人類最內在真實的靈性存有者已經在地球上經歷了一系列不同的生命，循著這個方向靈性研究會追溯到一個遠古的時刻，以當代的語感來說就是人類的內在本質首次進入了外在生命，人類首次的化身使得「吾」開始在星芒身、生命身、物質身這三個身體中活動，然後祂可以將這些活動的成果帶往隨後的生命。

〔4〕

當我們追溯到上述的這個時刻就會意識到在「吾」來到地球之前，物質身、生命身及星芒身已經有某種發展並且相互連結，當「吾」首次與這三個身體連結之後才參與了接下來的演化，在吾接觸到這三個身體之前它們的演化與吾無關。

＊＊＊＊＊

〔5〕

那麼這三個身體又是如何演化到足以讓「吾」進入其中活動？而吾本身又是如何開始存在？如何得到能在三個身體當中活動的能力？為了回答以上問題靈性科學就必須要更進一步往前追溯。

＊＊＊＊＊

******

〔6〕

回答這些問題的唯一方法是以靈性科學去追溯地球本身的演化，以這樣的方式研究會到達這個行星的起始時刻，只基於物質感官觀察結果的觀點不夠深入，以致於無法確實處理與這個起始時刻有關的任何推論，這類型的理論可能會主張地球的全部物質是出於一個原始星雲，本書的任務並不是去討論這類想法的細節，因為靈性研究不只考慮到地球演化的物質過程，更重要的是物質背後的靈性因素。

例如，當你看到前面有一個人舉起手來，可以有兩種不同的思路來看待這個行為；你可以研究手臂和身體其他部分的活動，並描述發生在身體領域的過程，或者是你也可以將靈性的注意力放在這個人的心魂發生了什麼，去看他舉起手的內在動機。與此相似，具有靈性感知能力的研究者可以看到感官可及的物質世界背後仍有靈性歷程，對他們來說地球在物質層面的轉變只是其背後靈性力量的顯化，如果他們能以靈性觀察追溯地球生命更遠古以前，就會發現在演化的某一個時刻開始有物質出現；物質是由靈性演變而來，在此之前只有靈性，經由更進一步的靈性觀察人可以感知到一部分靈性要素如何逐漸凝結成為所謂的物質，在他面前所發生的過程是在較高的層次上，但就像是人們觀察裝滿水的容器由於控制精巧的冷卻過程而逐漸凝結成冰，可以看見在凝結成冰之前它曾經是水，同理，靈性觀察使人能追溯到在凝結成物質之前它曾經是靈性要素。因此，物質行星地球是由一個宇宙靈性實體演化而來，所有與她相關的物質都是由與其連結的靈性要素凝結而來，然而人不可以想像到了某個時刻所有的靈性要素都會凝結成物質，在他面前的物質只是一部分轉化後的原初靈性質素，在地球物質演化的過程中靈性仍然是實際指導管理的原則。

〔7〕

顯然，自我設限於感官所及的物質世界過程和由這些去推論出來的內容，就無法提供任何與靈性有關的訊息，想像有一種存有者只能感知到冰而無法感知到還沒被凝結成冰的水，對於這種存有者來說水就是不存在，而且只有當水被凝結成冰之後才能感知到。與此相似，在地球物質過程背後的靈性對於只承認物質感官的人來說並不存在，即使這些人能從感官可及的物理事實推論出地球之前發展的狀況，他們最遠也只能達到靈性首次有部分凝結成物質的演化時刻，這種觀點看不到先前已經存在的靈性具有主導性，同時也看不到現在物質世界背後作用的靈性。

******

〔8〕

要到本書之後的章節我們才會談到，人要以何種方法習得使用靈性感知的能力，去回溯在此提到的地球先前狀況，在此我們只能指出對於靈性研究來說，最遠古以前發生的事並未消失；當一個存有者得到了物質身，身體死亡後它的物質部分會消失，然而離開這個物質身的靈性力量並不會以同樣的方式「消失」，它們在以靈性為基礎的世界中留下了本身極為精確的副本，如果有人能將感知能力從看得見的世界提升到看不見的世界，他終將發現自己面對可比擬為靈性全景的偉大圖像，曾經發生的全部過程都被記錄在其中，所有靈性不滅的紀錄被統稱為「阿卡沙紀錄」，可以將事物中永存的靈性要素稱為阿卡沙要素，與其相對則是無常短暫的形式。

在此必須再次強調，要研究超感官領域的存有者只能借助於靈性感知，也就是說要研究上述領域的內容就只能經由讀取阿卡沙紀錄，在本書先前提到的相關內容也仍然適用：超感官的事實只能經由超感官的方式來調查發現，然而已經發現的事實經由超感官科學來傳達，就可以被不帶偏見的一般思維理解，接下來的篇章將從超感官知識的觀點傳達地球演化階段的相關訊息，我們行星經歷的轉變將被一路追蹤直到當代的狀況，如果有人能確實以感官觀察眼前的世界，然後再吸收現代是如何從遠古一路演化過來的超感官知識，只要他確實不帶偏見思考就可以說：首先，這個知識所描述的內容完全合乎邏輯；其次，當我接受超感官研究傳達的內容為真，就可以真正理解當下眼前的事物是從何而來。

現在，當我們在這個脈絡下談到「邏輯」，並不意味著在所有超感官研究的陳述中不可能出現任何邏輯關係的錯誤，在此我們用「邏輯」這個辭彙與其在物質世界日常生活中的意義相同，正如在物質世界會要求表達合乎邏輯，即使如此一個人可能在表達某些事實時會落入邏輯的錯誤，對超感官研究來說也是如此；具有超感官感知能力的人在表達時也可能發生邏輯上的錯誤，而一個不具有超感官感知能力的人若是有建全的思考能力也可以去糾正他。然而基本上不能針對超感官研究使用的邏輯去反對它，甚至無需再強調不能因為邏輯的緣故去否定任何事實，正如在物質世界是否有鯨魚的事實不可能只靠邏輯去證明，還是得要眼見為憑，同理，超感官的事實也只能靠超感官感知來獲得。

然而再怎麼強調也不為過，在一個人能經由自己的感知直接觀察靈性世界之前，他必須先以合乎上述邏輯的方式得到正確的觀點，之後如果他假設奧密科學傳達的內容為真，那麼要如何理解感官所及的外在世界；事實上，如果一個人拒絕上述的預備道路，所有在靈性世界的經驗仍然是不確定、甚至是危險的，像是在黑暗中摸索，這也是為什麼這本書會先提到地球演化的超感官事實，之後才論及通往超感官知識的道路。

還有一點要放在心上，當有人純粹只用思維找到了進入超感官知識的方法，就與一個人聽聞他無法親見的物理程序完全不同，因為純粹的思維本身就是一種超感官活動，雖然思維本身會朝向感官活動而無法導致超感官發生，但是當一個人把思維用在由超感官感知所描述的超感官事件上，思維本身就會讓自己習慣於靈性世界。事實上，在超感官領域得到感知的最佳方式之一，就是經由思考超感官感知傳達的內容來熟悉更高層的世界，因為以這種方式進入更高層的領域會得到最清明的感知，因此有靈性科學研究的學派會認為這樣的思維是靈性科學鍛鍊最佳的第一步。

那麼就可以理解在本書中並不是要經由描述靈性感知到的地球演化細節來說明超感官如何從外在世界找到確證，也不是要重述隱密要素可以經由其隨處可見的外顯影響來驗證；相反地，在此想要表明的是，如果有人以靈性科學之光照亮外顯的事件，他就能使生命中遇見的每件事都漸漸變得清晰而可以被理解。接下來的篇章只會提到一些從外顯處證實隱密要素的案例，這是為了表明實際生活當中這樣的狀況無處不在。

* * * * * *

〔9〕

以上述靈性科學的研究方法回溯地球的演化，會發現有一個階段我們的行星處於靈性狀態，然而如果再更進一步回溯，就會發現這個靈性之前是在某種化身的狀態，也就是說人遇見一個過去處於物質狀態的行星，之後她化為靈性，然後又再次物質化，才慢慢轉化成為我們現在的地球，由此看來我們現在的地球是一個遠古行星的再次化身；但是靈性科學還可以走得更遠，而發現這樣的流程之前重複了兩次，因此我們的地球在之前還經歷了三個不同的階段，而在當中又間隔了靈性化的狀態，在地球化身越前面的階段，當中物質元素就越精緻細微。

〔10〕

******

這一連串的描述很自然會引起質疑：健全的判斷如何能接受在那麼遠古以前存在不同的宇宙演化狀態？在此必須回應，一個人若是能理解到當下感官所及之處皆有隱密的靈性要素在背後，就能洞悉無論多久遠以前演化的更早階段並非不可能存在；如果我們不承認當下感官所及之處背後皆有靈性要素，那麼在此談論演化就毫無意義。但只要承認此時此地的靈性顯化，就會發現在感知當下的同時先前的演化階段也在其中展現，正如同當你看到五十歲的人，他一歲時的孩童狀態也仍在其中展現。也許有人會反駁說，在這個例子當中除了五十歲的人和一歲的孩子之外還有中間階段也都展現在他面前。確實如此，但是上述的靈性演化歷程也是同理可證；對於這個領域有客觀理解的人會承認，對於當下全面的觀察必然包含其靈性要素，過去的演化階段也會與現代完成的演化階段並存，正如同一歲的孩童也會與五十歲的大人並存，如果一個人能清楚區分這些連續演化階段的不同，就有可能在當下地球的事物當中看見遠古過去發生的事。

＊＊＊＊＊＊

〔11〕

直到上述行星第四次化身，也就是在目前的地球上，人類才逐步演化成現在的形式；當下人類形式的基本特徵是由四個部分組成：物質身、生命身、星芒身及吾，然而若是在之前的演化過程沒有充份準備好，這樣的組成形式就不可能出現。在之前的行星化身階段已經預先發展出現代人類組成當中的三個部分，也就是物質身、生命身、星芒身，這些存有者在某種程度上可以被稱為現代人類的先驅，雖然它們仍然沒有「吾」，但是這三個部分已經先被發展出來並且彼此關聯，直到某個時刻才變得足夠成熟以便於之後接納「吾」。因此，人類在之前行星化身上的先驅在這三個身體發展達到特定成熟程度後，這個行星化身經歷了靈性狀態階段，出於她又發展出一個新的物質行星狀態，這才被稱為地球；足夠成熟的人類先驅在地球上像是處於所謂的初胚狀態，由於整個行星已經通過了靈性狀態階段並且以新形式重新出現，所以不只能提供這個帶有物質身、乙太身及星芒身的人類初胚發展到它們先前的程度，而且還可能更上層樓去接納「吾」。

因此地球演化可以區分為兩個部分，在第一時期地球會像是先前行星演化狀態的再度化身，不過由於當中經歷了靈性狀態的階段，因此可以說是先前化身在更高層次的再現；這時候地球包含了從先前行星化身而來的人類先驅初胚，這些初胚會先發展到本身之前的程度，當它們達到這個程度地球演化的第一時期就結束了。不過由於地球是在更高的層次上演化，因此有能力帶著這些初胚更進一步發展，使它們有能力去接納「吾」，因此地球演化第二時期的特色就是讓吾在物質身、生命身及星芒身中發展。

〔12〕

＊＊＊＊＊＊

經由地球演化人類被帶往更高層次，在行星先前的化身也是如此，因為人類的某些部分在行星首次化身時就已經存在，因此為了清楚明白現代人類的性質，必須回溯到行星首次化身的遠古過去。

在超感官研究當中，第一個行星化身被稱為古土星、第二個為古太陽、第三個為古月亮、第四個為地球。然而必須謹記在心的是，不能一開始就把這些名稱與現代太陽系的成員混為一談，古土星、古太陽、古月亮指涉的是地球過去經歷的演化形式，至於這些遠古過去的世界與現在我們所處的太陽系之間有什麼關係會在本書稍後描述，到時候選擇這些名稱的理由也會變得清楚明白。

〔13〕

＊＊＊＊＊＊

下面將會描述這四個行星化身期間發生的狀況，但是只有簡要的大綱，因為古土星、古太陽、古月亮的過程、當中的存有者及她們的命運都與地球本身非常不同，所以在描述時只會強調某些特點，以便說明地球現在的狀況是如何從先前的狀況發展過來。必須銘記在心的是，越往前回溯就與現在的狀況越不相似，然而為了描述她們的特徵，必須借用現在地球情境相關的心智圖像來說明，因此當提到光、熱或其他現象來在連結更早的階段時，不要忘了它們與今日所稱的光和熱並不完全相同；即使如此使用這些詞彙仍然是正確的，因為對於超感官領域的觀察者而言，現在的光與熱是從更早階段演化過來，只要跟隨此處所給的描述，從整體脈絡到個別事物去收集心智圖像，以便於說明並比較發生在遠古以前的事。

＊＊＊＊＊

〔14〕

然而不可否認，描述比古月亮化身更早以前的行星狀況顯得特別困難，因為在古月亮時期之後的狀況或多或少與現在的地球有些相似，所以當有人想要以清晰的概念去描述超感官感知到的內容時，與現代相似之處提供了線索作為起點；然而當要描述古土星及古太陽就是非常不同的狀況，在靈視中展現的與現代人類生活領域中的事物及存有者非常不同，這會使得從超感官意識的角度來理解這樣遠古的實相非常困難，但是如果不能回溯到古土星那麼遠古的狀況，現代人類的組成就無法被理解，所以這些實相無論如何都必須被描述，只要能將這樣的困難牢記在心就不會對這些描述產生誤解，並且可以理解在這裡所說的是具有指向性的影射而非精確的描述。

＊＊＊＊＊

〔15〕

此處及接下來所說的似乎與前面（第187頁）提到過去皆存續於現在的說法有矛盾，一個人可能會想像先前的古土星、古太陽或古月亮狀態不可能與現代的地球並存，更不會相信此處所述的人類型式已經存在於先前的階段；確實，並沒有古土星人、古太陽人、古月亮人與現代的地球人並肩而行，像是有三歲小孩在五十歲的人身旁跑來跑去，然而超感官確實可以感知到人類前先的狀態存在於現代的地球人當中。為了確認這件事，一個人必須先獲得區辨力並將其用在生命情境中的全部領域，正如三歲小孩會與五十歲的人並存，屍體、睡者及夢者也都會與清醒活著的地球人並存，即使現代人類這些不同的展現並不是直接對應到不同的演化階段，然而客觀的觀察會在當中看見這些階段。

＊＊＊＊＊＊

〔16〕

物質身是現代人類組成的四個部分當中最古老的，而且也已經達到最完備的程度，超感官研究顯示這個部分在古土星的演化階段已經存在，但是它在古土星上的形式確實與現代人類的物質身有極大不同，正如本書先前章節所述，地球人的物質身只有與生命身、星芒身及吾連結才能存在，然而在古土星上還不存在這樣的連結，物質身在第一個演化階段中並沒有生命身、星芒身及吾在當中作用，在古土星演化期間它逐漸朝向成熟以便於能接納生命身，但是在實際接納生命身之前，古土星必須先經過一個靈性化的階段，然後再化身為古太陽。在古太陽化身期間，先前在古土星上的物質身變為初胚重新發展，之後才能讓乙太身彌漫其中，乙太身在其中作用改了物質身的性質，使它提升到第二層級的完備。

類似的狀況也發生在古月亮的演化階段，從古太陽逐步發展到古月亮的人類先驅接納了星芒身，物質身再次轉化達到第三層級的完備，生命身也被轉變達到第二層級的完備；在地球階段已經由物質身、生命身、星芒身組成的人類先驅再加入了吾，如此物質身達到了第四層級的完備、生命身達到了第三層級的完備、星芒身達到了第二層級的完備，同時吾只達到第一次存在的層級。

＊＊＊＊＊

〔17〕

如果一個人能全心全意以沒有偏見的觀點來看待人類，以正確的方式想像這些部分不同的完備程度並不困難，他只要從這個觀點去比較物質身與星芒身，確實星芒身作為心魂的一部分是比物質身在演化上更高的層級，未來當它達到完備時將會比現在的物質身對整個人更加重要，然而物質身已經達到其本身演化的高峰，只要去想想心的結構是以最偉大的智慧調和組織起來，或是大腦令人驚奇的結構，即使是一塊骨頭，例如大腿骨的上部，就會發現在這個骨頭末端骨質纖維形成了網狀或棧橋狀結構，整體結構使得它使用最少的材質在關節表面達到最佳效果，最適度地分配摩擦力以得到正確的可動性。人可以在人類物質身的不同部分都發現這種充滿智慧的結構，如果他能更進一步去觀察部分與整體的和諧互動，就會同意人類組成的這個部分已經達到其本身的完備，在身體特定部位呈現的失能或是結構功能上的障礙相對而言就沒那麼重要，從這個觀點來看，甚至他還可以發現這些障礙只是整個物質身器官被智慧之光照亮時必要的陰影。

現在對照承載了快樂、悲傷、欲望和熱情的星芒身，快樂與悲傷在當中變化無常，當中的欲望與熱情經常毫無意義，甚至與人類更高的目標相抵觸，星芒身正在發展和諧性及內在的完整性，但物質身如上所述已經達到了；與此相似可以看到乙太身比星芒身更加完備，但是仍不及物質身完備，順著這個思路去想，就會發現做為人類必要核心的「吾」

目前還在其演化的初步，吾去轉化人類其他成員使它們展現自身特質的任務已經完成了多少？

對於熟悉靈性科學的人來說，外部觀察在這方面得到的結論會在其他地方被強調，有人可能會爭辯說物質身可能會被疾病侵襲，但是以靈性科學的立場會表明大多數的疾病都是源於星芒身的錯誤與偏差，這會感染到乙太身再間接擾亂物質身的完美和諧，許多疾病更深的連結及真正起因只能由此去理解，自我設限於物質感官所及事物的科學方法是看不到的，在大多數狀況下，由星芒身造成的傷害還來不及在這一世造成物質身病變，而是會在下一世才顯現，因此這樣的法則只對那些承認地球上人類有重複生命的人才有意義；但是即使一個人選擇不要得到這樣更深的知識，以一般方式觀察生命也會顯示，當一個人縱情於享樂及欲望就會逐漸敗壞物質身的和諧，快樂、欲望及熱情等等居於星芒身而非物質身，由於星芒身仍有許多不完備才會去破壞物質身的完備。

再一次提醒，在此討論的內容並非意圖去證明靈性科學陳述關於人類組成的四個成員如何演化，任何證明都是來自靈性研究本身，如上所述物質身經歷了四次轉化達到最完備的程度，而其他成員經歷較少轉化，在此只是要指出靈性研究傳達關於物質身、生命身及其他成員不同的完備程度，即使是用外部觀察也能看到。

＊＊＊＊＊

〔18〕

如果一個人想要形成逼真的心智圖像去看待古土星演化階段的狀況，他就必須考慮到此時屬於地球的事物及存有者，包括自然界當中的礦物界、植物界和動物界在那時都還沒存在，這三個界的存有者都是在之後的演化階段才出現，現今地球上感官可及的存有者中就只有人類在那時已經出現，而且人類也只擁有物質身。然而現今的地球也不是只有礦物界、植物界、動物界和人類，仍有許多其他存有者並不以物質方式顯化，這些存有者在古土星演化階段已經出現，祂們在古土星的作用也影響了後續人類的演化。

如果一個人先以靈性感官觀察古土星化身的中期，而非開始或結束，他會察覺到主要由熱構成的狀態，在那裡找不到氣體、液體或固體的成份，這些都在稍後的化身才會出現；假設以現代人類的感官去觀察古土星，除了能感覺到熱之外其他一無所獲，當進入古土星的空間，他能察覺到這裡的熱不同於其餘週遭環境，然而他也會發現當中的熱並不均勻，冷與熱的區域呈現各種不同的交替模式，也可以感知到不同溫度的熱以不規則的線形放射，在觀察者面前的天體組織只由熱構成，並且經常改變其狀態。

＊＊＊＊＊＊

〔19〕

對於現代人來說想像有什麼只由熱構成必定是困難的，因為人們並不習慣承認熱本身是實存，而認為只有熱或冷的氣體、液體或固體，特別是已經接受現代物理學觀點的人會認為上述關於「熱」的說法毫無意義，他可能會說有固體、液體和氣體，然而熱只是指出這三種物質的狀態，當氣體中最小的粒子在運動時，這種運動可以被感知為熱，若是沒有氣體存在就不會有運動，當然也就沒有熱。

靈性科學的研究者則對此有不同的看法，對他們來說熱可以與氣體、液體或固體相提並論，熱只是一種比氣體更精微的物質，而氣體則是凝結的熱，就如同液體是凝結的氣體、固體是凝結的液體一樣，因此靈性科學家說到熱身體，就如同說到氣體或氣態的身體一樣。

要跟隨靈性研究者進入這個領域，必要的就只有承認以心魂感知是可能的，在物質感官可及的世界裡，熱確實是以固體、液體和氣體的一種狀態展現，然而這只是熱的外在或影響；物理學家只談論到熱的影響而非它的內在本質，先試著忽略從外物接收到熱造成的影響，然後去想像當有人說「我覺得熱」或「我覺得冷」時的內在經驗，只有經由這樣的內在經驗才可以讓人了解上述古土星時期的演化狀態，他可能穿過整個古土星佔有的空間，而沒有發現任何施加壓力的氣體，也沒有固體或液體可以得到光的印象，在那個空間當中人不會接收到任何外在印象，但是都能從內在感覺到某種程度的熱。

*****

〔20〕

像這樣的天體狀態並不適合現今的動物、植物或礦物。（然而不用說上述的過程不可能發生，因為現今的人類不可能到古土星之前作為觀察者，那樣的描述只是為了說明。）在觀察古土星時用超感官感知到的存有者與現今在地球上感官可及的存有者在演化上非常不同的階段，首先，呈現在超感官感知的存有者擁有與現今人類不同的物質身，在此談到「物質身」時必須小心避免認為這就是現今人類的肉體，相反地，一個人必須仔細區別物質身和礦物身的不同，物質身會被現今從礦物界觀察到的物理法則支配，現今人類的物質身不只是被物理法則支配，同時也被充滿了礦物材質，在古土星談不上存在這種物質性的礦物身體。在古土星上的物質身也受到物理法則支配，但是這些法則只展現在對熱的影響，因此在古土星上的物質身是細緻輕柔的熱身體，整個古土星都是由這種熱身體構成，這也是現今人類物質性礦物身的開端，之後當氣體、液體和固體等材質陸續出現並加入熱身體才逐漸發展成現今人類的物質身。在古土星那時可以被超感官意識感知到的存有者中，人類以外的其他存有者完全不需要物質身，這些存有者最低的軀體是乙太身，而祂們最高的組成則超越人類的極限；人類最高的組成為靈性人，但是這些存有者還有更高的部分，在乙太身和靈性人之間祂們也還有本書所述屬於人的其他部分：星芒身、吾、靈自我及生命靈。

正如我們的地球被大氣層所包圍，古土星也被大氣層所包圍，只不過這個「大氣層」是由靈性材質構成，（作者註：為了更精確地表達靈性研究於此的內在體驗，與其說「古土星被大氣層所包圍」，不如說「當超感官感知意識到古土星時，屬於古土星的大氣層也顯現在意識中」；或者當我們提到「這類或那類的其他存有者顯現」時，這樣的表述方式必須被允許，因為這也會用來表達感官感知到的心魂體驗，這樣的表述方式會運用在文書中，閱讀以下描述時要把這點放在心上。）古土星由上述存有者及其他存有者構成，古土星的熱身體與這些存有者持續互動；這些存有者允許其組成沈入古土星物質化的熱身體當中，即使這些熱身體本身沒有生命，但是四週存有者的生命可以在它們當中展現，這可以被類比為鏡子，但它們並非反映出這些存有者的影像，而是祂們的生命狀態。我們不會在古土星當中發現任何生命，但是古土星能像回聲一般反射四週生命給她的而造成四週空間活化；整個古土星就像是宇宙生命的巨大鏡子。

被古土星反射的偉大存有者可以被稱為「智慧靈」。（在基督宗教奧秘學中祂們被稱為「主天使（Kyriotetes）」或「主治者（Herrschaften）」）祂們在古土星上的作用並非始於上述的演化中期，事實上到那時祂們的活動已經結束，在祂們能意識到古土星的熱身體如何反映自身生命之前，祂們必須先使這些身體具有反射的能力，因此祂們從古土星開始演化不久就有作用，那時古土星的身體仍然由混沌的材質組成而無法反映任何事物。

經由觀察這些混沌的材質，人已經用靈性感知將自己送回到古土星演化的開端，此時可以被觀察的尚未具有熱的特質，如果試著用特徵去描述，只能說是一種可被比擬為人類意志的特質，當中除了意志一無所有，所以在此處理的完全屬於心魂狀態；如果去追溯這個「意志」的源頭，會發現它是從許多偉大的存有者放射出來，在古土星演化之初這些存有者已經發展到我們難以測度的階段，因此可以將「意志」從自身傾注出來，這樣的放射持續一段期間之後，上述「智慧靈」的活動與這樣的意志結合，如此，先前完全不帶有屬性的意志漸漸得到將生命反射回宇宙空間的能力。

這些於古土星演化初始就在傾注意志的過程中體驗到至福的偉大存有者可以被稱為「意志靈」。（在基督宗教奧秘學中祂們被稱為「座天使（Thrones）」）

［21］

＊＊＊＊＊＊

在古土星演化達到意志與生命交互作用的階段後，其他顯現在古土星四週的存有者也開始作用，可稱之為「運動靈」。（在基督宗教奧秘學中稱為「力天使（Dynameis）」或「權力者（Mächte）」）祂們沒有物質身和生命身，最低的組成是星芒身；當古土星的身體獲得反映生命的能力之後，反映出來的生命也彌漫充滿屬於運動靈的星芒身特質，其結果是古土星將情感、感受及相似的心魂力量投擲向宇宙空間，整個古土星像是被賦與了心魂，能展現出融合感與離斥感，然而這些心魂特質的顯現並不是出自於古土星的內在，只是反映了「運動靈」的心魂作用。

這樣的狀態持續一段期間之後，另一種可被稱為「造形靈」的存有者也開始作用，祂們最低的組成也是星芒身，但是與「運動靈」的星芒身在不同演化階段，由運動靈給予的感覺只能籠統地表達古土星反映的生命，造形靈（在基督宗教奧秘學中稱為「能天使（Exousiai）」或「掌控者（Gewalten）」）的星芒身活動則能將對不同存有者的感覺分別投擲向宇宙空間；也可以說「運動靈」使古土星的整體表現像是被賦與心魂的實體，而「造形靈」則將古土星的生命分化成個別的生命實體，至此，古土星就像是這些心魂實體的聚集。為了掌握這個狀態的圖像，可以去想像桑椹或藍莓是如何由更小的漿果所組成。對超感官的觀察者來說，在上述演化階段古土星組成了單一實體，雖然本身沒有生命和心魂，但是能反映四週存有者的生命和心魂。

接著又有另一種存有者介入了古土星的演化，星芒身仍然是祂們最低的組成，但是祂們已經將星芒身發展出與現今人類的「吾」相似的作用，經由這些存有者吾從四週向古土星張望，並向古土星上的個別生命實體傳遞本身的特質，至此，從古土星向宇宙空間投擲出的印象就類似於現今生命週期中的人類個性，使之發生的存有者可被稱為「個性靈」。（在基督宗教奧秘學中稱為「權天使（Archai）」或「太初（Urbeginne）」）祂們將個性特質的外像傳遞給古土星上的小部分，然而個性並不存在於古土星上，古土星上只有個性的映像，或者說是個性的空殼，「個性靈」才有真實的個性，祂們環繞在古土星的四週；由於這些「個性靈」容許祂們的特質被古土星的身體以上述方式反射回來，這個過程將上述精微的「熱物質」提供給古土星的身體。整個古土星並沒有內在生命，但是「個性靈」經由從古土星回流向祂們的熱，認出自己內在生命的圖像。

＊＊＊＊＊

〔22〕

當這一切發生，「個性靈」就達到了現今人類所在的演化層次，祂們正經歷自己的人類階段，為了不帶偏見地理解這些事情的狀態，必須想像「人類」這樣的存有者並不必然與現今的人類有相同的形式和姿態，「個性靈」是古土星上的「人類」，祂們最低的組成並非物質身，而是帶有吾的星芒身，雖然祂們不像現今人類有物質身和乙太身可以表現星芒身的經驗，但祂們不只是擁有「吾」而且還能完全意識到吾，因為從古土星上反射回來的熱物質使祂們能意識到「吾」，那裡與地球環境不同但祂們仍是「人類」。

＊＊＊＊＊

〔23〕

接下來古土星的演化就與之前已經發生的性質完全不同；在此之前古土星就只是反映外在的生命和感覺，但是從這一刻起有某種內在生命開始了，古土星之內的光開始甦醒，在各處閃耀然後又歸於黑暗，在某些地方展現為搖曳閃爍的微光，另一些地方則像閃電掠過，古土星的熱身體開始閃爍、微亮、最終發光。

由於發展到了這個階段，又有另一種存有者可能開始發揮作用，這些存有者可以被稱為「火之靈」。（在基督宗教奧秘學中稱為「大天使（Archangeloi）」或「天使長（Erzengel）」）雖然祂們有自己的星芒身，但是在這個演化階段還無法自己去激勵它們，如果不能經由上述達到古土星演化階段的熱身體作用，祂們就無法喚醒任何情感或感受，藉由這樣的努力使祂們有可能覺察到自己的存在，但是祂們無法對自己說「我存在」，而只能說「我的環境容許我存在」；祂們有感知能力，而且祂們的感知是基於上述發生在古土星的光的作用，這些在某種意義上算是祂們的「吾」，這給了祂們特定的意識，也許可以被描述為圖像的意識，可以想像這種意識與現今人類夢的意識相似，但是比現今人類的夢更加鮮活，而且必須意識到這些印象並非只是虛假的幻像湧動起伏，而是與古土星上的閃光具有真實的關係。

在火之靈與古土星的熱身體互動當中，人類感官的初胚開始進入演化之流，現今人類用來感知物質世界的感官首次細緻輕柔地閃現，人類的虛像已經可以在古土星當中被靈視辨識出來，即使此時它只能展現出感官的光之原型。

這些感官是火之靈活動的成果，但是造成這些器官並不只涉及火之靈，還有其他存有者顯現在古土星的領域，這些存有者在演化上更為先進，可以使用這些感官的初胚去感知發生在古土星生命上的宇宙事件，這些存有者可以被稱為「愛之靈」。（在基督宗教奧秘學中稱為「熾天使（Seraphim）」）若是沒有祂們，火之靈就無法擁有上述的意識，祂們有意識地觀察古土星上發生的事件，再將之轉化為圖像傳達給火之靈，祂們放棄了所有可能從觀察古土星事件中得到的益處、享樂或喜悅，祂們放棄了這一切使火之靈可以擁有它。

＊＊＊＊＊＊

〔24〕

隨後古土星進入了一個新的時期，又有其他事物加入到這些閃光當中，當談到呈現在超感官感知的內容，許多人可能會覺得瘋狂；在古土星之內開始湧現像是味覺的感受，可以在古土星當中的不同地點感知到甜、苦、酸等等，同時朝向外部宇宙空間則展現為聲響，像是一種音樂。

經歷這些過程再次有某種存有者可能在古土星上發揮作用，可以稱這種存有者為「微光之子」或「生命之子」。（在基督宗教奧秘學中稱為「天使（Angeloi）」或「使者（Engel）」）祂們開始與古土星之內味道的力量互動，借由這個過程祂們的乙太身（或說生命身）發展出某種可被描述為新陳代謝的活動，祂們將生命帶入古土星之內，營養與分泌的過程也開始在那裡進行，然而祂們並不是直接造成這些過程，而是經由祂們的活動使這些過程間接地產生；這樣的內在生命使另一種存有者有可能進入古土星，可稱之為「和諧靈」。（在基督宗教奧秘學中稱為「智天使（Cherubim）」）祂們將一種昏沉的意識傳達給「生命之子」，這種狀態比現今人類夢的意識更遲鈍和朦朧而近似於無夢的睡眠，由於它的層次太低所以「從未被意識到」，即使如此它仍然存在，而且與日間的意識在不同類別和層次。現今的植物也擁有這種「無夢睡眠的意識狀態」，雖然它無法以人類的感官感知外在世界，但是這種意識確實能調節生命歷程並且使其與外在宇宙歷程維持和諧；在此提到的古土星階段「生命之子」仍無法覺察這個調節的歷程，然而「和諧靈」能覺察到並且是實際的調節者。

所有這些生命活動都發生在上述的人類虛像之中，以致於在靈視中這些虛像似乎被賦與了生命，但是實際上只有生命的外像，真正的生命屬於「生命之子」，祂們使用這些人類的虛像來活出自己的生命。

＊＊＊＊＊＊

〔25〕

現在把注意力轉向這些具有生命外像的人類虛像，在上述的古土星演化階段，這些虛像不斷地改變形式，有時像這樣、有時又像那樣；在接下來的演化階段它們的形式變得比較固定，偶爾能維持比較久，這因為它們開始被另一種靈性存有者的影響力充滿瀰漫，祂們被稱為「意志靈（座天使）」，如上所述從古土星演化的一開始就發揮作用，其結果是人類的虛像本身表現出最簡單、最昏沉的意識形式，必須想像這種意識比無夢的睡眠更昏沉，在現今環境中礦物擁有這種意識，它能讓存有者的內在與外在物質世界維持和諧，在古土星上是「意志靈」調節了這種和諧，其結果是人類存有者的表現像是古土星自身生命的小型副本，古土星生命在大規模構成，此時的人類存有者則是在小規模當中，這提供了現今人類發展最初核心的初胚，可被稱為靈性人（真我）；在古土星之中這樣昏沉的人類存有者展現在超感官感知的影響可被比擬為「氣味」，向外投射向宇宙空間的則類似於個性，然而這樣的個性並不是由內在的「吾」所控制，而是像機器一般由外部調節，真正的調節者是「意志靈」。

〔26〕

＊＊＊＊＊＊

如果綜觀上面的描述，從最前面描述的古土星演化中期開始，很明顯地這個階段的特徵可將其影響與現今的感官印象對照；可以這麼說，古土星演化首先展現為熱，接著是閃光，然後是湧現味道及聲響，最後則是在古土星之內展現出嗅覺，對外則像是人類吾機械般地展現。

那麼在古土星展現出熱之前的狀態又是如何？在那之前的所有都無法與外在感官的經驗比擬，現今的人類只能以內在本質去感受熱之前的狀態，如果一個人能排除外在感官刺激而讓心魂充滿由本身形成的想法，他的內在就能掌握某些物質感官無法感知而只能由更高靈視才能感知的東西，也就是說只有掌握超感官感知能力的人才能察覺古土星展現出熱之前的狀態，在此可以分成三個狀態：外在無法覺察的純心魂溫暖，外在完全黑暗的純靈性之光，最後，完全不需要外在存有者意識到而能於內在完整俱足的靈性本質，純粹內在的溫暖伴隨著「運動靈」顯現，純粹靈性之光伴隨著「智慧靈」顯現，純粹內在的靈性本質首先由「意志靈」湧現。

〔27〕

＊＊＊＊＊＊

古土星出現熱是我們的演化第一次從純粹內在的靈性生命化為外在展現，無疑地以現今的意識要接受「時間」是到古土星的熱階段才顯現這種說法特別困難，因為之前的狀況完全沒有時間，從靈性科學來看它屬於「期間」的領域，因此要理解在本書中提到不同「期間」的狀況只是用來比較和解說，事實上要用人類的語言去描述「時間」之前的狀況就已經隱含了時間的概念，要意識到古土星的第一狀態、第二狀態和第三狀態並不是依照現今的字義「一個接著一個」發生，只是也無法避免一個接著一個描述它們，儘管它們同時又有各自的「期間」，事實上是彼此依存而可被比擬為時間順序。

﹝28﹞

指出這些古士星早期的演化狀態也會引起更進一步去探問這些狀態「從何而來」？從純粹智性的觀點當然有可能去追溯任何「起源的由來」，但是當面對這些事實時無法這麼做，可以用下面的比喻來說明：當一個人看到在路上有軌跡，他可以問它們是從何而來？答案可能是：馬車造成的，然後他可以再問：馬車從何而來，它又去了哪裡？仍然可能基於事實去回答它，之後他可能再進一步問：誰坐在這個馬車裡？他的意圖是什麼？他要去做什麼？然而最後他會自然達到這些探問的終點，繼續再問下去就背離了原始的意圖，只是為了提問而機械地提問。以上面引用的比喻來說，很容易可以看見事實本身終結了探問，然而關於宇宙的重大問題就沒那麼容易，即使如此只要仔細觀察仍然會發現，所有從何而來的問題都必須終結於上述的古土星狀態，因為至此存有者與過程都無需再由源頭證成，而能自我證成。

＊＊＊＊＊＊

〔29〕

＊＊＊＊＊

古土星演化的結果可以看到人類的初胚達到了上述初級昏沉的意識狀態，不要想像這些發展是到了古土星演化的最後階段才開始，「意志靈」在整個古土星演化過程都發揮作用，只是以超感官感知其作用的成果在最後一段期間最為顯著，不同群組存有者的活動與影響並無法劃分出明確的界線，如果說起初「意志靈」開始作用，然後是「智慧靈」，接下來是其他群組的靈性存有者等等，並不是意味著祂們只在這個時候有作用，祂們對整個古土星的演化都有作用，只是在上述期間祂們的作用最容易被觀察到，在那時由被提到的存有者擔任領導。

〔30〕

＊＊＊＊＊

因此整個古土星的演化是由「意志靈」開始湧現，「智慧靈」、「運動靈」、「造形靈」等進一步作用，同時這些靈性存有者本身也在演化；以「智慧靈」為例，當祂們的生命被古土星反映回來之後就達到與先前不同的層次，祂們活動的成果提升了原本的能力，當這些行動完成，其結果是祂們進入了近似於現今人類睡眠的狀態，在古土星上活動一段時間之後，接著會有一段時間活在其他世界，祂們的作用離開了古土星；因此，就如上述超感官感知到古土星演化的起伏，熱的狀態形成之前持續提升，到光閃動之後開始消退，當人類虛像從「意志靈」的活動中取得形式，這些靈性存有者就漸漸退出，古土星演化慢慢消失不見，開始一段休息時間。人類的初胚也進入到解體狀態，但並不是完全消失，而是近似於植物的種子會在土壤中休息準備長成新的植物，與此相似，人類的初胚也在宇宙的懷抱中休息等待新的覺醒。

當覺醒的時刻來臨，上述的靈性存有者也在不同的環境中得到了進一步與人類初胚工作的能力，「智慧靈」的乙太身不像在古土星上只能享有生命的反射，而是能由本身湧出生命去賦予其他存有者，「運動靈」

則是達到了「智慧靈」在古土星上的進展，之前祂們最低的組成是星芒身，此後祂們也擁有了乙太身（或稱生命身）；其他的靈性存有者也都達到了本身更高層次的演化，因此可以用不同於古土星上的方式使人類的初胚進一步演化。

然而在古土星演化結束時人類的初胚也消失，為了讓更先進的靈性存有者能從祂們離開之處接續發展，人類的初胚必須簡要地重現在古土星上的經歷，這可以被超感官感知看到，當人類初胚從其隱藏之處顯現，會憑藉著在古土星上被植入的才能與力量開始自行發展，作為出自於黑暗的意志存有者，將自己提升成具有生命外像及像是被賦與了心魂的特質等等，直到擁有古土星結束時機械般的個性展現。

＊＊＊＊＊

〔31〕

第二個巨大的演化階段可以稱為「古太陽」，人類的意識狀態被提升到比古土星上更高的層次，與現今人類的意識相比古太陽的狀態仍然算是「無意識」，因為它大約相當於現今人類無夢的睡眠狀態，或是類比於現今植物界中仍在沈睡的低層次意識，對超感官感知來說並沒有什麼是真的「不具有意識」，只是會有不同層次的意識，世上所有都具有意識。

在古太陽演化階段中人類獲得了更高層次的意識，因為乙太身（或稱生命身）加入到他的組成當中，但是在此之前，如上所述古土星的狀態必須被簡要地重現，這樣的簡要重現具有特定明確的含義，當上述的休息期間結束，先前的古土星從「宇宙睡眠」中顯化為一個新的宇宙存有者，稱為古太陽，但是，演化的環境已經發生改變，上述於古土星上有影響力顯現的靈性存有者也達到不同的狀態，然而人類的初胚在新形成的古太陽上剛出現時仍然像是在古土星結束時一樣，首先它們必須轉化在古土星上已經達到的不同演化階段以符合古太陽上的環境，因此，古太陽演化一開始會簡要重現古土星上的事件，但是要調整以適應已經改變的古太陽生命狀態。

當人類從古土星上已經獲得的演化層次進一步發展到足以適應古太陽的環境，上述的「智慧靈」就開始將其乙太身（或稱生命身）灌注到人類的物質身當中，人類在古太陽上達到的更高層次可以說明如下：人類在古土星上已經形成初胚的物質身由於承載了乙太身（或稱生命身）而提升到第二層次的完備，在古太陽演化中乙太身（或稱生命身）本身則達到第一層次的完備，然而為了達到物質身第二層次的完備及生命身第一層次的完備，仍然需要上述於古土星演化中提到的靈性存有者介入使古太陽的生命能進一步發展。

＊＊＊＊＊

〔32〕

當「智慧靈」開始將生命身注入人類的初胚，到此為止仍然黑暗的古太陽開始發光，同時人類初胚內在活力的第一個跡象顯現；生命開始了。上述在古土星只有生命外像的至此成為真正的生命，將生命身注入持續了一段時間，之後人類的初胚發生重大的改變，它分成了兩個部分，在此之前物質身和生命身緊密連結成為一個整體，此刻物質身開始將自己分離成為獨立的部分，即使如此它仍然持續被生命身所彌漫充滿，此時在面前的是二元的人類存有者，一部分是有生命身彌漫在其中作用的物質身，另一部分則是純粹的生命身。這樣的分離發生在古太陽生命的間歇期，在這段期間原本已經開始發光的古太陽會暫時熄滅，而分離就發生在這「宇宙之夜」，然而這樣的間歇期比起上述古土星演化到古太陽的間隔要短上許多；當間歇期滿，「智慧靈」繼續對二元的人類存有者作用一段時間，正如祂們之前對單元的人類作用一般。之後，「運動靈」開始發揮作用，祂們讓自己的星芒身流經人類的生命身，其結果是它獲得在物質身內部進行特定運動的能力，這些運動可比擬為現今植物當中汁液的運動。

〔33〕

＊＊＊＊＊＊

整個古土星的身體僅僅由熱物質組成，在古太陽階段這樣的熱物質凝結成可比擬於現今氣體或蒸氣的狀態，這樣的狀態可以被稱為「氣」；在「運動靈」開始發揮作用之後這樣的狀態開始變得明顯，然後以下的景像浮現於超感官意識：在熱物質當中精巧細微的結構顯現，並且由於生命身的力量開始規律運動，這樣的結構展現了這個演化階段人類的物質身，它們完全被熱滲透瀰漫同時也被熱物質所包覆，從物質觀點來說，熱結構加上具有規律運動形式的氣組成了這個演化階段的人類，如果繼續以現今的植物來類比，必須意識到這並不是一整株的植物結構，而是由氣的形式組成的結構，只是它們的運動可以比擬於現今植物的汁液。

（作者註：氣態物質是經由其中放射出來的光浮現於超感官意識，因此也可以說光的形式將其本身展現於靈視當中。）

然後演化會再更進一步，一段時間之後另一次間歇期發生，然後運動靈繼續作用直到造形靈的作用加入補充，造形靈使先前經常改變的氣態形體得到更持久的形式，這也是由於造形靈將其力量流經人類的生命身；之前只有運動靈作用時氣體結構不斷地運動，但是只能瞬間維持其形式，至此而後它們能暫時呈現可辨別的形式。

一段時間之後又會有再一次的間歇期，之後造形靈再度恢復作用，然後古太陽的演化會呈現出全新狀況。

*****

〔34〕

此刻古太陽達到了演化的中間點，曾經在古土星上達到人類層次的個性靈此時提升到更高層次的完備，祂們得到了某種在一般演化過程中現今人類仍未擁有的意識狀態，只有在地球完成了第四個行星演化階段而進到下一個行星階段之後人類才能得到它，到了那個時候，人類不再像現今只能依靠物質感官的傳達來感知外在環境，也能覺察到四週存有者內在心魂狀態的圖像，人類將能擁有圖像的意識同時又保有全然的自我意識，這樣的圖像感知不會是夢幻或模糊的，人類將會感知到心魂的圖像，同時這些圖像會展現實相正如現今的色彩及聲音一般。現今的人類只能經由靈性科學的鍛練來發展這種感知能力，方法將會在本書稍後的章節提到。

在古太陽中期個性靈通常都會演化得到這樣的感知能力，這使得祂們能作用在新形成的人類生命身，如同祂們於古土星時可以作用在物質身上；在古土星時熱向祂們映射出自己的個性，此時在光輝中的氣體形式向祂們反映出自己的意識圖像，祂們能以超感官覺察在古太陽上發生了什麼而不僅只是觀察，從古太陽湧現的圖像帶有被地球人類稱為愛的力量，如果以心魂力量細察會發現這是因為從古太陽放射的光當中混合了更高存有者的作用，這些存有者是上述的「愛之靈（熾天使）」。從此刻起祂們與個性靈共同作用在人類的乙太身（或稱生命身）上，經由這些作用使人的生命身在演化上更進一步，不只能於內在轉化氣體結構，還可以改造氣體使活的人類出現第一個繁殖跡象，分泌物像出汗般離開了原先的氣體結構，其形式會與親代相似。

＊＊＊＊＊＊

〔35〕

為了說明古太陽更進一步的演化，必須指出在宇宙演化中最重要的事實，在上述演化期間並不是全部存有者都實現了演化目標，會有一些達不到目標，例如在古土星階段並不是全部的個性靈都達到上述的人類層次，同樣地在古土星上也不是所有人類的物質身都發展到足夠的成熟程度能承載在古太陽上獨立的生命身，其結果會有一些存有者及結構並不適應古太陽的環境，必須在古太陽階段去彌補在古土星時未達到的，因此靈性感知在古太陽階段可以觀察到，當智慧靈開始灌注生命身之後古太陽的身體暫時熄滅變暗，其中混合了仍屬於古土星的結構，這些熱結構無法適當地凝結為氣體，是仍保持在古土星階段的人類存有，它們無法承載一般的生命身。

這些仍屬於古土星的熱結構在古太陽上分為兩部分，其中一部分被人類的身體吸收，化為人類存有內部較低層次的組成，因此在古太陽上人類的身體會吸入一些實際上屬於古土星階段的物質。正如在古土星上的人類身體使得個性靈可能達到其人類層次，這些具有古土星屬性的人類身體也會對火之靈有相同作用，藉由讓祂們的力量穿透人類的古土星部分使這些火之靈提升到人類的層次，正如在古土星上個性靈的作用，這也會發生在古太陽演化的中期，此刻人類的古土星部分足夠成熟而能夠幫助火之靈（大天使）達到人類的層次。

另一部分帶有古土星屬性的熱物質分離出去，成為古太陽人類之外散布於環境的獨立存在，這構成了人類國度以外的第二國度，在古太陽上發展完全獨立但是純粹由物質的熱身體組成，此處並不如前述有獨立的生命身可以讓充份發展的「個性靈」在上面作用，然而有一些仍處於古土星階段的「個性靈」還沒發展到人類層次，祂們會與古太陽上獨立出來的第二國度有吸引力的聯結，這些靈性存有者對第二國度的作用方式，就像祂們較先進的同伴在古土星上對人類的作用，那時人類只發展出物質身；然而在古太陽當中並不容許尚未充份發展的個性靈這麼做，因此祂們從古太陽的身體退出而在外面形成一個獨立的星體，從那裡祂們就可以對古太陽上第二國度的存有者作用，如此先前單一的古土星就分成兩個星體，從此以後在古太陽的周圍就有了第二個星體，這可說是古土星的重生——一個新的古土星。從新古土星上個性的特質放射向古太陽的第二國度，此處的存有者本身尚未擁有個性，然而它們能將新古土星上「個性靈」的個性映射回去，超感官意識可以觀察到在古太陽上人類四週有熱力在作用，這些熱力影響了古太陽的演化，在當中可以看見上述新古土星的靈性存有者的影響力。

******

〔36〕

要記得在古太陽演化中期時人類已經由物質身及生命身組成，先進的「個性靈」與「愛之靈」共同對生命身作用，物質身也混合了部分尚未充份發展的古土星材質，「火之靈」在其中作用；「火之靈」對古土星材質的作用影響可被視為現今人類感覺器官的先驅，如上所述，在古土星時「火之靈」已經在熱物質中形成人類感官的初胚，「個性靈」與「愛之靈（熾天使）」共同完成的部分則可視為現今人類腺體系統的初胚。

然而在新古土星上的個性靈並不是只做上述的事，祂們不只對古太陽的第二國度有上述作用，也創造了這個國度與人類感官的聯繫；這個國度的熱物質流經人類感官的初胚，使古太陽的人類能感知到外在更低層次的國度，對應於上述模糊的古土星意識，這種感知只是一種昏暗的感知，基本上它是由各種不同的熱影響所組成。

〔37〕

上述所有都發生在古太陽演化的中期，持續一段時間後又有另一段間歇期，之後演化維持相同路線直到人類的乙太身足夠成熟開始容許「生命之子（天使）」與「和諧靈（智天使）」共同於其上作用；顯現在超感官意識當中的是人類內在出現了可被比擬為味覺的感受，向外則展現為聲響，這與上述古土星的演化階段相似，然而在古太陽上人類的發展更加向內而充滿了獨立的生命。

＊＊＊＊＊＊

過程中「生命之子」得到模糊的圖像意識，而「火之靈」已經在古土星上得到了，在此「和諧靈（智天使）」提供了援助；和諧靈的靈性感知注視著古太陽上發生的一切，但是又放棄了所有感知的成果—充滿智慧圖像的感覺，祂們讓這些流入「生命之子」如夢的意識當中成為壯麗奇異的景象，接著生命之子又將這些意象傳達到人類的乙太身當中，然後才能發展到更高層次。

然後間歇期又再次來臨，萬事萬物進入「宇宙睡眠」，持續一段時間之後人類已經足夠成熟能喚醒自己的力量，這種力量與古土星演化最後階段「座天使」注入的相同，這些人類存有已經發展出內在生命，顯示於意識當中的可比擬為內在的嗅覺感知，然而朝向外部宇宙空間則展現出自己的個性，只是這樣的個性並非由內在的「吾」控制，比較近似於植物給予的個性印象。在古土星演化的最後已經顯示過人格如機械般地展現，那時「靈性人（真我）」的初胚已經發展出來，即使是現今人類的靈性人也只有初步發展；與此相似至此「生命靈（覺）」的初胚也在古太陽上形成。

上述過程發生一段時間之後，接著另一段間歇期，與先前相似地當間歇期結束後人類的活動又持續一段時間，然後由於「智慧靈」新的介入而出現了新的狀況，人類因而變得能夠經驗到對外在環境有融合感與離斥感的初步跡象，但這還不是真正的情感，只是情感的先驅，因為內在生命活動可以被描述為嗅覺的感知，向外則表現為某種原始語言，當內在對嗅覺、味覺或閃光等有融合感則人類會以某種聲響對外表達，相似地當內在對感知有離斥感時也是如此。

當上述這一切發生就可以說人類已經達到了在古太陽階段演化的真諦：人類存有已經達到比古土星時期更高層次的意識，擁有睡的意識。

〔38〕

＊＊＊＊＊

一段時間之後演化到達一個點，與古太陽演化相關的更高存有者必須移往另一個層次，以便於消化吸收祂們經由對人類作用而獲得的才能；此刻發生了類似於古土星階段到古太陽階段之間的大休息，所有在古太陽上的發展化成一種可比擬為生長力量潛伏於種子的狀態，正如這些生長力量將在新植物中被點燃，在休息期滿之後所有古太陽的生命也從宇宙的懷抱中再次顯現，一個新的行星開始存在。如果能將靈性感知投向上述某個層級的存有者，就更能理解「宇宙睡眠」的意義，以「智慧靈」為例，在古土星上祂們仍未發展到能將乙太身外向灌注，祂們在古土星上的經歷是為此而準備，在休息期間祂們將先前的準備轉化成能力，因此在古太陽上祂們就足夠先進而能將生命向外灌注，使人類擁有自己的生命身。

******

〔39〕

休息結束後先前的古太陽從「宇宙睡眠」中甦醒，在休息期間無法被靈性力量感知到，醒來之後又再度能被見到，然而此時重新出現的行星可以被稱為古月亮（勿與現今地球的衛星混淆），這展現了兩件事：首先，先前在古太陽階段分離出去的「新古土星」又被融入這個新的行星，即是在休息期間新古土星與古太陽已經重新聚合，就像古土星重現般所有都屬於單一星體；其次，在休息期間人類於古太陽上發展出來的生命身被吸收轉化成行星的靈性護鞘，所以此刻生命身並沒有與相對應的人類物質身結合，一開始物質身是單獨出現，並攜帶已經在古土星與古太陽上發展出來的所有，但是仍然缺乏乙太身（或稱生命身），它們還不能立刻吸收乙太身，因為在休息期間乙太身經歷了某些演化，而物質身還沒調整好去適應它。

為了達成這種調整，在古月亮演化一開始就要重複古土星上發生的事，人類的物質生命簡要重現古土星演化的各個階段，只是在已經完全改變的環境下；在古土星上人類只有熱身體的力量在作用，但是此刻已加入在古太陽上得到的氣身體力量共同作用，然而在古月亮演化最初氣身體仍未出現，那時人類只由熱物質組成，而氣的力量仍在其中沈睡，然後到了某個時刻氣的力量才首次展現跡象。最終，在古土星再現的最後階段人類再次展現為古太陽上那樣的生命狀態，不過所有生命仍然只展現出生命的外像。

然後類似曾在古太陽上發生的間歇期又再次發生，稍後，當物質身足夠成熟以後生命身就能再次被注入，如同簡要重現古土星一般，這樣的注入發生在三個不同時期，在其中的第二個時期人類調整到能適應古月亮的環境，使得「運動靈」能將祂們獲得的能力在其中作用，亦即祂們容許星芒身由其自身流出而注入人類；運動靈已經在古太陽演化時為此任務預備，並在古太陽到古月亮之間的休息期間將所做的預備轉化為上述能力。

星芒身的注入持續了一段時間，之後又發生更短的間歇期，接著星芒身又繼續注入直到「造形靈」開始發揮作用；當「運動靈」讓星芒身注入人類的同時，星芒身就已經獲得了第一個心魂特質，由於擁有生命身讓人類得到曾在古太陽演化時類似於植物的特質，而在星芒身當中的歷程開始帶有感受，經由這樣的歷程可以經驗到快樂和痛苦，直到「造形靈」介入之前內在的快樂與痛苦仍然不斷起伏改變，不斷改變的感受至此轉化為另一種方式，而在人類當中出現了欲望與渴求的最初跡象，會去追求重複曾經帶給他們快樂的並且盡量避免讓他們感到痛苦的；不過由於「造形靈」並非將其本質交給人類，而是讓祂們的力量流經他們，因此人類的欲望缺乏內在性與獨立性，而是由「造形靈」引導並展現出本能的特質。

＊＊＊＊＊

〔40〕

在古土星上人類的物質身是熱身體，在古太陽上它凝結成氣態（或說「氣體」），到了古月亮演化階段的某個時刻，由於星芒力量的注入使物質身更進一步的凝結，成為可比擬為現今液體的狀態，這種狀態可以被稱為「水」，但並不是現今的水，而是一種液態的存在。人類的物質身漸漸成形並且由三種不同狀態的物質組成；最密集的是「液態身體」，氣流滲透其中，同時熱的影響彌漫以上兩者。

******

〔41〕

並不是所有曾在古太陽演化的形體都達到相應的成熟度，因此在古月亮上有些形體只達到古土星層次、有些只達到古太陽層次，所以除了一般發展的人類之外還有另外兩個國度出現。其中一個國度由仍然在古土星層次的存有者組成，它們只有物質身並且還沒準備好承載在古月亮上獨立的生命身，這是古月亮上最低層次的國度；第二個國度由仍然在古太陽層次的存有者組成，它們還不夠成熟到足以與古月亮上獨立的星芒身一起作用，這些存有者形成的國度介於上述的國度及一般發展的人類之間。

但仍然有其他事情發生，僅由熱力量組成的物質及僅由氣力量組成的物質同時也瀰漫於人類之中，因此古月亮的人類也帶有古土星及古太陽的特質，其結果是人類特質發展出某種分裂，並在「造形靈」開始作用之後以此招喚出古月亮演化階段最重要的事件—古月亮的身體開始分裂，部分古月亮的物質及存有者分離出來，一個天體分化為二；第一部分成為較先進存有者的居所，祂們與先前的單元天體較為親近，相對而言另一部分居住了人類、上述兩個較低層次的國度及某些未移居到第一天體去的先進存有者，較先進存有者居住的第一天體像是重生而更精緻的古太陽，同時另一部分就形成了真正的「古月亮」，是繼古土星、古太陽之後這個行星的第三次化身。

重生的古太陽在分裂時只從古月亮上帶走「熱」及「氣體」這兩種物質，而在古月亮上除了熱及氣體之外還有液體，分裂之後，隨著重生古太陽離開的存有者就不再被古月亮上較稠密的存有者牽制，而能暢通無阻地自行演化，因此祂們得到更高層次的能力從外在的重生古太陽對古月亮上的存有者作用，然後古月亮上的存有者也獲得演化的新可能性，尤其是「造形靈」仍然與古月亮上的存有者保持連結，並鞏固了人類特質中的熱情與欲望，這也逐漸表現為人類物質身的更進一步凝結，之前純粹液態的身體變得黏稠，相應的熱身體及氣身體也變得更密集，相似的變化也發生在更低層次的兩個國度。

******

〔42〕

古月亮從重生古太陽分離出來後，兩者的關係就如同古土星之於整個宇宙環境的演化；古土星的身體出於「意志靈（座天使）」的身體，它將四週靈性存有者的經歷反射回宇宙空間，接下來這樣的反射漸漸喚醒了獨立的生命，所有演化的基礎都在於逐漸地從四週生命中獨立出來，就像照鏡子一般，環境本身也會銘印在獨立個體上，然後個體才能更進一步獨立發展。

古月亮從重生古太陽分離出來也是這樣，一開始只是反映重生古太陽的生命，如果沒有發生其他事情，那麼宇宙的歷程將會像接下來的描述：在重生古太陽上有適應了熱及氣態質素的靈性存有者，與此相反，居住在古月亮上的其他存有者則活在熱、氣體和液體中發展。從古太陽化身到古月亮化身的進展在於重生古太陽上存有者的生命會從古月亮反映回來，這使得祂們能享有它，這在古太陽化身時是無法經驗到的。

******

（43）

然而演化歷程並不止於此，對後續演化意義最深遠的事情發生了，某些適應了古月亮身體的存有者取得了意志質素（座天使的遺贈），並以此形塑發展出獨立於重生古太陽生命之外的生命，除了完全接受重生古太陽影響的體驗之外，也有獨立的古月亮體驗發生，這對重生古太陽上的存有者而言是一種對抗或反叛；在重生古太陽及古月亮上已經存在不同的國度，其中人類先驅的國度也被捲入反叛狀態，結果古月亮的身體在靈性及物質方面都包含了二元的生命：其一緊密地與重生古太陽的生命結合，另外的則放下這些而走上獨立之道，二元生命的劃分遍及古月亮化身的後續事件。

〔44〕

這個演化時期在超感官意識中的展現可用以下圖像描述：整個古月亮表面由半活物質所構成，它們時而遲緩停滯、時而活潑運動，現今人類所熟悉的礦石及土壤這類物質在那時尚未存在，只能說有一個礦植物國度，想像整個古月亮表面都是由這種礦植物組成，正如現今的地球是由礦石及土壤等物質組成；就像現今地球上到處都有礦石，在古月亮上也充斥著較硬的物質，可被比擬為硬的木質或角質結構，相對於現今地球上的礦物質土壤可以長出植物，古月亮的表面也生長散佈著第二個國度的植動物，這個國度的物質比礦植物更加柔軟而具有可動性，它們散佈在第一個國度之上就像有黏性的海。至於人類則可被描述為動物人，包含了上述兩個國度的成份，然而也完全被生命身及星芒身滲透彌漫，這使得重生古太陽上更高存有者所散發的力量可以在其中作用，提升了人類的形式；當「造形靈」給予人類形式使之能適應古月亮的生命，重生古太陽上的靈性存有者則使之成為能超越此生命的存有者，經由這些靈性存有者贈與的能力使人類能提升自己的本質，甚至可能提升自身當中與較低的兩個國度相關的部分。

＊＊＊＊＊＊

（45）

從靈性層面來看，相關過程可以描述如下：離開重生古太陽的存有者提升了人類先驅，這樣的提升也延伸到所有在液態質素中的體驗，另一方面重生古太陽的存有者只統治了熱及氣態質素，所以對於液態質素的影響較小，因此就有了兩種不同的存有者對人類先驅的組織發揮影響力；一部分的組織完全被重生古太陽存有者的影響力滲透彌漫，另一部分則被反叛的古月亮存有者影響，因此後者會比前者更加獨立，前者只在重生古太陽存有者活躍時才升起意識，而後者則保有一種類似於古土星時期的宇宙意識狀態，只是已經達到更高的發展層次，因此人類先驅將自己視為「宇宙的圖像」，同時受到重生古太陽影響的部分則只能感覺自己是「太陽的圖像」。

人類當中這兩種不同特質開始發生某種衝突，同時也在身體組織上創造出某種平衡，具有獨立宇宙意識的部分在重生古太陽存有者的影響之下變得脆弱和不耐久，因此這個部分的組織一段時間就必須被放棄，放下這種身體組織一段時間之後，人類先驅就完全只受到重生古太陽的影響，他們的意識變得較不獨立而完全依從於重生古太陽的生命，之後獨立的古月亮部分又重獲新生，一段時間之後整個過程又會再重複，因此伴隨著物質層面的轉變，在古月亮上的人類先驅也會交替經歷較清醒或較昏沉的意識狀態，一段時間他們會放棄古月亮性質的身體，稍後又再長回來。

〔46〕

從物質層面來看，古月亮上的不同國度差異非常大，礦植物、植動物及動物人各自成群，如果能考慮到特定形體仍然在其各自更早的演化階段，就容易理解它們的形式原本就在體現不同的特質，有些形體仍展現出古土星階段最初的特質，有些則展現出中期和末期的特質，對於古太陽演化的所有階段也是如此。

＊＊＊＊＊＊

〔47〕

在宇宙天體演化過程中有一些形體落後了，同時有一部分相應的存有者也落後了，直到古月亮階段仍有許多不同層級的這類存有者；在古太陽階段仍然有一些「個性靈」還沒發展到人類層次，不過也有另一些個性靈在那時才達到人類層次，「火之靈」應該要在古太陽階段達到人

＊＊＊＊＊＊

類層次，不過也有一些火之靈發展落後，在古太陽階段發展落後的「個性靈」離開了古太陽這個天體，而在那時另外創造了一個新的古土星，與此相似，在古月亮階段這些落後的存有者也會離開去到其他不同的天體。

〔48〕

＊＊＊＊＊

在此之前只提到了重生古太陽與古月亮的分離，但是由於上述原因，在古太陽到古月亮演化階段之間的休息期間結束後，還有其他天體從古月亮分離出去，一段時間之後出現了整個天體系統，當中最先進而容易被看見的可稱之為重生古太陽。如上所述在古太陽階段，發展落後的古土星國度與新古土星上的個性靈有吸引力的聯結，相似的聯結也存在於這些宇宙天體及古月亮上相應的存有者，詳述所有宇宙天體的細節將會帶我們離題太遠，但談到這裡已經足以指出為何在人類演化之初統一的古土星會逐漸分化成數個天體。

＊＊＊＊＊＊

〔49〕

在「造形靈」介入之後古月亮以上述的方式持續演化了一陣子，之後間歇期又再次發生，在當中古月亮上較粗糙的三個國度進入了休息狀態，然而較精緻細微的部分（特別是人類的星芒身）從較粗糙的結構中解脫出來，它們的狀態使重生古太陽上先進的存有者能以更高的力量對其強烈地發揮作用。

在間歇期結束之後，它們重新進入人類較粗糙的組成部分，由於間歇期當中它們處於自由狀態所以能吸收上述的強大力量，如此可以使較粗糙的部分達到足夠成熟的程度，以便於接收先進的「個性靈」及「火之靈」發揮的影響。

＊＊＊＊＊＊

這些「個性靈」已經提升到「靈感的意識狀態」，先前具有觀像的意識狀態時祂們就已經可以感知到其他存有者內在狀態的圖像，此時能更進一步感知到這些存有者的內在本質是一種靈性語言的聲響，同時「火之靈」則提升到「個性靈」在古太陽階段擁有的意識狀態，因此這兩種靈性存有者都能介入足夠成熟的人類生命；「個性靈」作用在星芒身，而「火之靈」作用在乙太身，人類的星芒身因此擁有了個性的特質，從此之後不只能感受到快樂和痛苦，同時也會與自身有關，雖然還沒有完全的自我意識可以對自己說「我存在」，但是已經能感覺到被四週的存有者支持與保護，向上仰望祂們則可以說：「四週環境維持了我的存在。」

當「火之靈」作用在乙太身，受到祂們的影響在這個身體裡力量的運動逐漸變成內在生命的活動，可以發現在物質方面展現為體液的運動及生長的現象，由於氣體已經被凝結成液體，從此開始可以說有某種營養過程—由外部攝取某種東西並在內部轉化及吸收；如果能想像某種介於現今營養及呼吸之間的作用，就能對這方面發生了什麼有一些概念。

人類從植動物國度攝取營養物質，想像這些植動物浮游或漂流於四週質素中（或只是輕輕附著其上），就像現今水中或空氣中的低等動物，然而這樣的質素以現今的眼光來看既不是水也不是空氣，而是介於兩者之間的某種濃密氣體，在當中有許多不同物質融入並在各種不同的流中到處移動，植動物像是由這種質素凝聚成形，在物質層面與環境只有極少差別；營養過程與呼吸過程相伴而生，不像現今在地球的狀況，而比較像是吸入熱與排出熱的過程，從超感官觀察這個過程，就像是器官組織打開又關閉使得熱能流入及流出，同時液體及氣體也會被吸入又排出，由於在這個演化階段人類已經擁有了星芒身，呼吸及營養的過程伴隨著感覺，當吸入了有益於人類建構的物質時就會升起快樂的感覺，當有害物質被吸入甚至只是接近時都會激起痛苦的感覺。

如上所述在古月亮階段呼吸與營養的過程關係非常密切，與此相似，形成心智圖像的過程與繁殖也關係密切，古月亮環境當中的事物及存有者並不直接影響人類的感官，形成心智圖像的性質就像示現的事物或存有者在人類昏沉幽暗的意識當中喚起了圖像，這些圖像更接近於環境真正的本質，相較而言現今的感官只能經由色彩、聲音、味道、……等等感知到事物或存有者的外顯特質。為了更清楚理解古月亮上人類的意識，要想像人類是被嵌入上述類似氣態的環境，在當中有各種不同的過程發生，某些物質結合、某些物質分離，有些部分變得濃稠、有些部分變得稀薄，以這種方式發生的各種過程並非直接被人類看到或聽到，但是確實能喚起他們意識中的圖像，這些圖像可比擬為現今夢的意識圖像：例如當有一個物體落地，一個睡著的人並沒有感知到真實事件，但是他內在升起的圖像可能是有槍射擊。然而古月亮意識的圖像並不像現今夢的圖像那麼任意多變，雖然它們仍然是象徵而非精確地再現，但是確實會對應到外在事件，一個特定的外在歷程只會喚起一種特定的圖像；因此古月亮上的人類能依照這些圖像調整自己的行為，正如同現今的人類能依外在感知行動，然而也要記得，現今人類基於感知的行動當中仍然容許個人選擇，但是古月亮上的人類被這些圖像影響而行動是一些幽暗不明的衝動。

然而這些意識圖像不應被認為只是反映出外在的物質過程，經由它們也可以感知到在物質背後作用的靈性存有者及其活動；因此在植動物界的背後可以見到「個性靈」，在礦植物界背後可以見到「火之靈」，另一種存有者作為乙太化的心魂形體，能夠被人類感知為心智圖像又不依附於任何物質，這被稱為「生命之子」。

即使古月亮意識的心智圖像只是外在事物的象徵而非精確再現，它們對於人類內在的影響比現今經由感官轉化而來的心智圖象更為顯著，古月亮意識的圖像能觸動整個內在而激勵行動，內在歷程依照它們而成形，它們是真實的形塑力量，人類會依照這些形塑力量而成形，也就是說他們成為本身意識歷程的反映。

〔51〕

＊＊＊＊＊＊

循著這個方向繼續演化，其結果在人類身上發生了影響更深遠的改變；漸漸地由意識圖像散發的力量不足以擴及整個人類的物質身，接著物質身就分化成具有不同特質的兩個部分，一部分依從意識圖像的形塑力量成形，這在很大程度上成為了上述意識歷程的反映，然而其他部分不受這種影響，也可以這麼說，在人類身體的某些部分過於密集而受制於其他法則，以致於無法依從意識圖像行動，它們超越了人類的影響而依從於重生古太陽上崇高的存有者，然而在此演化階段之前還有一段間歇期，在當中重生古太陽上的靈性存有者凝聚力量，以便於在全新狀況下對古月亮的存有者作用。

在此次間歇期後，人類的組成被清楚地區分為兩種不同特質，一部分不依從獨立作用的意識圖像而擁有了較固定明確的形式，它們依從於重生古太陽存有者的影響，雖然這些影響力也是經由古月亮的身體發出，

〔52〕

這部分的人類參與越來越多受重生古太陽啟發的生命；出於前者的另一部分像是某種頭，它們具有可動性及可塑性，外形則展現並承載人類意識昏沉的生命，然而這兩個部分緊密連結並互相交流，組成部分也會延伸進入彼此。

＊＊＊＊＊＊

與此同時，重生古太陽與古月亮的關係發展到與演化方向一致的和諧狀態。如上所述（見245頁），不同演化層次的靈性存有者從統一的宇宙中分化出各自不同的天體，祂們散發力量使相應的物質分化，因此重生古太陽與古月亮必定要分開，以便於為相應的存有者創造適合的居所；這些靈性存有者提供的物質及力量不止於此，同時也決定了這些天體的運動及彼此環繞的關係，其結果天體改變了彼此的相對位置，當天體的相對位置改變其相互間的影響也不同。

這就是重生古太陽與古月亮之間發生的事，古月亮開始在重生古太陽四週運動，有時候人類會受到重生古太陽活動的影響多一些，其他時間人類又能拒絕接受這樣的影響而變得更加獨立，這種運動是上述特定月亮存有者反叛的結果，也是其對抗的調適，這只是反抗力量創造的靈性關係在物質層面的展現，一個星體會環繞另一個星體是由於上述在這些星體上居住的存有者不同意識狀態的交替變化，也可以說古月亮交替地將其生命朝向重生古太陽及遠離她，所以會有重生古太陽的期間也有行星的期間，行星期間古月亮的存有者會在遠離重生古太陽的那一側發展，但是對於古月亮來說除了星體運動之外還有其他更多，以超感官意識回顧，古月亮的存有者會經常有規律地在其星體上遷移，特定時刻他們會尋找地方將自己置於重生古太陽的影響之下，而在其他時刻他們又會遷移到不受這種影響的地方，可以說他們在那裡才能反省自己。

〔53〕

為了完整理解這些過程的圖像，也必須考慮「生命之子」在這個階段達到了人類的層次，雖然人類在古土星時期已經建立了感官的初胚，但是在古月亮上仍然無法用來為自己感知外在事物，在古月亮階段這些感官成為「生命之子」的工具，祂們會使用這些感官來感知，這些屬於人類物質身的感官與生命之子產生了互惠關係，生命之子不只使用它們，同時也使它們更加完備。

＊＊＊＊＊＊

〔54〕

如上所述，由於人類與重生古太陽的關係改變，人類生活的環境也發生改變，事件發生的方式如下：每當人類依從重生古太陽的影響，他們投入重生古太陽的生命及其現象甚於自己，可以說在這段期間他們經

＊＊＊＊＊＊

驗吸收了由重生古太陽所展現的宇宙壯麗光輝；居住於重生古太陽上的崇高存有者對古月亮發揮影響力，然後古月亮再把影響力傳遞給人類，但是這樣的影響力並不擴及整個人類，而是主要作用在不受個人圖像意識影響的部分，尤其這會使得物質身及乙太身達到特定的大小及形狀，與此同時意識就不會顯現，然而當人類的生命不受到重生古太陽的影響，他就能擁有自己的特質，內在活動主要在星芒身中開始，相反地人的外形變得不那麼悅目，形式上也較不完備。

所以在古月亮階段人類交替出現兩種不同的意識狀態：在重生古太陽期間意識較為昏沉，而當生命依從於自己時意識較為清明；第一種狀態確實較為昏沉但也更加無私，人類更依從於外在世界，即是由重生古太陽反映出來的宇宙，意識狀態的交替可比擬為現今睡與醒的交替，也是生命中生與死的交替，而在死亡到重生之間是更靈性的實存。當重生古太陽的時期逐漸完結，人類在古月亮上醒來，以現今所知比擬則可描述為介於每天早晨醒來及出生之間的狀態，相似地，當重生古太陽的時期迫近，意識就會逐漸昏沉，就像是介於入睡與死亡之間的狀態，因為現今人類生與死的意識狀態在古月亮時期尚未出現；在重生古太陽的時期人類將自身完全投入於此種生命的享有，在此期間他們從自身的生命退出並且活得更加靈性，只能試圖以近似與比較去描述人類在此期間經驗了什麼：他覺得宇宙的創發力量湧入了他並且隨之脈動，他參與了宇宙的和聲而感到陶醉，此時他的星芒身不受制於物質身，一部分的生命身也從物質身中退出，這種星芒身和生命身組成的結構化成奇異而精巧的樂器，像是琴絃回響了宇宙的神秘；人類物質身和乙太身組成的部分則較少受到此種宇宙和聲形塑力量的影響，因為這些和聲是出於重生古太陽存有者的作用，因此人類的這個部分是由宇宙的靈性音聲所形塑。

那時較清明意識與較昏沉意識的交替方式並不像現今人類清醒與深層無夢睡眠之間那麼不連貫，圖像意識確實不如現今清醒的意識那麼清明，而另一種意識也不如現今無夢的睡眠那麼昏沉。因此人類對於宇宙和聲在物質身及與其連結的部分乙太身上的作用有模糊的概念，也可以說，當重生古太陽不再照耀到人類，心智圖像就進入意識取代掉這些和聲，特別是直接受到本身意識掌管的物質身及乙太身組織會變得活躍；相反地，人類的其他部分沒有了從重生古太陽而來的形塑力量作用就會走向硬化與衰亡，當重生古太陽時期再次接近，舊的身體會瓦解並從人類脫落，然後從舊的身體死亡之處依照其內在狀況重生，即使這在形式上並不悅目，生命歷程又重新開始，經由重生古太陽存有者及其和聲的作用，新生的身體再次達到完備，上述的過程又再重複。

人類感覺這樣的新生就像穿上新衣服，他們的本質核心並沒有實際經歷生死，只是由依從於外在世界的靈性音聲意識，轉換到更朝向內在的意識，他們脫皮了，舊的身體變得無法再使用所以它們脫落又重生，這就詳細描述了為何前面會提到繁殖與形成心智圖像的過程關係密切；人類確實會產生出與其同類的物質身及乙太身，然而這並非意味著子代完全異於親代，而是親代的本質核心轉移到了子代，親代並不產生一個新存有者，而是在新的形式中複製了本身。因此古月亮的人類經歷了意識的改變，當重生古太陽時期接近他們的圖像意識就越來越昏沉，而是完全臣服於福佑感，宇宙和聲回響於其寂靜的內在，直到這段時期結束星芒身中的圖像才又恢復活力，開始更能感覺及經驗到自己，人類感覺自己從重生古太陽時期的福佑與寂靜中醒來，在這樣的連結中仍會有其他重要經驗；當意識圖像再度變得清明，人類會發現自己被從天而降的某種雲霧包圍，他感覺這屬於個人又像是自己本質的補完，他感覺這給予自己存在感，像是經歷了「吾」，這樣的存有者是「生命之子」，個別人類對祂的感覺就像是這樣：「即使在重生古太陽期間陶醉於宇宙的光輝我仍然住在祂裡面，那時我還無法見到祂但現在變得可見了。」也是這些「生命之子」在非重生古太陽期間提供人類力量作用在他們的身體上，當重生古太陽期間再度接近，人類感覺自己與「生命之子」合一，即使那時他並不能見到祂仍然會感覺到緊密的連結。

〔55〕

人類與「生命之子」並不是一對一的關係，而是一群人會經驗到同屬於一位「生命之子」，因此在古月亮上人類會分成不同的群體，每個群體的人類會經驗到一位「生命之子」作為他們的「群體吾」，每個群體的成員共享了某種特定形式的乙太身，以此顯示出與其他群體的區別，由於物質身的形式是由乙太身形塑，因此乙太身的特質就會銘印在物質身上，不同群體的人類也會展現不同的外形；當「生命之子」向下張望屬於祂的人類群體，祂發現每個人類都複製了祂自己，以此祂經驗到自身的吾，也可以說是由人類映照出祂們自己，這也是那時人類感官的任務，如上所述這些感官還無法傳送任何外在事物的感知，然而它們反映了「生命之子」的本質，經由這些反映給予「生命之子」祂們的「自我意識」，而在人類的星芒身中這樣的反映為昏沉幽暗的古月亮意識提供了圖像。人類此種活動的作用與「生命之子」互動使得物質身內的神經

＊＊＊＊＊＊

系統有了最初的發展，神經作為感官的延伸進入了人體內部。

＊＊＊＊＊

〔56〕

由上面的描述可以清楚地看見這三種靈性存有者—「個性靈」、「火之靈」、「生命之子」—如何作用在古月亮的人類，如果有人觀看古月亮演化的主要時期—也就是中間階段，則可以說：「個性靈」將獨立與個性植入人類的星芒身，這使得人類能在重生古太陽沒有照射到的期間轉向內在並形塑自身；「火之靈」作用在乙太身，使乙太身能銘印人類本身獨立的形式，由於祂們的影響使人類在身體更新之後仍然感覺到是相同存有者，也就是經由「火之靈」乙太身被賦與了某種記憶；「生命之子」作用在物質身，如此物質身變得可以用來表現新獨立的星芒身，也就是說物質身可能成為星芒身有形的副本。相對地，在重生古太陽期間物質身與乙太身獨立於星芒身之外發展，更高的精神存有者—特別是

「造形靈」與「運動靈」—會介入其中，如上所述祂們的影響作用是從重生古太陽上發出。

＊＊＊＊＊＊

〔57〕

在這些影響之下人類變得成熟，漸漸由內在發展出「靈自我」的初胚，類似於在古土星後半人類發展出「靈性人」的初胚，在古太陽發展出「生命靈」的初胚，至此古月亮上的所有狀況都發生變化，經由持續的轉化與更新人類變得更崇高與精煉，同時也獲得了力量，其結果是即使在重生古太陽期間圖像意識也越來越能持續保留，並且開始能影響物質身與乙太身的形塑，在此之前這完全只依從重生古太陽上的存有者；人類及其相關靈性存有者在古月亮上的作為，變得越來越近似於先前重生古太陽及更高靈性存有者的成果，因此這些重生古太陽上的存有者可以把越來越多的力量用來發展自己，這樣發展一段期間之後古月亮就準備好與重生古太陽重新結合。

以靈性感知到的過程如下：「反叛的古月亮存有者」漸漸被重生古太陽存有者征服，而必須調整自己以依從於祂們。

然而，經過長時間發展，古月亮期間變得越來越短，重生古太陽期間越來越長，在這個演化時期之後，重生古太陽與古月亮又重新結合成單一天體，這段期間人類的物質身變得完全乙太化。

但是不應想像在上述狀況中物質身是不存在的，從古土星、古太陽到古月亮階段形成的物質身仍然存在，重要的是即使不以外在物理方式顯現的物質元素仍然可以被辨認出來，物質元素可以表現為乙太的外形，甚至是星芒的形式，必須明確地區辨外在展現與內在法則，物質有可能被乙太化、甚至星芒化之後仍然保有內在的物理法則，所以當物質身在古月亮上發展達到特定的完備層次後它就變得像是乙太，然而以超感官意識來觀察會發現，這類乙太形式的身體當中仍然充滿了物理法則而非乙太法則；在這樣的狀況下物質被吸入到乙太當中休息，就像是在母親的子宮當中被照顧，之後它再以物質形式顯現時就會達到更高的層次。如果古月亮的人類維持粗糙稠密的物質形式，古月亮就不可能與重生古太陽重新結合，經由採用乙太形式使物質身變得更接近乙太身，因此物質身可以被乙太身及星芒身更深入地滲透，而在先前古月亮的重生古太陽期間一部分的乙太身及星芒身會離開物質身體，在古月亮與重生古太陽分離的期間人類是二元的存有者，至此再度合一，物質身變得更像心魂，而心魂也與物質身更緊密結合。

至此，這些單元的人類可以直接被重生古太陽上的存有者作用，這與先前從古月亮之外間接影響人類的方法十分不同，人類處於更心魂及靈性的環境，這使得「智慧靈」能發揮重大的影響力，將智慧銘印於人類，使他們受智慧啟發，某種程度而言心魂變得獨立，然後又再加上「運動靈」的影響，祂們主要作用在星芒身，經由這兩個層次靈性存有者的影響發展出機敏的心魂及充滿智慧的生命身，充滿智慧的乙太身形成了上述章節當中現今人類理知心的初胚，被「運動靈」激發的星芒身形成了感覺心的初胚；由於這一切都發生在人類獨立性提升之時，理知心與感覺心的初胚都顯現在「靈自我」的表現中，另一方面，不應該誤認為在這個演化階段「靈自我」獨立於理知心與感覺心之外，理知心與感覺心只是「靈自我」的表現，以展現更高的團結與和諧。

〔58〕

*****

上述「智慧靈」在這個演化階段的介入特別重要，祂們的作用不只關乎人類，同時也與古月亮上的其他國度有關，當重生古太陽與古月亮重新結合，這些較低的國度被吸入重生古太陽的範圍，所有的物質都被乙太化，因此在當中不只有人類，也有礦植物和植動物；然而其他存有者仍保有其自身的法則，會覺得與新環境格格不入，它們的特質與環境少有共同之處，然而由於它們也已經被乙太化，「智慧靈」的作用也會擴及它們，事實上從古月亮進入重生古太陽範圍的所有都被「智慧靈」

的力量滲透，因此由新古太陽與古月亮共同形成的結構在這個演化階段可被稱為「智慧宇宙」。

休息之後我們的地球系統顯現成為「智慧宇宙」的後繼者，所有存有者帶著從古月亮而來的初胚在地球上重生，當中充滿了智慧，這也是為何現今地球上的人類如果仔細觀察，就能在四週事物的本質中發現智慧，人類能在植物的葉子、動物或人類的骨骼以及腦與心的驚奇結構中讚嘆智慧，當人類需要智慧去理解事物，亦即從事物中提取智慧，這表示智慧原本就在事物之中，無論人多努力想用充滿智慧的想法去理解事物，若是原本就沒有智慧在其中，人就不可能從中得到智慧；若是有人想要用智慧去理解他認為不帶有智慧的事物，就如同一個人幻想可以從沒有注入水的杯子中倒出水，在本書稍後的部分將會提到地球是「古月亮」的重生，她會展現出充滿智慧的結構正是因為在上述的時刻被「智慧靈」的力量所滲透。

〔59〕

＊＊＊＊＊＊

要理解到在本書中關於古月亮狀況的描述必然只能強調演化過程的某些片段，也就是為了說明解釋只能在事件之流中挑選著重特定事物，當然這樣的描述只是孤立靜止的圖像，似乎無法以此交織出明確的概念網絡；為了回應這種質疑就必須說明，這些描述是刻意提供不那麼明確的概念，因為重點並不在於建立起純理論性的概念架構，而是要展現出超感官感知所見的心智圖像，古月亮演化階段的事物並不像在現今地球上有清楚明確的輪廓，而是不斷變化搖擺的印象，伴隨著變動起伏的圖像，並且在之間過渡轉變，此外，必須考慮到事實上演化持續了很長、很長的期間，因此在描述時只能選擇某些瞬間的圖像。

******

〔60〕

古月亮演化階段的最高潮在於人類被植入星芒身而物質身演化到足夠先進的程度，使「生命之子」有可能達到祂們的人類層次，在這個點上人類也已經達到所有在古月亮階段能獲得的內在發展進程；接下來後半段的演化則可被描述為消退期，但是對於人類及其環境來說仍然有一些很重要的事件發生，智慧被灌注到重生古太陽及古月亮重新結合的天體，如上所述理知心及感覺心的初胚也是在消退期被置入，但是直到地球演化階段之後，理知心及感覺心伴隨著意識心展現，獨立自主意識的「吾」才能誕生。在古月亮階段，理知心及感覺心並不確切表達人類自己，這些心魂構成只是人類從屬於「生命之子」的工具，如果有人要說明古月亮人類的感覺，可以用以下說法來描述：「『生命之子』活在我當中並經由我而活，經由我才能感知古月亮的環境，在我當中去思考週四的事物及存有者。」古月亮的人類感覺自己被「生命之子」籠罩，而像是更高存有者的工具；在重生古太陽與古月亮分離的階段，當古月亮背離重生古太陽，他們感覺到更大程度的獨立，但是他們也感覺到似乎「吾」屬於他們，在重生古太陽期間消失的圖像意識再度浮現，對古月亮的人類而言，上述提到的意識交替轉換給了他們這樣的感覺：「在重生古太陽期間，吾離開我提升到屬於更崇高存有者的層次，當重生古太陽消失不見，吾又與我一同下降到較低層次的世界。」

〔61〕

*****

在真正的古月亮演化之前有預備期，以某種方式重複古土星與古太陽的演化過程，在重生古太陽與古月亮重新結合後的消退期，也可以再區分為兩個階段，在當中物質會越來越稠密，重生古太陽與古月亮共同形成的結構也會有心魂靈性狀態與物質狀態交替展現；在物質期間，人類連同較低層次的存有者展現為沒有獨立性的生硬形式，但這也預示了它們將在稍後的地球演化階段會變成更獨立的形式。因此可以說在古月亮演化之前有兩個預備階段，而消退期當中也有兩個階段，可以把每個階段都稱為一個「回合」，在預備期之後及消退期之前重生古太陽與古月亮分離，可以再把這區分為三個階段，在中間的階段「生命之子」達到了人類層次，在此之前的那個階段所有狀況都指向要達成這個主要事件，隨後的那個階段存有者都要適應新環境並進一步發展；因此把中間的這三個階段，連同兩個預備階段及消退期的兩個階段，一共有七個古月亮階段，也可以說整個古月亮演化可以分成七個回合，在回合與合回之間的間歇期前面已經提到過很多次。

如果我們想要達到對於現實狀況的精確理解，就必須想像活動期與間歇期並不是突然的轉變，以重生古太陽的存有者為例，祂們是逐漸從古月亮收回作用力，從外部觀察當祂們開始一段休息期，在古月亮上仍然有活潑獨立的活動，某個層次存有者的活動期經常延伸到另一層次存有者的休息期，如果把這些都考慮進去，就可以說這是週期性有韻律的力量消漲。相似地，在上述的七個古月亮階段當中仍可以再觀察到更小的區分，整個古月亮演化可以視為一個大的行星層次回合，當中可以區分為七個「小」回合，而每個小回合又可以再區分成「更小」的次級回合；七個回合再區分成七個次級回合的跡象已經能在古太陽演化中見到，甚至在古土星演化也有跡象，但是要記得區分的邊界在古太陽演化時較為模糊，在古土星演化又更不清楚，在接下來地球演化這樣的邊界會變得越來越清楚。

******

〔62〕

在上述古月亮演化的整體圖像完結之後，所有涉入的存有者及力量都進入更靈性的狀態，與先前在古月亮演化時期及後繼在地球演化時期完全不同；即使已經高度發展到能看清所有古月亮及地球演化時期細節的存有者，也不必然能感知在兩者之間發生的狀況，對於這類存有者來說，在古月亮演化末了所有存有者及力量都消失不見，一段時間之後又從宇宙子宮的幽暗處再現，只有能力更高的存有才能探究在之間發生的靈性實相。

〔63〕

＊＊＊＊＊＊

當間歇期結束，所有涉入古土星、古太陽及古月亮的存有者帶著新的才能顯現，這些發展先進於人類的存有者依其先前的作為得到才能，以帶領人類在地球時期從古月亮時期的圖像意識發展到更高層次的意識，然而人類也必須先準備好接受這些贈與；人類經歷了古土星、古太陽及古月亮已經得到物質身、生命身及星芒身，然而這些部分的組成只能承載圖像意識，它們仍然缺乏適合地球階段接收外在感官世界的器官及形式，正如新植物會展現出源自於舊植物種子的傾向，在新演化階段初始，由這三部分組成的人類所具有的器官及形式只能發展出圖像意識，為了發展更高層次的意識它們必須要預做準備。

這會發生在三個預備階段：在第一階段，物質身要被提升到某個層次才能進行必要的轉化，成為承載客觀意識的基礎，地球演化的第一個預備階段可被描述為古土星階段在更高層次的再現，因為這個階段就像是在古土星階段一般，更高層次的存有者只對物質身作用，當物質身演化到足夠先進的程度，在生命身進一步發展之前，所有存有者必須先回到更高的存在形式，當物質身再現時必須被轉化才能容納演化到更高層次的生命身；在間歇期之後致力於達到更高的存在形式，可視為古太陽階段在更高層次的再現，是為了更進一步發展生命身；再一個間歇期之後相似的事發生在星芒身上，就像是古月亮階段再現。

＊＊＊＊＊＊

〔64〕

現在把注意力轉向第三個再現期結束之後所發生的事，所有的存有者及力量再一次變得靈性化而上升到更高層的世界，這些存有者及力量仍有部分能在這些世界的最底層被感知到，這也是現今人類在死亡到重生之間所在的相同地方，是由許多不同國度所組成的靈性世界；然後這些存有者及力量逐漸下降到較低層次的世界，在地球的物質開始演化之前，祂們的最低層次顯現已經可以在星芒界（或心魂界）被感知到。

*****

〔65〕

這段期間人類整體仍然是以星芒的形式存在，為了理解人類的這種狀態要特別留意，這時人類已經有了物質身、生命身和星芒身，但是物質身並不以物質形式存在，生命身也不以乙太形式存在，而是都以星芒形式存在；使物質身為物質的並非物質形式，而是在當中的物理法則，只是那時它們以星芒形式存在，它以心魂形式顯現但被物理法則統治，同理也適用於生命身。

〔66〕

＊＊＊＊＊

在這個演化階段之初，展現在靈性視覺之前的地球是一個完全由靈性與心魂組成的整體，物質及生命力量仍然以心魂形式展現，這個宇宙結構包含了所有之後會在物質地球上轉化生成的初胚；這個整體會發光，但是這種光並不能被現今物質感官的眼睛感知，祂閃耀的心魂之光只能被已開啟靈性視覺的人看見。

〔67〕

＊＊＊＊＊

在這個整體當中發生了可被稱為凝結的過程，一段時間之後在心魂之中凝結出某種形式的熱，近似於古土星最密集的狀態；這樣的熱也與演化發展中的各種存有者交織影響，當觀察這些存有者與天體的互動，會發現祂們有時浮現於地球的火團之外，有時又會再沈浸入火團之中，但是地球火團並非均勻同一的物質，反而像是被注入心魂及靈性的有機組織，將在現今地球發展化為人類形式的存有者那時仍然很少參與沈浸入火團的過程，他們幾乎完全保持在尚未凝結的環境，在更高靈性存有者的子宮，在這個階段他們的心魂只有一個點接觸到地球火團，熱使得他們一部分的星芒形式被凝結，因此地球生命在他們之中被點燃，然而他們更大的部分仍然屬於心魂與靈性的世界，只有當他們接觸到地球火團，才會被生命的熱包圍。如果要想像在物質地球初始時人類的超感官樣貌，可以想像成許多蛋形的心魂環繞在地球四週，在他的底部隨附一個杯子如同橡實的樣子，而這個杯子純粹由熱的材質組成；被熱所包圍人類不只內在生命被點燃，同時星芒身也發生變化，出現之後將發展為感覺心的初胚，可以說到此為止人類的組成已經包含了感覺心、星芒身、生命身以及由熱交織成的物質身，涉及人類的靈性存有者在星芒身中浮沈湧現，經由感覺心使人覺得必要有地球身體，在這個階段人類主要擁有圖像意識，靈性存有者在其中顯現，人類躺臥於這些靈性存有者的子宮，對於自己身體的感覺只是意識當中的一個點，人類從靈性世界向下張望地球而感覺到「這是你的」。

接著地球更進一步凝結，人類內在特質分化得更清楚，在某個時刻之後地球就不再只由熱物質組成，而出現了可被稱為「氣體」或「空氣」的物質形式；此時人類也發生了變化，他不再只是接觸到地球的熱，同時也有氣態質素加入到熱身體當中，正如熱點燃了人類內在的生命，氣體在他當中循環產生的效果可被稱為靈性的聲音，人類的生命身開始回響，同時一部分星芒身分化成為之後將發展為理知心的初胚。

為了想像此刻人類心魂中發生的事，要知道更高存有者正在由熱與氣組成的地球身體中浮沈湧現；在地球的熱身體當中首要的是「個性靈」，當熱點燃了人類的生命，他的感覺心會說：這些是「個性靈」；相似地，被基督宗教奧秘學稱為「大天使」的更高存有者顯現在氣身體中，當人被氣體環繞時祂們的作用使人類由內在經驗到聲音，他的感覺心會說：這些是大天使。因此，在這個階段人類與地球相聯結所感知到的並非物體的總合，而是活在熱的湧動與聲音的回響裡，在熱流與聲響當中他感知到「個性靈」與「大天使」，但並非直接感知到這些存有者，而是經由熱與聲音的帷幕，當這些來自地球的感知滲入他的心魂，人類仍然覺得自己在更高存有者的子宮中休息，心魂中充滿了祂們浮沈湧現的圖像。

〔68〕

＊＊＊＊＊

地球繼續演化，展現為更進一步凝結，液態物質加入地球的身體，此後地球由三種質素組成—熱、氣體、液體；然而在此之前有重要的進程發生，從熱與氣體組成的地球分離出一個獨立的天體，之後更進一步演化成為現今的太陽，先前地球與太陽是一個整體，在太陽分離之後地球仍然包含了現今的月亮，太陽會從地球分離是因為某些更高存有者依其本身的演化及對地球的任務無法承受凝結成液態的物質，祂們從地球提取適合祂們的物質，離開地球在太陽上形成新的居所，祂們就可以由外部的太陽向地球作用，然而人類本身進一步演化需要更凝結的物質環境。

＊＊＊＊＊

〔69〕

當液態物質加入到地球的身體，人類也因此發生了變化，從此之後就不只是有熱流進入他、有氣體環繞他，液態質素也加入了他的物質身，同時乙太部分也改變了，它可以被感知為精微的光體，先前人類可以感知到出自地球的熱流湧向他、經由聲音感知到氣體吹向他，至此液態質素也彌漫於熱與氣交織成的身體，他看見液體流入流出就像光的明暗變化，在他的心魂中也發生了變化，在感覺心與理知心的初胚中又加上了意識心，「天使」在液態質素中作用，祂們也真的會發光，對人類來說祂們就像是在光中顯現。

先前在地球身體裡的某些更高存有者改從太陽上對地球作用，這改變了祂們對地球的所有影響，若是人類的心魂持續轉向提供他物質身的地球，那麼他就會被地球束縛住而無法感受到太陽存有者的影響，因此就發展出人類意識狀態的交替，有些時刻太陽存有者將人的心魂從物質身中拉出，使人的意識可以純粹在太陽存有者的子宮中，另一些時刻人類的意識與身體結合而受到地球的影響；當人類在物質身中，熱流湧向他、空氣帶著聲音環繞他、液體流入與流出他，當人類在身體之外，他們在更高存有者的子宮中，祂們的圖像在心魂中湧現。

在這個演化階段，地球經歷了兩種交替的時期；在第一種時期地球被允許以物質環繞人類的心魂並讓身體覆蓋他們，在另一種時期人類的心魂離開她而只有身體留下來，地球與人類都處於睡眠狀態，可以客觀地指出在那麼遠古的時刻地球就有經歷晝夜交替。（在物理空間上這表現為地球相對於太陽的運行，因此而造成了上述晝夜性質的交替，這種運動源自於太陽存有者與地球存有者的互動，當地球表面的人類發展轉向太陽就產生了晝的時期，當人類被引導朝向純粹心魂的存有者，這一面就轉向背離太陽；但不要以為在那遠古時刻的地球是以類似於現今的方式環繞太陽運動，狀況十分不同，然而將居住於天體上靈性存有者的互動視為天體運行的起因仍然是有用的提示，出於心魂與靈性的影響造成了天體的位置及運行，這是靈性狀態在物質世界的顯現。）

〔70〕

若有人注視夜間的地球，會發現她的身體如同屍體的狀態，因為它大部分是由人類放下的身體組成，而人類的心魂處於另一種狀態，由液體與氣體組成的人類身體組織瓦解溶化於其他的地球物質，地球演化之初就由熱與心魂互動產生的身體部分變得越來越密集，存續為不容易觀察到的初胚。所以這裡談的晝夜與現今地球上的狀況並不相似，在晝期初始地球再一次開始經驗到太陽直接的影響，然後人類心魂再一次進入

＊＊＊＊＊＊

物質生命的領域，他們接觸到上述的初胚並使它們發芽，因此他們呈現的外在形式就如同心魂特質的圖像，人類心魂與身體初胚的互動就像是柔和的受精，這些軀體化的心魂開始吸引氣體及液體物質並將它們納入自己的身體，氣體被身體組織排出又再吸入是之後發展成呼吸作用的開端，液體也被吸入和排出是營養作用最初出現的形式，然而這些尚未被認知為外在過程，由心魂感知到的外在事件只發生在上述像是受精的過程，當他接觸到由地球提供的身體初胚，昏沈的心魂感覺被物質存在喚醒，他所感受到的可以用「這是我的形」這句話來表述，這樣的感覺也可以被稱為自我感覺的黎明，並且會在與物質身聯結的期間持續。

然而，在吸收氣體的過程心魂會以純粹靈性的方式經驗到心智圖像，它們以起伏的聲音形像去幫助初胚成形，心魂感受到自己被升起的聲音環繞，並意識到這些聲音的力量如何形塑自己的身體，現今的意識狀態無法從外部世界觀察到那個演化階段人類成形的過程，他們精微的物質形成類似植物或花的形式，由於內在動力使他們的表現像是搖擺顫動的花，在晝間人類經由成形而感覺受到福佑；在吸收液體的過程心魂經驗到力量注入使內在強大，外在則表現為人類物質結構的成長。當人類心魂直接受到太陽影響就失去了控制這些過程的能力，它們逐漸被放下，只有上述的初胚成熟才能被保留下來，此時人類放下了身體而回復為靈性的形式。（由於並非所有的地球身體都被用來建構人類身體，因此不要想像夜間的地球只有瓦解的屍體及等待被喚醒的初胚，仍然有其他結構由地球的材質組成，這些將會在稍後描述。）

*****

〔71〕

然而地球物質凝結的過程繼續，可被稱為「土」的固態質素被加到液態質素中，從此開始人類於旅居地球期間也會將固態質素加到物質身當中，如此心魂從無身體狀態帶來的力量就不再有與先前相同的能力，之前心魂能依照環境的聲音及光的圖像以熱、氣體、液體的質素來形成身體，但這樣的方式並不適用於固態質素，從此以後形成身體就需要其他力量介入；當心魂離開身體之後仍然保留的部分就不再只有等待被心魂再次活化的初胚，也包含了能使自己復活的力量，當心魂離開時不只在地球上留下與本身相似的形象，也會將賦活的力量灌注於形象當中，當心魂再現於地球時就不用再喚醒這個形象的生命，這個形象必需自己活過來，當人類不在地球上時，靈性存有者由太陽向地球作用以維持人類身體內的活力。

之後心魂再入世軀體化的過程就不只感覺到環境的聲音及光的圖像，也能察覺到較高一級存有者的臨在，經由吸收固態質素他進一步經驗到居於太陽的更高存有者的影響，先前當人類放下身體時，會感覺自己從屬於心魂靈性存有者並與之合而為一，他的「吾」仍然在這些靈性存有者的子宮中，此刻「吾」在人類軀體化的過程中顯現，無異於其他環境中的事物，從此之後人類心魂靈性的獨立表象出現在地球上，與現今的人類身體相比這些表象是由非常精微的物質組成，因為固體部分以極細微的狀態加入，就如同現今人類的嗅覺器官只會吸入很細小的外物，那時人類身體就像是影子，然而由於他們散佈於整個地球表面，因此在不同地區就會受到地球不同的影響，先前人類身體的表象依從於賦與其生命的心魂，因此地球各處的人類基本上都彼此相似，至此人類展現出不同的形式，這是為之後出現不同種族作準備。

由於具有身體的人類發展越來越獨立，先前地球人類與心魂靈性世界的緊密連結某種程度被放鬆，此刻當心魂離開身體，這些身體仍然活著。

如果演化朝這個方向前進，地球會在固態質素的影響之下變得僵硬，以超感官回顧這些情境會看到，人類身體被心魂放下之後變得越來越固化，過一段時間當心魂回到地球時會找不到適合的身體結合，因為可以用來形成人的物質都已經被用盡，而地球上堆滿了先前軀體化後變硬的身體。

［72］

＊＊＊＊＊＊

此刻發生一件事使整個演化發展有了新的轉折，會使地球固態質素持續變硬的一切都被驅逐，現今的月亮脫離了地球，先前直接由地球內部作用的固定形塑力量，改由月亮上以間接與減弱的模式進行；具有形塑力量的更高存有者決定不再從地球內部施加影響力，而是改由外部對其作用，如此使人類身體的形式出現差異，這就是男女性別分化的起始，先前居於地球上的人類身體由精微物質組成，經由內在的兩股力量—形成初胚的力量與活化初胚的力量—彼此互動而產生下一代，此時這些後代發生改變，有一些心魂靈性形成初胚的力量較強，而另一些則是活化初胚的力量較強，這是由於月亮從地球離開後固態質素的力量減弱所致，這兩種力量在單一活體中的互動變得更微弱；其結果使這些後代越來越精緻細微，他們以精微的狀態進入地球然後再逐漸吸收較固化的部分，如此當人類心魂回到地球時，他就可能與現成的身體再次結合，由於這樣的身體已經由地球活化，他就不用再從外部去活化它，而是在結合之後使其成長，然而這種成長有其極限；由於月亮分離有一段時間人類的身體變得柔軟，但是當它在地球上持續成長硬化的力量就越來越佔上風，最後心魂就越來越少參與身體組織的形成，當心魂提升為心魂靈性的模式時身體就衰敗瓦解。

＊＊＊＊＊＊

〔73〕

可以追溯到人類從古土星、古太陽、古月亮等演化階段所得到的力量，如何在上述地球形成過程中逐漸涉入人類發展；首先，包含融入生命身及物質身的星芒身被地球之火點燃，然後從中分化出比較精微的星芒部分成為感覺心，比較粗糙的乙太部分則會被地球質素影響，先前只有形式的乙太身（或生命身）顯現，當理知心與意識心在星芒人類中發展的同時，對聲音與光易感的乙太身也分化出來，當乙太身更進一步凝結，光身體轉變為火身體（或熱身體），到了這個演化階段固態的地球質素就開始會如上述般併入人類；由於乙太身已經凝結到熱的層次，經由之前演化時物質身植入乙太身的力量，乙太身就可以結合稀釋到熱層次的地球物質，同時由於物質身已經更加固化，乙太身就無法再將氣態質素引入物質身，此時前述居於太陽的更高存有者介入將氣體吹進人類身體，由於過去的經歷使人類仍然保有讓地球之火充滿自己的力量，而更高的存有者引導氣體進入人類的身體。在固化之前，人類的生命身可以接收聲音去引導氣體流入從而賦與物質身生命，一旦物質身是從外界接收生命，那麼生命就會獨立於人類心魂之外，當人類心魂脫離地球就不只留下初胚，也放下活的相似形，「造形靈」與這些相似形保持連結並賦與它們生命，當心魂脫離身體之後將身體轉交給後代，後來的發展被稱為遺傳，當人類心魂再度回到地球，他發現自己活在從祖先那裡轉交過來的身體，心魂會感覺特別被這樣的身體吸引，這會發展出某種關於祖先的記憶，這樣的記憶會像是共同的意識世代傳承，「吾」也會代代相傳。

〔74〕

******

在這個演化階段，人類在地球的期間會經驗到自己是獨立個體，他覺得生命身的內在之火與外在的地球之火連結，他感覺流經他的熱流是他的「吾」，在與生命交織的熱流中有了最初的血液循環，然而當氣體流入人類當中，他並不太感覺到自己存在，因為在氣體中有上述更高存有者的作用；但是仍有一部分使氣體流入的力量屬於人類，因為先前人類已經發展的乙太力量仍在，所以能控制一部分的氣流，如此，除了更高存有者之外人類也對此有作用，人類依其星芒身的圖像形塑自己的氣體部分，當氣體由外部流入身體變成呼吸的基礎，部分內在氣體分化發展為有機組織，這成為後來神經系統的基礎，因此在那時人類是經由熱與氣體與地球的外部世界連結。

另一方面，他無法感知地球固態質素的引入，即使這影響了他在地球上的化身，他仍然無法直接感知它的引入，而是在昏沈的意識狀態中感知到在其中作用的更高存有者的圖像，先前人類在更高存有者的圖像中感知到地球液態質素的引入，由於人類在地球上的形式越來越密集，這些圖像也在他的意識中轉變，液態質素中混入了固態質素，因此固態質素的引入就必須被經驗成更高存有者在外部的作用，人類心魂不再有力量主導固態質素引入，因為他要服待由外在建構的人類身體，如果心魂主導了這個過程就會損害身體的形式，因此從外部引入似乎是受命於形塑人類身體的更高存有者。

這時人類感覺到自己像是吾，每個人的星芒身都有一部分是理知心，運用理知心他可以經由內在圖像感知外部發生了什麼，同時理知心也滲透了精微的神經系統，經由世代流傳的生命他感覺自己是祖先的後代，他呼吸並覺得呼吸是受到「造形靈」這類更高存有者的影響，他也接受祂們從外部世界帶來的刺激作為營養，人類對於他作為個體的起源仍然蒙昧，他只感覺被「造形靈」展現的地球力量所影響，人類與外在世界的關係受其引導與指導。這表示人類能意識到發生在物質世界背後的靈性心魂活動，但他並非感知到這些靈性存有者的本相，而是在心魂中經驗到聲音、色彩等等，他知道靈性存有者在心智圖像的世界中活躍作用，祂們經由聲音的回響向人類訴說，祂們以光的圖像向人類顯現；地球人類最內在的感受來自接收火元素（或熱質素）的圖像，他已經可以區辨內在的熱及外在的環境熱流，「個性靈」在環境熱流中顯現，但人類對於環境熱流背後的存有者仍然只有昏沈的意識，他在這些熱流中感覺到「造形靈」的影響，當強烈的熱效應出現於人類四週，人類心魂感覺到靈性存有者在地球上放射出熱，從中分離出來的火花溫暖了我的內心。

但人類仍無法如此清楚區辨內在之光與外在之光的影響，環境之光的圖像顯現在地球人類心魂中產生的感覺不盡相同，當人類剛從無身體狀態下降化身，在成長階段他會感受到這些圖像是外在的，但是當地球上的人類完全成形之後，這些圖像暗淡消褪，人類只保留住類似的內在記憶圖像，這些圖像包含了「火之靈（大天使）」的作為，熱存有者將火花傳送到火之靈的內在，對人類而言祂們只是熱存有者的僕人，當火之靈外在的顯現熄滅，人類能於內在回憶中經驗祂們的圖像並感覺與祂們的力量結合，狀況也確實如此，因為經由從火之靈得到的圖像及力量，人類可以對四週的氣體作用，而四週的空氣受此影響也會開始發光；那時自然力量與人類力量並未如之後那樣彼此分離，地球上發生的事很大程度仍源起於人類的力量，若是有人能從外部觀察地球上發生的自然歷程，會發現不只有與人類無關的外部作用，同時也有人類的影響力在其中。

對人類來說感知聲音又是不同的形式，從塵世生命開始之初人類就能感知外部聲音，人類只能在塵世生命的前半感知到外在圖像，但是在此之後仍然能聽見外部聲音，直到生命的盡頭才不再對聲音敏感，而且持續保有聲音印象的記憶，當中包含了「生命之子（天使）」的啟示，如果人類生命到達盡頭時能於內在感受到與這些力量結合，他就可以經由模倣聲音對地球的液態質素產生強大影響，地球內部及表面的液體都會被影響而產生巨大波動。人類只有在塵世生命的前四分之一有味覺，在心魂經驗到的印象仍然像是無軀體狀態下經驗的記憶，只要仍有味覺人類就可以持續吸收外部物質使身體更加凝結；在地球生命的第二個四分之一人類繼續成長，人類的形體也發展完全，在這段期間人類只能經由其他生物產生的熱、光、聲影響來感知它們，還無法對固態質素產生心智圖像，即使在塵世生命的前四分之一也只能經由液態質素來產生上述的味覺。

* * * * * *

〔75〕

人類的外在形體只是其內在心魂狀態的反映，之後可能形成頭的部分發展得最完備，其他器官附加於其上像是影子模糊不清，然而地球上的人類形體各不相同，附屬器官的發展程度取決於其生活的地球環境，地球各處的生活環境都不相同，人類在更深涉入地球的環境中附屬器官就發展得越突出；有些人先前的發展最成熟，在物質地球演化之初還沒凝結出氣體時就已經接觸到地球之火，他們潛在的頭發展得最完備，這些人本身最為和諧。另一些人在地球已經發展出氣體之後才準備好接觸火質素，他們比第一種人更依賴外在環境；第一種人能經由熱清楚地感知「造形靈」，在塵世生命中仍然保有在無軀體狀態與這些靈性存有者一體的記憶；第二種人則較少意識到無軀體狀態的記憶，他們能經驗到自己是靈性世界的成員主要經由「火之靈（大天使）」作用的光印象。還有第三種人更涉入地球的存在，他們在地球從太陽分離並且吸收液態質素之後才接觸到火質素，從塵世生命起始他們就對靈性世界的歸屬感很微弱，只有在大天使作用、特別是天使顯現於內在圖像生命時才經驗到與靈性世界的連結，相對而言，從地球演化之初他們就意圖在地球上大顯身手，他們的附屬器官也發展得特別強壯。

〔76〕

******

在月亮從地球分離之前，當中的月亮之力使地球變得越來越密集，這種力量也作用於人類遺留在地球上的初胚後代，造成無軀體狀態的人類心魂回到地球時無法化身，月亮之力已經使這些後代的形過於固化而變得不像人類，因此無法容納人類心魂，在這種狀況下某些人類心魂沒辦法再返回地球，只有最成熟、最強壯的心魂覺得足以擔當在地球成長期間轉化地球身體的任務，所以他們可以發展成人形，因此只有一部分人類身體的後代能成為地球人類的載體，其他過於固化的形只能容納低於人類發展程度的心魂。

那時有些人類心魂被迫無法參與地球演化而被帶往不同的生命道路，當太陽從地球分離時有些心魂發現自己在地球上再無容身之處，為了更進一步發展他們被遷移到另一個行星，當太陽分離之後在宇宙存有者的引導下，這個行星讓自己脫離在地球物質演化之初仍然合一的宇宙物質，這個行星的物質顯現被外在科學認知為「木星」。（在此提及天體和行星的名稱與遠古科學稱呼他們的用法完全相同，從前後脈絡來看其真義變得清楚，正如物質的地球只是靈性心魂有機組織的物質展現，這也適用於其他天體；正如超感官觀察者稱呼「地球」時不只意味著物質行星，稱呼「太陽」時不只意味著物質恆星，同理，當我們提到「木星」、「火星」等時也包含了背後更廣的靈性脈絡，當然在此描述的時刻之後這些天體已經改變了形狀和任務，從特定觀點來看她們在空間中的位置也已經改變，只有以超感官追溯到那麼遠古以前才能辨識出現今行星及其先祖的關聯。）

上述的心魂繼續在「木星」上發展演化，之後當地球又變得越來越固化，又必須創造出另一個居所給那些可以暫居於固化身體但又無法進入過於固化身體的心魂，被創造出來供他們進一步發展演化的居所被稱為「火星」；甚至早先當太陽仍然與地球結合在一起又已經加入氣態質素之時，就已經有一些心魂明顯不適合參與地球演化，因為他們受到地球身體結構的影響太強烈，所以必須在那時離開太陽力量的直接影響使太陽由外部作用，被創造出來供這些心魂進一步發展演化的居所被稱為「土星」。因此在地球演化的過程中人類身體的數量會減少，同時出現了一些不適合人類心魂軀體化的形體，這些形體只能以古月亮時期物質身及生命身容納星芒身的方式容納心魂，當居住在地球的人類持續減少而這種形態的存有者佔據了地球，若是月亮沒有分離的話人類心魂終將完全從地球撤出，月亮分離使得仍適合人類軀體化的身體初胚能不受到來自地球內部的月量之力影響，而是容許它在內部足夠成熟之後才能安全地承受這些力量，當這些初胚在人類之內成形，它們會受到那些幫助月亮離開地球的偉大存有者影響，在祂們當中最偉大存有者的引領之下幫助地球演化度過臨界點。

〔77〕

******

當地球內部已經發展出氣態質素，上述的星芒存有者開始出現，它們是古月亮時期的殘留，演化程度落後於最低階的人類心魂，它們在太陽分離之前就已經進入人類所放下的形體，這些存有者是現今動物界的先祖；接下來它們特別發展了現今人類的附屬器官，它們的星芒身只能以古月亮時期的方式作用在物質身及生命身上，也就是說動物心魂無法居於個別動物當中，每個心魂都延展至同一種的後代，因此源自於相同形體的動物擁有共同的心魂，只有特別的影響力使後代形體不同於先祖時才有新的動物心魂化身，基於此種觀點，靈性科學認為同一種（或屬）的動物都屬於相同的集體心魂。

（78）

＊＊＊＊＊＊

類似事件也發生在太陽與地球分離之際，在液態質素當中出現了某些形體，它們的演化低於於人類在古月亮時期的程度，只能由外部接收星芒質素的影響，所以直到太陽離開地球之後才可能發生；每當地球的晝期開始，太陽的星芒質素刺激這些形體，使它們從地球的乙太質素中形成自己的生命身，之後當太陽遠離地球，這些生命身又融入整個地球的身體，由太陽而來的星芒質素與地球的乙太質素在液態質素中交互作用，產生的物質形體成為現今植物界的先祖。

（79）

＊＊＊＊＊＊

在地球上人類已經成為個體化的心魂存有者，由「運動靈」在古月亮時注入的星芒身在地球上已經分化為感覺心、理知心、意識心，當他們的意識心發展得足夠成熟去形成適合的身體，「造形靈」會以祂們自己的火花去點燃每個人類當中的「吾」，每當人類離開物質身進入靈性世界，會遇見在古土星、古太陽、古月亮時期給予他物質身、生命身及星芒身的存有者，以及幫助他達到地球演化程度的存有者，當「吾」在塵世生命中被火花點燃，無軀體狀態的生命也發生改變；在此之前人類在靈性世界中並無獨立性，他並不感覺自己是個體，而是更高存有者器官組織的一部分，然而他們在地球上「對吾的感覺」也開始帶到了靈性世界，從此之後人類感覺到自己在靈性世界中是一個獨立個體，但也總是感覺到與靈性世界連結，在無軀體狀態他再次遇見「造形靈」的更高顯現，而在地球上人類是經由「吾」的火花覺察祂們。

*****

由於月亮與地球分離，無軀體心魂在靈性世界也會有相應的經驗，由於一部分形塑力量從地球轉移到月亮上，地球上產生的人類身體才能容納個別獨立的心魂，因此人類的獨立個體性也進入了月亮存有者的領域，人類在地球上的獨立個體性能在無軀體狀態下回響，是因為心魂仍在引領月亮分離的偉大靈性存有者的領域，它發生的過程如下，當心魂離開地球的身體後立刻能在月亮存有者反映的光輝中見到崇高的太陽存有者，只有當心魂經由這些反映的光輝做好準備之後才能直接親見崇高的太陽存有者。

〔81〕

＊＊＊＊＊

地球的礦物界也是出自於人類演化所排除的部分，這些形體在月亮離開地球時持續凝結，那些仍在古土星發展階段只適合形塑物質形體的心魂才會被這些形體吸引，在此提及和接下來的所有事件都經歷了浩瀚時光，無法談論其年代跨度。

〔82〕

******

上述過程已經從外部描繪了地球演化的圖像，從靈性層面來看則像是下面的敘述：將月亮拉離地球的靈性存有者將祂們的存在與月亮連結而化為地月之靈，祂們從天體向地球發送形塑人類器官組織的力量，這直接影響了人類剛得到的「吾」，並且在與星芒身、乙太身、物質身的互動過程感覺到「吾」，結果使得人類可能有意識地於其內在反映宇宙充滿智慧的結構，就像在知識的鏡子中再現。請回顧之前所述，在古月亮時期由於重生古太陽分離使人類獲得某種程度的獨立性，比直接得自於重生古太陽存有者更自由的意識狀態，這樣自由獨立的意識在地球演化階段也成為古月亮演化的遺產而再現，受到上述地月存有者影響這樣的意識再度與宇宙和諧一致，成為宇宙的副本，若是沒有其他影響力作用就會這麼發生，人類的意識出於必然性只能反映宇宙的知識圖像，而非出於人類自由的意願。

但是並沒有這麼發生，在月亮分離之際另一種靈性存有者介入了人類演化，祂們保留了許多的古月亮特質以致於無法隨著太陽離開地球，另一方面祂們也沒有參與由月亮向地球發送影響力的作用，也可以說這些帶有許多古月亮特質的存有者對地球來說是異常發展，祂們的古月亮特質在古月亮時期就已經能反叛重生古太陽存有者，此刻這種賜與引導人類朝向自由獨立的意識狀態，由於祂們在地球時期獨特的發展變成站在地月存有者的對立面，地月之靈從月亮上作用的力量意圖使人類意識必然只能反映宇宙知識，在古月亮時期幫助人類達到更高層次的力量提供地球演化另一種可能性，由古月亮特質而來的反對力量作用於人類的星芒身，從上述觀點來看使它具有獨立性，祂們在地球演化階段發揮這種力量使星芒身具有某種程度的獨立性，相對而言地月之靈的力量導致必然與非自由的意識狀態。

很難用一般語言描述在遠古時代上述靈性存有者如何影響人類，不能想像祂們的影響力像是現今的自然力，也並非像是一個人以語言去喚醒另一個人的內在意識，使另一個人學習理解或導致道德還是不道德的行為，在遠古時代這些影響力並非自然作用而是一種靈性影響力，祂們將更高存有者的靈性作用轉化為那時人類的意識狀態，如果有人認為這是一種自然作用那麼就會完全錯失其本義，但如果說這些帶有古月亮特質的存有者為了爭取人類而去接近「引誘」人類，那麼使用象徵性表述就是適當的，同時要保持覺察其象徵特質並清楚在象徵背後帶有靈性實相。

＊＊＊＊＊＊

〔83〕

保持在古月亮狀態的靈性存有者對人類的作用產生了雙重效果，祂們使星芒身中的意識圖像有被獨立管理掌控的可能，因此人類意識就不再只是反映宇宙的特質，人類變成了自己知識的主人；另一方面，由於這樣的掌控是以星芒身為起點，因此高於星芒身的「吾」就變得經常依賴它，這意味著人類將持續暴露於其本身較低層次的影響，如此人類生命就可能沈淪低於地月之靈在宇宙事件中的設定，隨後異常發展的古月亮存有者持續影響人類，地月之靈將人類的意識形塑成宇宙的鏡子但並沒有自由意志，與其相對的古月亮存有者則可被稱為路西法之靈，祂們給予人類意識自由行動的可能，但也給予犯錯及邪惡的可能。

〔84〕

＊＊＊＊＊

其結果使人類脫離地月之靈所命定的而與太陽之靈發生不同的關係；地月之靈努力使人類意識成為鏡子，如此太陽之靈就能完全支配人類的心魂生命，但這個過程遭遇阻礙，太陽之靈的影響與仍在古月亮階段的異常發展存有的影響在人類當中產生衝突，由於這樣的衝突使人類無法以上述方式認知太陽的物理影響，它仍然隱藏在外在世界的地球印象背後，充滿這些印象的人類星芒身被吸入「吾」的層次，之前「吾」

只能感知「造形靈」給予的火花並經由與外在之火有關的一切服從於祂們的命令，但此後「吾」也能經由星芒質素的注入對外在熱的現象作用，如此創造出自己與地球之火間的吸引力聯結，這意味著人類比先前所命定更深陷於地球的物質性；之前人類的物質身主要由熱、氣體、液體組成，固態物質只有極少部分，但至此固態身體變得更密集，之前人類擁有較為精微的組織以浮游方式盤旋於固態地表之上，至此他必須「從地球四週」下降到某種程度固化的地球表面。

＊＊＊＊＊＊

〔85〕

上述的靈性影響所造成的物質效應經由這樣的解釋就可以被理解，它們既不是自然作用也不是人類心魂彼此的影響，人類心魂彼此的影響不會深入到身體層次，但上述靈性力量的作用會。

〔86〕

因為人類會經由本身容易出錯的心智圖像將自己暴露於外在世界的影響，再加上依從於欲望及熱情生活而不容許更高靈性的影響調節，因此就出現疾病的可能性，然而路西法的特定影響使人類不再感覺他這一世的塵世生命是無軀體狀態的延續，此後他以被影響過的星芒質素接收地球的印象，而這些印象與毀滅物質身的力量相結合，人類感覺到塵世生命的終結，因此人類依其本性就導致了「死亡」出現，在此指出一個人類本性的重要秘密，疾病和死亡都和人類的星芒身有關。

＊＊＊＊＊

〔87〕

此刻這樣的狀態影響了人類的生命身，它介於物質身與星芒身之間，某種程度獨立於人類受路西法影響而得到的能力之外，一部分生命身仍

＊＊＊＊＊

然在物質身之外，它由更高存有者控制而非由人類的吾來控制，這些更高存有者在太陽分離時由其崇高的夥伴領導到達另一個居所，如果這部分生命身仍然與星芒身結合，人類就會將先前已經擁有的超感官力量用於私利，這會使路西法的影響延伸到這些力量，人類就會逐漸完全脫離太陽存有者，人類的吾也會完全變為地球吾；當物質身死亡或衰敗，這個地球吾將會移居到另一個後代的物質身，而不必經歷在無軀體狀態與更高靈性存有者聯結的過程，如此人類將會意識到個別的吾，但也只是個「塵世的吾」。

但這樣的結果被地月之靈影響生命身的過程避免了，真實個別的吾從地球吾分離出來，因此人生在世只能感知自己部分的吾，同時認為其地球吾是由先祖代代相傳而來，生活在地球的期間每個人類心魂都能感受到某種「群體吾」的展現，可以追溯到遠古的先祖，人類感覺自己是群體的成員，只有在無軀體狀態個別的吾才能感覺自己是獨立個體；然而這種獨立狀態會被地球意識（地球吾）的記憶所干擾削弱，對靈性世界的覺察變得昏暗，開始在死亡到出生之間蒙上帷幕，正如人類在塵世的視覺會被帷幕所遮蔽。

＊＊＊＊＊＊

〔88〕

當人類經歷上述演化時，靈性世界發生的變化也在物質世界展現，太陽、月亮及地球之間的關係逐漸調整，廣義而言與其他星體的關係也是如此，這些相互關係造成的結果之一是晝與夜的交替。（天體運行取決於居住其中的存有者，導致晝夜交替的地球運動起源於人類之上各種靈性存有者的互動關係，月亮的運動也與此相似，月亮在分離之後環繞地球使「造形靈」能以正確的方式及韻律作用於人類的物質身。）此時晝間人類的吾及星芒身在物質身及生命身當中作用，在夜間這樣的作用停止，吾及星芒身離開物質身及生命身，完全進入「生命之子（天使）」、「火之靈（大天使）」、「個性靈」及「造形靈」的領域，同時物質身及生命身則在「造形靈」、「運動靈」、「智慧靈」及「座天使」作用的領域，如此人類在晝間受星芒身錯誤影響而造成的傷害就可以被修復。

〔89〕

＊＊＊＊＊＊

至此地球上的人類又再次增加，人類心魂不再有任何理由拒絕軀體化進入後代的身體，地月力量的作用使人類身體被形塑成完全適合人類心魂進入，因此先前移居到火星、木星等天體的心魂又被引導回到地球，每個人類生出的後代都有心魂會進入，如此持續很長一段時間，移居回地球的心魂數量相當於人類增加的數量；當這些心魂透過塵世的死亡離開身體，在無軀體狀況下他們仍然保有塵世個體性的回響如同記憶，這種記憶的影響是只要有適合的身體在地球上誕生，這些心魂就會再軀體化進入地球，隨著時間推移在人類後代中包含兩類心魂，有些心魂從外部來，自遠古演化階段後首度再現於地球，另一些則重複於地球上再軀體化；在接下來的發展中，越來越少首次出現於地球上的新心魂，而有越來越多重複軀體化的心魂，然而在很長一段期間內人類仍然包含了這兩種型態，正是由於上述的事實。

人類於塵世生命期間經由共同的群體吾感覺到與先祖緊密連結，但是在死亡到出生之間的無軀體狀態又經驗到越來越強烈的個體吾；來自其他天體的心魂進入人類身體與有一次以上塵世生命經驗的心魂處境不同，伴隨前者進入塵世生命的只有來自更高靈性世界的影響及地球領域以外的經驗，而後者還帶有先前生命的經歷，因此前者的命運完全取決於新地球環境條件以外的事實，再軀體化心魂的命運也取決於他們在地球環境下先前生命的所作所為，隨著再軀體化個別人類的業力也顯現。

由於上述人類的生命身已經脫離了星芒身的影響，繁殖的情境條件並不在人類意識範圍之內，而是受到靈性世界控制，當有心魂要進入地球領域，地球上的人類就會出現繁殖衝動，對塵世意識來說整個過程某種程度上是籠罩在神秘的黑暗當中。

但是在塵世生命期間也會有部分生命身與物質身分離的狀況出現，這部分生命身的能力經由靈性影響而顯著增加，以心魂生命來說則是展現為記憶力特別發達，此時人類的獨立邏輯思考仍在發展初步，相對而言記憶力幾乎是無限的，其外在顯現為人類能直接感知所有生物的作用力，在動物界及植物界的生命力及繁殖力能為人類所用，例如使植物生長的力量可以由人類提取及使用，如同現今人類可以從無生物的煤炭中提取能量並用來驅動機械。（更多相關資訊可以參考拙著《我們的亞特蘭提斯先祖》）

人類內在的心魂生命也因為路西法的影響而發生了許多不同變化，許多種感覺及知覺都起因於此，但這裡只能提及其中一小部分；在被路西法影響之前，人類心魂所形成及作為的都符應於更高靈性存有者的意圖，所有要進行的計劃都已經被預先決定了。

〔90〕

******

當人類意識發展到某個程度，就有可能依據這個預定計劃預見未來必然會如何發展，當塵世感官的帷幕遮蔽了更高靈性存有者的顯現，這種預見的意識就喪失了，太陽存有者的真實力量也被隱蔽不見，此後未來變得不確定，而伴隨著不確定使恐懼的可能性被植入人類心魂，錯誤直接導致恐懼。

但是也可以看到人類如何在路西法的影響之下由先前無意識依從的力量中獨立出來，他可以自己做決定，自由是這種影響的結果，恐懼及類似情感只是人類朝向自由發展的附屬品。

〔91〕

******

從靈性層面來看，恐懼出現表明人類有受到路西法力量影響，但仍然有地球上的其他力量作用，這種靈性力量的異常演化比路西法早很多，人類在吸收地球力量時也一起吸收了祂們的影響，祂們在情感中加入了恐懼的特質，若是沒有祂們的影響將會十分不同，這些靈性存有者可被稱為阿里曼，從歌德的觀點來看則可被稱為梅菲斯托費勒。

〔92〕

******

即使一開始路西法的影響只及於最先進的人類，但很快就散布到其他人，先進者的後代與上述發展落後的人類往來，其結果路西法的力量也就及於後者；但是從行星回來的心魂其生命身並沒有與持續留在地球的心魂後代受到相同程度的保護，當太陽與地球分離時領導宇宙的崇高存有者保護了持續留在地球心魂後代的生命身，在此考慮的範圍內祂顯現為太陽領域的統治者，其他演化達到足夠成熟的崇高存有者也隨著祂移居到太陽。然而，也有其他存有者在太陽分離時並沒有提升到如此程度，祂們必須尋找其他活動居所，起初所有宇宙物質都混同為地球組織，某些存有者將木星及其他天體由當中分離出來，那些仍未成熟到太陽程度的存有者移居到木星，其中最先進的存有者成為木星的領導，正如太陽演化的領導化為「較高吾」作用於那些持續留在地球心魂後代的生命身，木星的領導也化為「較高吾」成為特定人類的共同意識，某些人類在地球仍只有氣態質素時已經出現，曾經移居到木星後又回到地球，他們與持續留在地球的心魂後代混同，在靈性科學中稱這些混同的後代為「木星人類」；有些人類後代在遠古時期曾經接納過人類心魂，但是在地球演化之初仍未成熟到足以接觸地球火團，這些心魂介於人類與動物界之間。另外有一些存有者在其最先進者的領導之下將火星從共同的宇宙物質中分離出來做為居所，經由他們的影響而混同的後代成為第三種人類「火星人類」。（這些洞見點亮了我們太陽系行星起源的基礎，太陽系內天體都是為了不同成熟程度的存有者居於其上而形成，當然，在此不可能討論所有天體組織的細節。）接受崇高太陽存有者在其生命身中顯現的人類可被稱為「太陽人類」，活在他們之中的存有者作為他們群體而非個別的「較高吾」，當之後人類從祂獲得意識覺察的知識就稱祂不同的名字，對現今的人類來說基督與宇宙的關係在祂之中顯現。再來也可以區分出「土星人類」，他們的「較高吾」在太陽從地球脫離之前就已經與夥伴一起離開共同的宇宙物質，這種人類有部分生命身及物質身並未受到路西法影響。

〔93〕

******

低度發展的人類其生命身缺乏足夠保護去抵抗路西法的影響，他們擴大了「吾」之中反覆無常的火花閃動，引起環境上強烈而毀滅性的火勢，造成巨大的地球災難，大部分居於地球上的生物死於火風暴，落入錯誤的人類也被毀滅，只有極少數人保持部分未觸及錯誤而能逃到不受墮落人類影響的地區，有一塊位於現今大西洋的大陸出現，特別適合新種人類居住，最少觸及錯誤的人類遷居至此，其他地區只有零星群體散布，從靈性科學來看，位於現今歐洲、非洲及美洲之間的大陸可以被稱為「亞特蘭提斯」。（為了對應相關文獻，在亞特蘭提斯之前的人類演化可被稱為列木里亞時代，然後是亞特蘭提斯時代，當古月亮存有者仍未顯現其主要影響力之前可被稱為希柏里爾時代，在此之前還有其他時代對應地球物質演化的最早階段；在《聖經》傳統當中在路西法還沒介入之前被稱為天堂樂園時代，人類下降到地表並與感官世界糾纏則視為被驅逐出天堂樂園。）

＊＊＊＊＊＊

〔94〕人類在亞特蘭提斯地區的演化分為土星、太陽、木星、火星等不同族群，在此之前只有區分的預兆，當時醒與睡的分別會對人類產生特定效果，對亞特蘭提斯人影響又特別明顯，夜間人類的星芒身及吾會進入

更高存有者的領域，及於「個性靈」的層次，經由部分不受物質身束縛的生命身人類可以感知到「生命之子（天使）」及「火之靈（大天使）」，睡眠時人類仍然會與沒有滲透彌漫在物質身中的生命身連結，然而受到路西法影響使人類對「個性靈」的感知保持模糊不清，在上述狀況下人類能感知到天使及大天使以外的存有者，這些存有者仍然落後於古太陽或古月亮狀態而無法進入地球生存，只能在心魂與靈性的世界，在路西法的影響之下人類將這些存有者吸引進入與物質身分開的心魂領域，如此人類接觸到對他有強烈誘惑性影響力的存有者，祂們將朝向錯誤的驅力加到人類心魂，特別是誤用生命力與繁殖力的衝動，人類經由與物質身分開的生命身才能控制這些力量。

*****

〔95〕

某些亞特蘭提斯時代的人類可能盡量減少與感官世界的糾纏，經由他們將路西法阻礙人類演化的影響力轉化為進步發展的工具，在路西法的影響之下使他們能更提早發展關於地球事物的知識，同時這些人也努力排除其心智生活中的錯誤，並從世界現象中測度靈性存有者的原意，如此他們能使自己免於星芒身只朝向感官世界的衝動和慾望，這樣他們變得越來越免於犯錯，能夠只使用上述與物質身分開的生命身來感知，在這種狀況下他們物質身的感知能力被熄滅而像是死亡一般，但是經由生命身他們能完全連結「造形靈」的領域，並學習到祂們是如何受曾領導太陽和地球分離的崇高存有者領導及指引，之後透過這位崇高存有者將對「基督」的理解啟示給人類，這些人是入門者，然而由於如上所述人類的個體性已經進入了月亮存有者的領域，即使是入門者也無法直接觸及崇高的太陽存有者，祂們只能經由月亮存有者的反射顯現，入門者無法直接見到太陽存有者，只能看到祂們映照的光輝。

這些入門者變成其他人類的領導並分享他們所見的奧秘，他們吸引了門徒並教導如何達到導致入門的狀態，先前經由「基督」所啟示的知識只能被上述太陽人類的後代獲得，他們培育奧秘知識及實踐儀軌的地方可以被稱為基督神諭或太陽神諭（神諭意指能覺察到靈性存有者意圖的地方），除非能牢記以下說法否則在此提到關於基督的內容將會被誤解，從超感官知識的觀點來看，基督在塵世顯現這件事在其發生之前已經被了解地球演化意義的人所預言，認為入門者與基督的關係只能在祂親臨之後才能建立是錯誤假設，然而他們能以預言的方式理解並教導門徒「被太陽存有者力量感動的人就見到基督親臨地球」。

〔96〕

＊＊＊＊＊

其他神諭被土星人類、火星人類、木星人類的成員創建，這些入門者的視見只能及於與他們生命身中「較高吾」相應的存有者，這就是土星智慧、木星智慧、火星智慧追隨者的由來，除了這些入門方式之外，有些人吸收了過多路西法的影響以致於生命身與物質身分開的程度與太陽人類相當，亦即他們的星芒身將大部分生命身保留在物質身當中而無法以上述入門方式觸及被預言的基督啟示，由於星芒身受到路西法較大影響，他們必須經歷更艱難的準備後才能在比別人更受身體限制的狀況下感知到其他更高存有者，而非基督本身的啟示；這些被感知到的存有者也是在太陽分離時離開地球，然而祂們也還沒發展到足以持續參與太陽演化的程度，因此在太陽與地球分開之後祂們又將一部分太陽區別出來做為居所，這就是金星，祂們的領導者成為其相應族群入門者及追隨者的「更高吾」，類似狀況也發生在水星領導者及其相應族群，這就是金星神諭與水星神諭的由來。

吸收了最多路西法影響的人只能及於最早被逐出太陽演化的存有者之領導，祂並不居於宇宙中特定行星而生活在地球本身的週圍，從太陽回來後再次團聚，祂能顯現為其較高吾的群體被稱為瓦肯星神諭的追隨者，他們的目光比其他入門者更朝向塵世現象，並且為之後出現在人間的科學與藝術奠定最初的基礎，相對而言水星入門者奠定了超感官知識的基礎，金星入門者則處理更高層次的知識，瓦肯星、水星及金星入門者與土星、木星、火星入門者不同之處在於後三者的奧秘由更高存有者以完成狀態啟示，而前三者接收的知識以他們思想與概念的形式顯現，基督入門者介於其中，他們到得直接啟示的同時也有能力將奧秘賦與人類概念的形式，土星、木星、火星的入門者必須以象徵方式表達其意，基督、金星、水星及瓦肯星的入門者則以概念方式溝通。

〔97〕

******

這些都經由入門者間接傳給亞特蘭提斯的人類，但也有另一些人經由路西法原則獲得了特別的能力，由崇高的宇宙存有者將原本可能導致毀滅的能力轉化為福佑，此即為語言能力，人類經由更加凝結化為物質及與物質身分開的生命身得到語言能力。在月亮分離之後，人類起先經由群體吾感覺到與身體的先祖連結，但是這種連結後代與先祖的共同意識隨著代代相傳逐漸流失，較遲後代的內在記憶只能回溯到較近的先祖而無法再及於遠古的先祖，只有在與靈性世界接觸的某種類似睡眠狀態下人們對於某個特定先祖的記憶才能再現，他們彷彿覺得自己與某位先祖是同一個人，甚至相信這位先祖在他們裡面再現；事實上這種關於再軀體化的錯誤觀念要到亞特蘭提斯時代的最後才出現，而關於再軀體化的正確教導只能在入門者的學校中才能被體驗，入門者在不受軀體限制的狀態下觀察到人類心魂如何從這一世軀體化到下一世軀體化，並把這些真相傳達給他們的追隨者。〔98〕

******

在此所論及的遠古時代，人類的物質形式與現今非常不同，其形貌很大程度上仍然表現出心魂的品質，組成人類的物質仍然比之後還要更柔軟精微，現今已經凝固的肢體在當時仍然柔軟、可彎曲並具延展性，強調心魂與靈性發展的人類身體結構較為精微、靈活且富有表現力，靈性發展較少的人類則擁有粗糙、固定且較少延展性的身體形式，發展先進的心魂使肢體收縮並保持較小的體型，心魂發展落後並深陷於感官的人則以巨大體型來表現自己，在人類成長期間身體會依其心魂狀態形塑，以現今的想法來看這似乎難以置信且荒誕不經，在熱情、衝動、本能中的道德墮落導致人類物質身的巨大化，現今人類的物質形式來自於亞特蘭提斯人的縮小、密集、硬化，在亞特蘭提斯時代之前人類外表會如實反映其心魂特質，亞特蘭提斯演化的過程導致後亞特蘭提斯人的物質形式固定，相對而言與心魂特質較少關連（動物界在地球上的形式更早之前就已經變得密集）。現今在自然界塑造形式所依從的法則都不能延伸到更遙遠的過去。

*****

〔99〕

到了亞特蘭提斯中期，巨大的災難逐漸在人類之間展開，入門者的奧秘應該小心謹慎保護避免被星芒身錯誤尚未淨化完成的人獲得，若是這樣的人洞察了關於更高存有者如何引導自然力量的隱密知識，他們可能會用這些法則來滿足墮落的需求及熱情，更危險的是當人們進入那些無法參與正常地球演化並與之對抗的低階靈性存有者的領域，經常受其影響的人會熱衷於違反人類真實福祉的興趣，在當時人類仍有能力運用動物及人類的生命力與繁殖力。

不只一般人，同時也有部分入門者屈從於低階靈性存有者的引誘，他們將上述的超感官力量用在與人類演化相反方向的目標，為了達成目的，他們尋找非入門者的夥伴將自然的超感官奧秘用在低層次目標，結果造成人類巨大的墮落，邪惡越來越擴散，當生命力及繁殖力被從母體拔除並獨立運用，這會與在氣體及液體中作用的特定力量有神秘的關聯，人類這樣的舉動釋放了強烈毀滅性的自然力量，氣體與液體的大災難導致亞特蘭提斯地區逐漸毀滅。

沒有在暴風雨中被毀滅的人類被迫遷移，地球也因此有了新的面貌，一側的歐洲、亞洲、非洲及另一側的美洲都逐漸形成現今的樣貌，許多移民前往這些地區，以現今來看最重要的是從亞特蘭提斯往東遷的移民，歐洲、亞洲、非洲漸漸成為亞特蘭提斯後裔的居所，不同族群依其發展及墮落程度佔據各自的居所，當中也有守護神諭奧秘的入門者同行，他們於各地建立聖地，以良善或邪惡的方式教化木星、金星及其他奧秘；瓦肯星奧秘的背叛發揮特別不利的影響，因為其追隨者的眼光最專注於塵世事物，由於先前在太陽與地球分離時的發展，受背叛力量影響的人會依從於這些靈性存有者而抗拒來自靈性世界的一切，依照這樣發展下去，祂們明確地作用於經由認知感官世界而形成的人類要素，背後的靈性則隱藏起來，此後這些存有者可以對許多地球的人類居民造成巨大影響，人類就越來越失去對靈性質素的感知。

在這段期間人類物質身的大小、形式及延展性仍然很大程度取決於心魂的品質，奧秘的背叛也顯化在人類種族的改變上，當墮落的人類將超感官力量用於低層次的衝動、慾望和熱情，外表就會變得怪異而不成形，然而這樣的人並無法在亞特蘭提斯以外的時代生存，所以他們就日漸絕跡，後亞特蘭提斯的人類其身體是由亞特蘭提斯的先祖發展而來，身體形式凝固硬化以免屈從於違反自然的心魂力量。

在亞特蘭提斯演化的特定期間，遍及於地球內外的法則迫使人類形式凝固硬化，在此之前已經固化的種族仍然能繼續繁衍很長一段時間，但是由於能軀體化進入當中的心魂逐漸受限，使這些種族不得不滅絕消失，然而事實上還是有一些種族存續到後亞特蘭提斯時期，他們足夠柔軟能變化其形式因此可以繼續生存很長一段時間，但是超越上述時代而繼續保持柔軟的人類形體很容易吸引受瓦肯星神諭背叛影響的心魂，這些種族也註定迅速滅絕。

〔100〕

從亞特蘭提斯演化的中期開始就有某些存有者出現在人世間，促使人類以非靈性的方式生活在感官所及的物質世界，甚至人類只能見到各種變幻不定的虛像和幻影，而非世界的實相，然而人類不只暴露於路西法的影響之下，上述的其他存有者也影響著人類，在後面才會提及的古波斯文明當中稱祂們的領導者為阿里曼（梅菲斯托費勒也是相同的存有者），受到這樣的影響使人類在死亡之後仍然是完全朝向塵世感官環境的存有者，對靈性世界歷程的自由觀點漸漸被剝奪了，他感覺自己受制於阿里曼的力量，某種程度被排除在靈性世界的群體之外。

＊＊＊＊＊

〔101〕

在普遍衰落之中有一個特別重要的地方以最純淨的形式保留了古代

＊＊＊＊＊

的儀軌，它屬於基督神諭，在那裡不只保存了基督的奧秘也保存其他神諭的奧秘，因為在最崇高太陽之靈的顯現當中土星、木星等星球的領導者也顯現出來，太陽神諭的入門者知道秘方以產出木星、水星等神諭最高入門者曾經擁有的生命身，在此不再進一步談論，以上述秘方使古代神諭入門者最好的生命身被複製保存下來，之後植入適合的人身上，金星、水星、瓦肯星的入門者則可以對星芒身進行這樣的工作。

〔102〕

＊＊＊＊＊＊

到某個時刻基督入門者發現自己與少數夥伴一起被孤立了，他只能對他們傳達非常有限的宇宙奧秘，因為這些夥伴天生擁有與物質身最少分離的生命身，在當時這樣的人類最適合未來更進一步發展，他們在睡眠狀態的經驗逐漸減少，靈性世界對他們來說越來越封閉；當人類不在物質身之中而只在生命身之中，他們對遠古時代被啟示的一切欠缺理解，最接近基督神諭領導者的人們生命身最先與物質身緊密結合，更早之前它們是分開的，由於亞特蘭提斯與整個地球的轉變，這樣的結合也逐漸普及於全人類，物質身與生命身變得越來越重疊一致，其結果是人類失去了先前幾近於無限的記憶力，於是思考的生命開始，與物質身結合的那部分生命身將物質腦轉化成真正的思考工具，此後人類才能在物質身之中經驗到「吾」，自我意識至此才首次覺醒，一開始這只發生在少數人當中，特別是在基督神諭領導者身邊的人，其他散佈於歐洲、亞洲、非洲的大多數人仍然保留了不同程度的古老意識狀態，而能直接經驗到超感官世界。

基督入門者的夥伴擁有高度發展的理智，但是與當時所有人相比他們經驗到最少的超感官領域，基督入門者與他們一起由西方向東方遷移到達亞洲中央地帶，盡可能避免他們接觸到意識發展程度較低的人類，他以被啟示的奧秘教育這些夥伴，如此也會對這些夥伴的後代產生作用，他培育的這群人心之所向符應於基督入門者的奧秘，從當中他選擇了七位最適合的人接收來自七個亞特蘭提斯偉大入門者的生命身副本及星芒身副本，如此他教育出基督入門者、土星入門者、木星入門者等各個神諭的繼承人，這七個入門者成為後亞特蘭提斯時期南亞（特別是古印度）居民的導師及領袖，由於這些偉大的導師確實被賦與他們靈性先祖的生命身副本，他們經由星芒身得到的知識及理解並不及於生命身對他們的啟示，當這些啟示於內在訴說時他們必須讓自己的知識與理解靜默，如此曾經對他們靈性先祖訴說的崇高存有者才會經由他們訴說，在崇高存有者經由他們訴說的時間以外，他們就只是靠自己努力獲得知識與情感教養的一般人。

*****

〔103〕

當時印度居民仍然保有古亞特蘭提斯人的鮮活記憶力，這種心魂狀態被允許經驗靈性世界，當中很多人在情感及理智上都強烈傾向要體驗超感官世界，由於命運的明智引導，來自亞特蘭提斯最先進地區的大多數這種人都遷移到了南亞，此外，其他人也在不同時期遷入，上述的基督入門者指派那七位偉大門徒成為這群人的導師，讓他們將智慧及誡命傳給這群人。許多古印度人只需要極少的預備就可以使觀察超感官世界的能力從幾乎熄滅的程度恢復過來，因為渴求超感官世界是古印度人心魂的根本心境，他們覺得超感官世界才是人類的原鄉，他們從那個世界移居到這個提供外在感官印象並受限於感官智識的世界，他們覺得超感官世界是真實的，感官世界只是欺騙人類感知的幻覺（Maja），人類盡其所能地努力就是要得到對真實世界的洞見，他們對虛幻的感官世界沒有興趣，或者只是把它當成遮蔽超感官世界的帷幕。

這七位偉大導師給予這些人極大的力量，他們的啟示深植於印度人的心魂，由於傳承下來的生命身及星芒身賦與這些導師崇高的力量，他們對門徒有魔法般的影響，事實上他們並不進行教學，而是以人格的神奇魔力感染其他人，如此使得整個文明都充滿了超感官的智慧。印度智慧書（吠陀經）的內容並非以原初形式呈現這些偉大導師於遠古時代培育的崇高智慧，而只是其微弱的回響，唯有以超感官回顧才能發現其文字背後未被寫下的原初智慧，這些原初智慧明顯地與亞特蘭提斯時期不同的神諭和諧相應，每個偉大導師可以揭示其中一種神諭的智慧，而這些智慧各不相同的觀點完全和諧無礙，因為在其背後都是基督入門者預言的根本智慧，然而作為基督入門者靈性繼承人的偉大導師並不呈現其啟示，只能將它保留在演化的背景之中，首先，他無法把其聖職傳承給後亞特蘭提斯時期的任何個人，亞特蘭提斯的基督入門者可以將接收到的基督奧秘完全轉化為人類的概念，相對而言這七位偉大的印度導師只能以象徵或符號展現其奧秘的映像，因為人類概念化的能力並不足以領會這種奧秘。即使如此，這七位導師的教誨合起來就是超感官世界知識的偉大智慧全貌，這在古亞特蘭提斯的神諭只能被部分片面地揭示，這揭露了宇宙中偉大的領導者，並暗指有一位偉大的太陽之靈隱藏於七位導師所揭露的靈性存有者之上。

〔104〕

＊＊＊＊＊＊

在此「古印度」的意義並非一般用法，我們談到的這個時期並沒有任何文本留傳至今，現今被認為是「印度人」的民族在很後面的演化階段才出現，這是在地球歷史上後亞特蘭提斯的第一個時期，此處所提及的「古印度」文化特質具有普遍性，接著來到後亞特蘭提斯的第二個時期，本書稍後會提到的古波斯文明成為文化主流，再之後才發展到埃及—迦爾底亞文明，這也會在稍後描述，當後亞特蘭提斯的第二及第三時期發展，「古」印度人也經歷其第二及第三時期，現在一般所稱的古印度文明是指其第三時期的發展，不要將這裡所講的「古印度」與一般歷史提及的古印度混為一談。

（105）

古印度文明的另一個特性導致後來將人分成不同的種姓，居住於印度的亞特蘭提斯人後裔分屬於不同的族群，有土星人類、木星人類、⋯⋯等等，超感官的教導使古印度人理解心魂並不是偶然隨機地投身於這個或那個種姓，而是關乎自己的決定，如前述有許多人能被喚起先祖的內在記憶，如此會使他們更容易理解超感官的教導，但是也容易導致關於再軀體化的錯誤觀念；正如在亞特蘭提斯時期關於再軀體化的真實觀念唯有經由入門者獲得，在最早的古印度這也只能經由這些偉大導師直接傳承才能獲得，在亞特蘭提斯大陸沈沒之後人們遷移散佈到歐洲、亞洲、非洲各處，關於再軀體化的錯誤觀念也因此而廣為流傳，在亞特蘭提斯時期有些偏離正道的入門者將奧秘傳給不夠成熟的人，如此人們就越來越把正確與錯誤的觀念混為一談，有些人仍然保有遺留自亞特蘭提斯時期的昏暗靈視，正如亞特蘭提斯人在睡眠時會進入靈性世界的領域，這

＊＊＊＊＊＊

些後代在醒與睡之間的異常狀態下經驗到同一個靈性世界，屬於先祖的遠古圖像出現在他們之中，所以他們會認為自己是那遠古時期生活的人再軀體化，如此與入門者原本傳承不符的再軀體化學說被傳佈到全世界。

＊＊＊＊＊

〔106〕

從亞特蘭提斯大陸開始毀滅之際，持續有人由西向東遷移至中東地區定居，他們的後代在歷史上被認為是波斯人及其相關部族，然而超感官知識必須回看到這些族群有歷史紀錄之前許久，首先，在此提及波斯人的遠古先祖接續古印度成為後亞特蘭提斯興起的第二個時期，第二個時期的人們與古印度人的任務不同，他們的渴望與傾向不再只是指向超感官世界，同時也適應了物質感官世界，他們開始愛地球了，重視人類在地球上的征服以及經由地球力量所能得到的，他們成為尚武好戰的民族並發明了從地球獲取財富的方法都與這樣的特質有關，他們對於超感官世界的渴望並不會造成完全背離物質感官世界「幻覺」的危險，相反地，對物質世界的欣賞可能使他們的心魂完全失去與超感官世界的連結。

從古亞特蘭提斯遷移而來的神諭也帶有這個族群的普遍特質，從前人類會經由經驗超感官世界培養某種力量，至此仍然有人能控制其較低的形式，用來引導自然現象為個人利益服務，那時這個古老族群仍然保有大能去操控自然力量，之後自然力量脫離了人類意志的控制，神諭的守護者能控制與火及其他質素連結的內在力量而被稱為魔法師，他們保存了遠古超感官知識及力量的遺產，然而與遠古人類的能力相比這已經十分稀薄微弱，它可以展現為各種不同形式，從取悅人類眼睛的高尚藝術到最可惡的做法都包括在內，路西法存有者以特定方式在這些人當中作用，每個連結都使人類背離更高存有者的意圖，若是路西法沒有介入就只有這些更高存有者會指導人類演化，在醒與睡的中介狀態下仍然保有原始靈視的特定族群本身會受到靈性世界低階存有者的強烈吸引，必須給予這些人對抗此種內在傾向的靈性驅力，因此要有與古印度靈性生活相同源頭的領導者來指導他們，也是出自太陽神諭奧秘的守護者。

*****

〔107〕

太陽神諭的守護者為這些人提供了古波斯靈性文化的領導者，可以用名留青史的查拉圖斯特拉或瑣羅亞斯德來稱呼他，但是必須強調在此指涉的這個人遠早於歷史上使用這個名號的任何人，此處所論與其他歷史研究無關而只涉及靈性科學，從靈性科學的觀點來看，之後歷史上記載使用查拉圖斯特拉名號的人都只是首位偉大查拉圖斯特拉的繼承人，借用其名號並以其所教導的靈性進行工作。

查拉圖斯特拉給予人民的靈性驅力則是指出，物質感官世界並非如全然被路西法存有者影響的人所以為只是缺乏靈性的外物，人類個體的獨立與自由的感覺要歸功於祂，然而路西法也要與其相對的靈性存有者和諧相處，對古波斯人而言重要的是能保持對後者的覺知，因為他們天生傾向物質感官世界所以有完全被路西法存有者同化的威脅，查拉圖斯特拉經由太陽神諭守護者入門，而被允許接收崇高太陽存有者的啟示，經由修練他達到某種特殊的意識狀態能感知到太陽存有者的領導，如前所述就是祂保護了人類的生命身，他知道這位引導人類演化的存有者可能會在未來的某個時刻從宇宙空間降臨地球，為了要讓這事發生，祂要能活在人類的星芒身之中，正如祂在路西法介入之後仍然作用於人類的生命身，這就必須要有一個人能轉化星芒身回到路西法介入前的狀態（也就是到亞特蘭提斯中期之前），若是路西法沒有降臨人類會提早達到這個狀態，但是也沒有個體的獨立及自由的可能，然而儘管人類已經帶有這些特質仍然應該要重新回到高度發展的狀態。

查拉圖斯特拉在靈視中見到人類演化的未來，確實有人可能修練到這種星芒身，但是在此之前太陽的靈性力量不可能在地球上被尋獲，只能經由超感官視覺感知到太陽在靈性領域的部分，當他將靈視轉向太陽時可以掌握到這些力量並向其人民透露這些力量的性質，雖然在那時這些存有者只能在靈性世界被尋獲但是在未來將會降臨地球，依此他宣說了偉大的太陽之靈、光之靈（大日神光、阿胡拉・馬茲達、歐馬茲特），光之靈向查拉圖斯特拉及其門徒啟示，祂將由靈性世界轉而面向人類並準備在未來進入人類，在基督降臨地球之前就預言此事的靈性存有者被查拉圖斯特拉稱為光之靈。另一方面，他也描述了阿里曼（安哥拉・曼紐）的力量，當人類一面倒沈溺於祂的影響就會對心魂生命造成傷害，這樣的力量在先前已經談到，自從瓦肯星奧秘背叛之後就已經在地球上掌權，除了光之靈的信息之外，查拉圖斯特拉也宣告具有純淨意識的靈視者將能見到與光之靈為夥伴的靈性存有者，與此相對的誘惑者則會出現在遺留自亞特蘭提斯時期未淨化的靈視能力中，查拉圖斯特拉必須向古波斯人澄清，即使人類傾向在物質感官世界中努力奮鬥，其心魂也是光之靈及其反對者爭鬥的戰場，查拉圖斯特拉指出人類如何不被反對者引導落入深淵，而是透過光之靈的力量影響向善。

〔108〕

＊＊＊＊＊＊

後亞特蘭提斯的第三個時期起始於移居到中東和北非的民族，包括迦爾底亞人、巴比倫人、亞述人及另一邊的埃及人，他們對於物質感官世界的感覺與古波斯人有不同的發展，他們比其他民族吸收更多有助於奠定思維能力基礎的靈性傾向，智性天賦從亞特蘭提斯末期就已經存在了，後亞特蘭提斯時期人類的任務是經由被喚醒的思考與情感發展心魂能力，這些能力並非直接由靈性世界促成，而是出於人類對感官世界的觀察、適應及改變，以人類自身發展出來的能力征服物質感官世界必須被視為後亞特蘭提斯人類的使命，而征服是一步一步進展的；即使在古印度人類的心魂狀態已經被指向這個世界，但是他們仍然視之為幻覺並且將靈性轉向超感官世界，相對而言古波斯民族開始企圖征服物質感官世界，但是相當程度他們仍然是以遺留下來的心魂力量達成，因為更早以前人類仍然有直達超感官世界的能力。

第三時期的民族其心魂已經失去大部分超感官能力，他們必須探究在感官所及環境當中的靈性顯化，並且經由發現及發明源出於外在世界的文化工具來發展自己，人類的科學是出於研究物質感官世界來發現背後的靈性法則，為了認識與操縱這個世界的力量人類發展出技術、藝術及其工具與方法，迦爾底亞人及巴比倫人不再視感官世界為幻覺，而是將自然界的山、海、風、水視為現象背後靈性力量的展現，他們企圖發現其中的法則，對埃及人來說地球是他們工作的場域，他們必須經由心智力量轉化外在環境使其帶有人類力量的印記。

從亞特蘭提斯遷移到埃及的神諭主要是出於水星神諭，但是也有其他如金星神諭出現，經由這些神諭在埃及人民中培育新文化的種子，這個種子源出於一位偉大的領導，他在波斯的查拉圖斯特拉奧秘學校受訓，前世曾受教於偉大的查拉圖斯特拉本人，如果我們要引用一個歷史上的名號，可以稱之為「赫密斯」，由於領受了查拉圖斯特拉的奧秘，他能找到正確的途徑引導埃及人民，在生與死之間的塵世生命期間埃及人認識物質感官世界的方式只能很有限地感知到背後的靈性世界，然而他們能理解物質感官世界當中的靈性法則，因此在有生之年無法教導他們靈性世界，但是可以向他們展示人類在死後的無軀體狀態將會與靈性存有者的世界融合為一，這些靈性存有者會將其印記留在人類有生之年的物質感官世界，赫密斯教導：人類在死後與靈性力量結合的可能性取決於他們在地球上行事符合靈性力量意圖的程度，特別是在有生之年最勤奮朝這方向努力的人將會與崇高的太陽存有者—歐西里斯—合一。

迦爾底亞—巴比倫這個文化支流比埃及更強烈將人類的心智導向物質感官世界，這個世界的法則被探究並且能在感官印象中察覺相應的靈性原型，然而這個民族在許多方面仍然固著於感官所及的世界，重視星辰甚於星辰的靈性，對其他靈性存有者的重視也不及於其在地球上的表現形式，只有領導者能獲得超感官世界法則的深度知識以及這些法則與感官世界的互動關係，入門者的真知與人民的錯誤信仰在此對比最為強烈。

******

〔109〕

在南歐及西亞的狀況十分不同，在那裡後亞特蘭提斯的第四個時期綻放，可以稱之為希臘—拉丁時期，來自遠古世界不同地區的後裔都遷移至此聚集，其神諭也依循亞特蘭提斯神諭的不同傳統，有些人天生擁有原始的靈視能力，另一些人則相對容易經由訓練而得到，在特定地點不只保存了遠古入門者的傳統，傑出的繼承人也能培育出具有高度靈性感知能力的門徒，同時這些民族具有內在驅力要在感官世界創造一個場域，以完美的物質形式表現靈性內涵，從許多方面來看希臘藝術正是這種驅力的成果，如果我們能從靈性的眼光來理解希臘神殿，會承認這是令人驚奇的藝術作品，人類已經轉化了感官可及的物質元素使每個細節都成為靈性元素的展現，希臘神殿是「靈性存有者的居所」，見識其外形使我們可以領會唯有靈視者才能感知的，宙斯（木星）神殿的造形將宙斯（木星）入門守護者以靈性之眼所見到的展現為感官之眼可見，所有的希臘藝術皆是如此。

入門者的智慧以奧秘的方式流入詩人、藝術家和思想家，在古希臘哲學家的宇宙論當中會發現入門者的奧秘以概念和思想的形式呈現，在亞洲及非洲入門者的奧秘對靈性生活的影響流入了這些民族及其領導者，偉大的古印度導師、查拉圖斯特拉的伙伴、赫密斯的追隨者都吸引了他們的門徒，這些後繼者建立了入門中心使古老智慧以新的形式重生，在此有古代奧秘，門徒預備好要被帶入可以感知到靈性世界的意識狀態。（在本書最後一章還會再提到這些古代奧秘，更多古代奧秘的細節可以參考拙著《基督精神作為奧秘的實相》）智慧從這些入門中心流出培育了小亞細亞、希臘和意大利的奧秘守護者。（在希臘世界奧斐斯及艾盧西斯是最重要的入門中心，在畢達哥拉斯智慧學校教導了更早之前的各種偉大智慧及方法，因為畢達哥拉斯在其廣泛遊歷的過程中曾經由不同的奧秘入門。）

（110）

＊＊＊＊＊＊

在後亞特蘭提斯時期，人類在生到死之間的生命也會影響死後無軀體的狀態，當人類越是將興趣轉向物質感官世界，阿里曼就越有可能在其塵世生命期間影響他們的心魂，這樣的力量到死後仍然會繼續作用；對古印度時期的人們來說這樣的危險仍然很小，因為他們將有生之年在物質感官世界所經歷的都視為幻覺，所以在死後能解脫阿里曼的力量，對古波斯人來說危險就比較大，因為他們在有生之年對物質感官世界感興趣，若是查拉圖斯特拉沒有以光明之神的教義感動他們，讓他們知道在物質感官世界背後還有光之靈的世界，他們就會屈從於阿里曼的誘惑，若是古波斯人民能將查拉圖斯特拉激發的概念世界吸收到心魂之中，他們不僅能在塵世生命期間脫離阿里曼的掌握，同時也會影響死後為新生命準備的過程，在塵世生命期間阿里曼的力量使人視物質感官所及為唯一的存在，而阻礙任何朝向靈性世界的觀點，這樣的力量在靈性世界中會使人完全孤立並且只專注在意自己的利益，在死亡時受阿里曼力量掌握的人再生會成為利己主義者。

〔111〕

＊＊＊＊＊

現在有人可以經由靈性科學將死亡到再生之間的生命描述出來，這就表示阿里曼的影響力在這個時代已經某種程度被克服了，本書作者在其他拙著及本書第一章也是這樣描述，必須要這樣描述才能使人經驗到純粹靈性觀點下可以看到的事實，個人能經驗到多少取決於他克服阿里曼影響力的程度，人類越來越可能接近靈性世界，但是當考慮人類演化的路徑時仍然要清楚地意識到其他影響力可能限制人類的發展。

*****

〔112〕

赫密斯在古埃及民族中的職責是確保人們在有生之年能預備自己成為光之靈的夥伴，但是由於這個時候人類在有生之年的興趣只有很少可以穿透物質感官的帷幕，因此在死後心魂的靈性感知仍然被遮蔽，對光明世界的看法依然模糊朦朧。

希臘—拉丁時期離世進入無軀體狀態的心魂死後遮蔽靈性世界的帷幕達到頂點，他們在有生之年使物質文明繁盛，死後就使自己成為陰影般的存在，這並非空談而是一種真實的感覺，那個時代的英雄會轉向感官世界說：「寧可在塵世間為乞丐也勝過在陰間當國王。」這樣的傾向在亞洲民族當中更為明顯，他們的敬畏和崇拜集中在感官印象而非靈性原型，在希臘—拉丁時期大部分人類都是如上述的狀態，我們可以看到後亞特蘭提斯時期人類的任務包含征服物質感官世界，也就導致疏遠了靈性世界，某一方面的偉大必然與另一方面的衰落有關。

在這些奧秘裡人與靈性世界的關係被培育了，當中的入門者可以在特定心魂狀況下接收到靈性世界的啟示，這些入門者或多或少都繼承了亞特蘭提斯的神諭守護者，受路西法及阿里曼影響而被遮蔽的會向他們揭露，先前一直注入人類星芒身的靈性世界到了亞特蘭提斯中期開始被路西法遮蔽，如果生命身沒有部分與物質身分開，那麼人類就可以像是內在心魂啟示般體驗到這部分靈性世界，但是由於路西法介入人類就只能在特定心魂狀態下做到，之後靈性世界對人類示現就披上星芒的外衣，相應存有者以人類更高組成的形態出現，並帶有特定靈性力量的星芒可見象徵，這就是超越人類層次的存有者顯現自己的方式。

在阿里曼介入之後又有另一種新開始，阿里曼遮蔽了靈性世界的各個層面，如果阿里曼沒有在亞特蘭提斯中期介入，靈性世界會持續在物質感官背後展現，靈性世界向入門者顯現是由於他們的心魂經由練習獲得人類在那時可以養成的所有能力，遠超過獲得物質感官印象所需的程度，自然力量背後靈性力量對他們啟示，因此他們可以談論自然世界背後的靈性存有者，祂們的創造力量對低於人類發展層次的存有者作用而展現，這樣的作用從古土星、古太陽、古月亮時期持續到現在，形成了人類的物質身、生命身、星芒身，包括礦物界、植物界、動物界，以上這些構成了某種奧秘的內容，而這些奧秘正是阿里曼試圖隱瞞的；另一方面，引導感覺心、理知心、意識心的發展則顯現於第二種奧秘之中。

然而有一件事只能由奧秘所預言，未來將有一個人帶有的星芒身使得太陽之靈的光明世界能經由生命身被意識到，而不受到路西法及其他特定心魂狀態的影響，阿里曼能在物質身死亡之前隱瞞靈性世界，但是這個人的物質身能感知靈性世界的各種展現，物質身死亡並不會對這個人的生命造成任何改變，也就是說死亡對他沒有任何權柄，這個人的「吾」雖然在物質生命當中同時也能完全展現其靈性，這樣的存有者是光之靈的載體，對他而言入門可能以下列兩種方式之一提升，在特定心魂狀態下被超人類的靈性所引導或是被自然力量的本質所引導，由於奧秘的入門者預言了這樣的人將會在未來出現，他們就是基督的先知。

〔113〕

在這個意義上有一個特別的先知在以色列人當中興起，他遺傳了近東民族的特質又接受了埃及的教育，這個先知被稱為摩西，其心魂受到入門很大的影響，在特殊的意識狀態下他接收到靈性存有者的啟示，在地球正常演化過程中祂曾經從月亮形塑了人類意識，在雷電交加中摩西認知到這不只是物理現象，也是上述靈性存有者的顯現，同時他的心魂也受到其他奧秘影響而能經由星芒視覺看到超人靈性經由「吾」進入到人類當中，如此，曾經從兩方面向摩西顯現的祂就成為「吾」的最高形式。

＊＊＊＊＊＊

〔114〕

崇高太陽存有者為人類預備的偉大典範「基督」出現在人形當中，

此後所有奧秘智慧都必須以新形式呈現，先前它存在的意圖只是使人類的心魂狀態能看見地球演化外在的太陽靈性領域，從此以後奧秘智慧就被賦與新的任務，使人能認識到基督曾經化身為人，並且能以此為智慧的中心去理解自然世界及靈性世界。

（115）

＊＊＊＊＊＊

在基督耶穌生命的某一刻，其星芒身包含了路西法介入所遮蔽的一切，他開始成為人類的導師，從此之後人類在地球上的演化被植入了吸收智慧的潛能，如此可以使地球的實際目標逐漸達成，當各各他事件發生之時另一種潛能被植入人類，可以使阿里曼的影響轉為有益，人類可以帶著這些穿越死亡之門使他在靈性世界免於孤立，在巴勒斯坦發生的事件不只是人類物質演化的焦點，也是人類所屬其他世界的中心，當經歷「死在十字架上」使「各各他奧秘」完成，基督出現在死後心魂停留的世界並限制了阿里曼的力量，希臘人所稱的「陰間」被靈性的閃電照亮，向其居民展示光明將會再來，經由完成物質世界的「各各他奧秘」將光明投入靈性世界。

到這個事件之前，人類在後亞特蘭提斯的演化對物質世界的感知持續提升，但同時對靈性世界則是衰退，從遠古開始流入感官世界的所有事物都有其本源存在於靈性世界，從基督事件之後，提升到基督奧秘層次的人就能將感官世界所得帶入靈性世界，然後人類經由再軀體化將死亡到重生之間在靈性世界得到的基督脈動再次帶入物質感官世界。

〔116〕

******

經由基督顯現而流入人類演化的作用像是種子，只能逐漸成熟，直到現在也只有極少部分的深刻新智慧注入物質存在，目前還在基督演化的起初，從基督顯現至今已經過去的期間，基督演化只能依個人及民族能接受的程度展現內在本質，這些也要經由他們的思考能力來吸收，這種知識所鑄造的最初形式可以被稱為全面的生命理想，然而這與後亞特蘭提斯人類發展的生命形式相反。先前已經提到從列木里亞時代以來人類在地球上演化的狀況，心魂可能從不同天體回來投身為古列木里亞人的後代，人類的不同種族源自於此，再軀體化的心魂依其業力有各自分歧的利害，只要仍有這些影響「全人類」的理念就無法存在，人類有同一的起源，但到此為止在地球上的發展導致分殊，基督的概念主要提供了對抗所有分歧的理想，因為崇高太陽存有者是所有人類吾的源頭，其力量活在承載基督之名的那個人當中，那時以色列人仍然覺得自己是一個民族，每個人都是民族的一員，基督耶穌當中住著一個未被分歧狀態影響的理想人類這一事實，起初只能被當成思想理解，基督宗教變成了普遍手足情誼的理想，超越所有各別利害及關係之上，感覺到每個人最內在的吾都是出於相同源頭。（除了塵世的先祖之外，所有人類共同的父親出現：「吾與父原為一」）

〔117〕

＊＊＊＊＊＊

歐洲從四、五、六世紀起就為了將在十五世紀開始至今仍延續的時期做準備，這會逐漸取代第四個希臘—拉丁時期而成為後亞特蘭提斯的第五個時期，在經歷了各自不同的遷移與命運之後這些族群成為時代的承載者，他們雖是亞特蘭提斯人的後代卻鮮少觸及前四個時期發生的事，他們沒有及於這些文化紮根的地區而是以自己的方式繼承了亞特蘭提斯文化，當中許多人仍然相當程度保有原始昏暗的靈視—如前所述這是一種介於醒與睡的中間狀態，這些人從自身經驗認識靈性世界，並且能與其他人分享靈性世界所發生的事，如此關於靈性存有與靈性歷程的傳說世界被建立起來，民間傳奇與精靈故事的珍寶皆源自於這類靈性體驗，許多人昏暗的靈視持續保存到不久之前，另一些人失去了靈視能力，但是在感官世界發展出相應於靈視經驗的感知與感覺。

亞特蘭提斯的神諭在各地的奧秘中心也有繼承人，在這些奧秘中心發展的入門奧秘揭露了被阿里曼隱藏起來的靈性世界，自然力量背後的靈性力量在此被啟示，不同的歐洲神話都含有這些奧秘入門者要揭露給人們的餘音，然而這些神話也包含了其他奧秘，儘管比南方或東方的奧秘更不完整，超越人類的存有在歐洲也廣為人知，但祂們被認為持續與路西法的同夥鬥爭，光之神確實被宣說，但是以這種形式宣說無法確定祂是否會擊敗路西法，以此為代價，將來的基督形像也點亮了這些奧秘，有預言提到祂的王國將會取代其他光之神的王國。（諸神黃昏及類似的傳說都是源自於這種歐洲的奧秘知識）

這些影響在第五時期當中導致了人類心魂的分裂，這種分裂至今仍然持續而且在生命中以許多不同的方式顯現，人類心魂從遠古時代起就沒有足夠強大的靈性傾向維持靈性世界與感官世界之間的聯結，這種聯結只保持了感覺與感受而非直接感知靈性世界，相對而言人類的眼光越來越專注於感官世界並企圖支配它，在亞特蘭提斯時代最後人類的理性力量被喚醒，以物質腦為工具發展出理解與控制感官世界的力量，可以說有兩個世界在人類心中發展，其一是朝向物質感官存在，另一個則是經由感覺與感受接納靈性啟示，但並非直接感知。

當基督的教導流入歐洲地區時心魂分裂的傾向已經存在，人類經由感官及感覺將靈性的訊息銘記於心，但是無法搭起橋樑連結到運用感官物質存在的理性，現今所知外在科學與內在靈性知識的分歧只是這一事實必然的結果，艾克哈特、陶勒及其他人的基督宗教奧秘學是經由感覺與感知到基督靈性的結果，只朝向感官世界的自然科學及其對我們生活的影響則是心魂能力另一面的成果，外在物質文明領域的成就應該完全歸功於心魂能力的分裂，因為當人類以物質腦為工具單方面轉向物質生活才使得現今的科學、技術等發展變得可能，這種物質文明只能起源於歐洲人，因為他們是亞特蘭提斯人的後代當中達到足夠成熟程度之後才發展出朝向物質感官世界的傾向，之前他們被允許休眠並保有亞特蘭提斯時期遺留的靈視能力以及經由入門者溝通，當外在的靈性文明完全致力於這些影響，支配物質世界的感官就逐漸成熟。

〔118〕

******

然而，現今已是後亞特蘭提斯第六個時期的黎明，在人類演化特定時刻預定出現的總會在先前的時代逐漸熟成，現在已經能發現端倪的是去找方法將人類心中的兩個部分－物質文明及靈性世界的生命－重新結合，為此，一方面必須理解靈性感知的結果，另一方面也要認出在感官世界的觀察與經驗當中也有靈性展現，第六個時期將會發展出兩者之間的完美和諧。因此本書的觀點已經準備好從回顧過去發展到朝向未來，但是在展望未來之前最好能先研究更高層世界的知識及入門的知識，然後會在本書架構許可範圍內簡要地介紹對未來的看法。

第五章

更高層世界的知識

——入門

******

〔1〕

現今演化階段的人類在出生到死亡之間的日常生活會經歷三種意識狀態：醒、睡以及介於兩者之間的夢，夢會在本書稍後簡要說明，在此只先考慮生命中兩種主要意識狀態的交替—醒與睡。當人能發展出睡與醒之外的第三種意識狀態，他就能得到更高層世界的知識；清醒時心魂折服於感官印象及其所激發的觀念，睡眠時感官靜默但心魂也失去意識，日常經驗沈入無意識的海洋。

試著想像心魂可以在睡眠中保持意識，儘管在深層睡眠中感官印像都被排除而且也沒有日常經驗的記憶，那麼心魂會發現自己處於虛無狀態嗎？如此就無法獲得任何經驗嗎？只有達到這種或相似的意識狀態之後才有可能回答這個問題，心魂是否可以在沒有感官印象的影響和記憶之下仍然能經驗到什麼，即使從日常外在世界考量心魂像是睡著了，但是他並沒有真的睡著，而是面對一個真實世界。

現在，經由靈性科學可能帶給人的心魂經驗就能達到這種意識狀態，靈性科學提到關於感官世界背後世界的一切都是經由這種意識狀態去探求到的。包括在先前章節提到的更高層世界，接下來在本書篇幅所及將盡量解釋如何開發這種研究所需的意識狀態。

******

這種意識狀態只有一個面向與睡眠相似，就是所有外在感官印象都停止，同時所有經由感官印象激起的想法也被消除，但是在睡眠中心魂並沒有力量有意識地感知經驗，這種意識狀態能保有力量讓心魂的感知力被喚醒，在日常生活中人只能經由感官印象刺激才會有所感知，心魂對更高意識狀態的覺醒可以被稱為入門。

〔2〕

******

〔3〕

入門的方法引導人離開一般日常的意識狀態，進入使用靈性器官感知的心魂活動，這些器官一直以初胚狀態存在於心魂之中，只是需要被發展。有人可能會在生涯的特定時刻發現，即使沒有刻意預備，這些更高的器官已經在他之中發展出來，無心的自我覺醒發生了，這樣的人會發現自己已經全然轉化，心魂的體驗無限豐富，他將發現這些肉眼不可見的知識所啟示的福佑、心滿意足及內在溫暖，是任何感官世界的知識所無法提供的，力量與生命安全感將會從靈性世界湧入他的意志。

確實有自行入門的例子存在，然而這不應該引導人們相信唯一正確的方法就只是等待自行入門，而不去進行適當的修練使入門實現，由於自行入門有可能在不符合任何規則的狀態下發生，所以在此也沒有必要多談，以下要描述的是如何經由修練去發展心魂中仍在初胚狀態的感官，沒有動力為自我發展做任何事的人很容易說，既然人的生命是受靈性力量的指導，那麼就不應該去干擾祂們的指導，而是應該平靜地等待這些靈性力量認為適合的時刻才向人的心魂開放另一個世界，這些人也會認為干預靈性指導的智慧是某種傲慢或不當欲望，這樣認為的人只有在特定理念能讓他們足夠印象深刻時才會改變想法，如果他們能告訴自己：「指導的智慧已經給予我這些能力，祂們並不是要把它寄放在我這裡保存不用，而是要我去使用它們，指導的智慧已經把更高意識的種子植入我之中，只有當我感覺有義務揭露所有經由靈性力量可以被啟示給人類的事物才算是理解這個指導。」當這樣的理念讓心魂足夠印象深刻，那麼上述對於經由修練達到更高意識狀態的質疑將會消失。

＊＊＊＊＊＊

〔4〕

然而對於這樣的修練也可能升起另一種疑慮，有人會對說：「發展內在心魂能力介入了人最隱密的至聖之處，這會完全轉化人的本質，當然，人不可能只靠自己就想出如何轉化的方法，因為進入更高層世界的方法只有實際經驗過的人才知道，如果去求助於這樣的人，就容許了那個人影響心魂中最隱密的至聖之處。」如果一個人這樣想，即使進入更高層世界的方法是以書本型式呈現，他仍然無法消除疑慮，因為無論是直接口傳或是經由書本型式閱讀學習並沒有什麼差別。

（5）

*****

確實有某些人掌握了發展靈性感官感知能力的規則，但是他們認為這些規則並不應該被寫在書中，因為這些人大都認為散播與靈性世界有關的某些真實是不被允許的，然而從人類意識演化現今的階段來看，這種觀點應該要以某種方式來宣告它已經過時；確實，經由書本散播的規則只能讓人到達那個點，但是如果提供的指引足以讓人的心魂修練達到某個程度，那麼他們就會發現接下來的路該怎麼走，只有經由個人在這條道路上的親身經歷，才能正確理解這條路將會朝向何方，上述事實可能引起對靈性知識道路的質疑，但若是深思適合這個時代的修練所指向的發展歷程本質，這些質疑就會減少，在此將會討論適合這個時代的修練道路，其他修練方法只會簡要提及。

﹝6﹞

＊＊＊＊＊

在此被討論的修練將為有意於更高層次發展的人提供轉化心魂的方法，不會有教師介入學生內在本質的疑慮存在，除非教師企圖以繞過學生意識的方式造成轉化，在我們的時代用這樣的方式教導靈性發展並不適當。

******

〔7〕

適當的教導不會使學生成為無意識的工具，它提供學生可以實踐的行為準則，在適當時機也無需隱瞞這些或那些行為準則要如此訂定的理由，追求靈性發展的人不需基於盲目的信仰去接受及實踐這些規則，事實上應該把盲目信仰完全排除在這個領域之外。即使一個人還沒開始靈性修練，只要能經由一般的自我觀察去深思人類心魂的特質，就能在接收到靈性修練所建議的規則之後自問：「這些規則如何影響人的心魂生命？」即使還沒有任何修練，運用不帶偏見的健康常識就足以回答這個問題，人可以在開始修練之前就對這些規則如何作用有正確的觀念，但是只有修練本身才能讓人真實體驗到它們如何作用，如果採取每個步驟時都能帶有合理的判斷，那麼這樣的體驗就能伴隨著對經驗的理解。在現今這個時代，真正的靈性科學只會提供經得起合理判斷檢驗的規則，如果有人願意投入這種修練，又不讓任何偏見驅使我們盲目信仰，那麼所有的質疑將會消失，任何反對以適當修練達到更高意識狀態的意見都不會造成困擾。

＊＊＊＊＊

〔8〕

對於那些內在足夠成熟而其靈性感官終將自行覺醒的人來說這些修練也不是多餘的，相反地，這特別適合他們，因為這種人很少能在自行入門之前避開各種迂迴、徒勞的彎道，修行使他們免於繞路並指引直向前進的道路，會發生自行入門是由於他們的心魂在之前累世已經達到某種程度的成熟，但是這樣的心魂也很容易對其成熟有模糊的感覺而傾向抗拒修行，因為這樣的感覺可能產生某種傲慢以致於對真正的靈性修練缺乏信心，某些心魂發展的程度可能先被隱藏起來，直到特定年紀之後才浮現，在這種情況下修練正好是使其浮現的正確道路，如果這樣的人仍然抗拒修行，那麼他的能力在今生就可能持續被隱藏，直到來世之後才會再浮現。

******

〔9〕

在此提到超感官知識的修練時避免某些明顯的誤解也很重要，其中之一是誤認為修練意圖使其在整個生活中成為完全不同的人，這裡要談的不是給予人們日常生活的一般性指引，而是要告訴他心魂如何修練才有機會觀察到超感官真實，這些練習對於超感官觀察以外的生活領域沒有直接影響，在這些生活領域之外人獲得了超感官觀察的禮物，這種感知活動與日常生活彼此獨立就像醒與睡的差異，至少不能讓它們彼此干擾，例如，想要在日常生活當中強加超感官印象的人就如同一個不健康的人睡眠經常被有害的清醒打斷，修練的人必須能以自由意志去控制用來觀察超感官真實的意識狀態。然而超感官修練會間接地與某些行為準則有關，若是生活缺乏道德要求那麼就無法得到超感官的洞見，即使得到也是有害的；這就是為什麼許多針對超感官觀察的指引同時也是使生活提升向善的手段。另一方面，經由對超感官世界的洞見使人認識到更高的道德衝動，也可以被運用到物質感官世界，特定的道德必要性只能從超感官世界被辨認出來。

第二個誤解是相信朝向超感官感知的心魂修練會改變物質身體的結構及功能，相反地，這些修練完全無關乎生理學或其他任何自然科學的分支，它們是純然靈性心魂的歷程而不帶有任何物質性，就如同健全的思考與感知，這些修練在心魂中造成的效果在本質上無異於健全的思考與判斷，真正超感官知識修練的過程對身體的作用就和健全思考一樣多，任何以其他方式關聯到人類的都不是真正的靈性修練，而是一種扭曲，基於上述精神接下來可以這麼說，由於超感官知識出於人的整個心魂，所以看起來似乎修練需要把人做某種改變，事實上，當行為準則被實踐就能使心魂在生命中創造出可以觀察超感官的時刻。

超感官的意識狀態只能從日常清醒意識提升上來，在提升之前心魂都是處於這樣的意識狀態，經由修練心魂得到脫離日常清醒意識的方法，在此提及的第一種修練方法仍然是日常清醒意識的作用，當中最重要的是使心魂定靜的方法，心魂要將自己完全投入特定的心智圖像，這些圖像在本質上具有力量可以喚醒隱藏在人類心魂中的能力，而且不同於日常清醒意識的心智圖像，日常心智圖像為的是描繪外在事物，它們越能真實地描繪外在事物本身就越真實，在這個意義上成為真實是它們本質的一部分；但是讓心魂專注於其上以朝向靈性修練的心智圖像任務就不在此，這些圖像並不是以描繪外在事物來構成，而是具有喚醒心魂的傾向，最好是使用寓意圖或象徵，但是其他的圖案也可以使用，這些圖像的內容並不是重點，重要的是心魂能完全投入其中而心無旁騖。

〔10〕

在日常生活中心魂的力量分散在許多不同事物上，心智圖像快速地

＊＊＊＊＊＊

切換，然而在靈性修練當中，重點在於讓整個心魂的活動完全集中在單一的心智圖像上，這個意識的焦點可以自由選擇，因此選擇象徵圖像會比描繪外在事物的圖像好，由於後者可以從外在世界找到線索，會使心魂無法像專注於象徵圖像那樣完全依靠心魂自己的力量去創造出圖像，所以重點不在於觀像的內容，而是經由觀像的過程讓心魂從依賴外物當中解放出來。

＊＊＊＊＊＊

〔11〕

首先，經由從心魂中喚醒記憶，人可以開始掌握何謂將自己完全沈浸在心智圖像當中，例如，如果有人先盯住一棵樹然後轉身離開不再看它，之後他可以從心魂的記憶中重新喚醒這棵樹的心智圖像，當這棵樹不在眼前而又保有這棵樹的心智圖像就是對這棵樹的記憶。現在，想像維持這個記憶在心魂當中，讓心魂停留在這個心智圖像上並且盡可能排除其他心智圖像，然後心魂會完全沈浸在這棵樹的記憶當中，即使心魂能完全沈浸在這個心智圖像當中，這個心智圖像也仍然只是來自感官的外物圖像，但是如果人能出於自由意志以相同方法將一個心智圖像帶入意識，就會漸漸達到所要的效果。

******

〔12〕

在此將以專心致志於一個象徵心智圖像為例子來闡釋，首先，這個心智圖像必須在心魂中建立，方法如下：想像一株植物紮根於土壤、葉子一片接著一片生長、然後開出花朵，再想像有一個人類在這株植物旁邊，讓心魂中的思考充滿生命力，這個人的特質及能力可以說是比植物的更加完美，想著人類可以依其情感與意志移動，同時植物只能被固定在地上，但是我也可以告訴自己，是的，人類確實比植物更加完美，而且具有某些在植物身上觀察不到的特質，不過也由於植物不具有這些特質，從某種意義上似乎植物又比人類更完美，人類充滿了慾望與熱情，當其行動都遵循這些慾望與熱情時就有可能偏離正道，我看見植物葉子一片接著一生長都只遵循純潔的生長法則，當它開花也不帶熱情地朝向清純的陽光，我可以告訴自己人類確實在某個向度勝過植物，但代價則是容許衝動、慾望、熱情加到人的本質當中，而一旁植物的力量似乎更為純潔。

現在，想像綠色的汁液流經植物，這展現了純潔、無熱情的生長法則，然後想像流經人類動脈的紅色血液，這展現了衝動、慾望與熱情，讓這些都在心魂中成為鮮活的圖像，接著想像人類能如何發展，如何使用更高的心魂能力去精煉與淨化他們的衝動與熱情，這會毀滅衝動與熱情中較卑劣的部分使其在更高層次重生，那麼血液就可以被視為衝動與熱情被精煉與淨化後的展現。例如，我從靈性層面看見玫瑰並告訴自己：在紅玫瑰綻放的花瓣中我看到植物的綠色汁液轉化為紅色，紅玫瑰就如同綠葉一樣遵循純潔、無熱情的生長法則，現在讓紅玫瑰來象徵表現已淨化了衝動、熱情的血液，由於它們已經去除了較卑劣的部分，就像在紅玫瑰當中作用的力量那麼純潔。

現在，試著不只以思考去吸收這些圖像，也要讓它們在感覺中變得鮮活，當我想像成長中植物的純潔、無熱情時會有一種福祐的感覺，我可以自己創造一種感覺，更加完美必定要以獲得衝動與慾望為代價，這會將先前福佑的感覺轉化為嚴肅的感覺，接著，當我將自己全心投入以下圖像，紅色血液可以像玫瑰花的紅色汁液一般成為內在純潔經驗的載體，那麼內在解放的幸福感覺就會被喚醒。

重要的是，不要不帶感情地面對這些建立象徵圖像的思想，在沈浸於這些思想及感覺之後，我可以將它們轉化為以下的象徵圖像：想像一個黑色的十字，它象徵了從我衝動與熱情中驅除的卑劣部分，想像在十字交會之處有七朵明亮發光的紅玫瑰環繞著中心，這些玫瑰象徵了已經被精煉與淨化了熱情與衝動的血液。（作者註：上述圖像是否能從自然科學當中獲得證明其實一點也不重要，發展關於植物與人類的想法只要經由單簡直接的觀察即可掌握，不需要依靠任何理論，畢竟這些想法確實有其價值，比起其他與外在世界有關的理論並非更不重要，這些想法並非要以科學的方式呈現事實，而是要建立在心魂層次有效的象徵，儘管在建立圖像時可能會有人提出異議。）這個象徵圖像應該要先前提到喚醒記憶圖像的方式在心魂中被喚醒，當我能全心投入像這樣的心智圖像時，它就具有喚醒心魂的力量，這個時候我必須盡量排除其他心智圖像，只讓這樣的象徵盡可能鮮活地停留在我心魂的靈性之中。

在此提供的象徵並非本身就能成為喚醒心魂的圖像，而是必須由植物及人類的相關想法開始建構才會有效，因為這類象徵的有效性取決於它在被使用之前是如何被建構的，如果一個人在觀想的圖像並非由其心魂所建構的，那麼這個圖像仍然是冰冷的，效果也遠不如在預備過程中已經接收了心魂之光力量的圖像，然而在觀想時並不需要回顧所有預備的過程，只要容許這個圖像鮮活地浮現在靈性之中，同時在建構圖像過程中的感覺也會隨之共鳴，如此象徵圖像成為感覺體驗的象徵，心魂沈浸於這種體驗才會有效，我能越長時間沈浸於其中不受其他圖像干擾，整個過程就越有效，然而在我實際用來觀想的時間以外，經常經由思想與感受重複上述建構圖像的過程也是有益的，因為這樣感覺就不會消失，我越有耐心不斷更新它，這樣的圖像對心魂的作用就越顯著。（在拙著《如何認識更高層世界的知識》有提供其他觀想方法的例子，特別是植物的生與死、種子中沈睡的創造力、水晶的造型等也都很有效，在此只是用一個例子來說明冥想的特質。）

〔13〕

******

在此所描述的象徵並非任何外界事物或自然產物的複製品，但是正因為如此使它具有喚醒某些純粹心魂技能的力量，然而也有人可能會提出異議，他可能會說：「確實，『整個』象徵並不存在於自然界，但是所有細節都是從自然界借來的，如：黑色、玫瑰等等，這些事物都能經由感官感知。」對於這種異議感到困擾的人應該深思，只是重製感官感知的圖像並不會喚醒更高的心魂能力，其效果來自將細節組合的方法，而組合本身並非去描繪任何感官世界存在的事物。

＊＊＊＊＊＊

〔14〕

這個象徵只是一個例子用來說明有效觀想的過程，在靈性修練當中可以使用各式各樣的圖像，也有許多不同方法可以建立這類圖像，特定的句子、片語、單字都可以用來冥想，無論如何，這些觀想方法的目標都是使心魂遠離感官感知，所有感官感知的印象都毫無意義，必要的是發展休眠於心魂內的能力。

也可以只針對感覺、情緒等觀想，這會特別有效，以愉悅的感覺為例，在日常生活中，當外在刺激出現時心魂會經驗到愉悅，當一個有健全感覺的心魂察覺到一個人出於真心善意的行為，心魂會對這個行為感到滿足和愉悅，接下來心魂可以繼續想著這類行為並告訴自己：「當一個人出於仁慈之心去做事，他並不是為了自己的利益行動，而是為了人類同胞的利益，這樣的行為可以被稱為道德上的善。」然而，這個在觀想的心魂可以完全放下來自外在世界使其滿足愉悅的個案所產生的心智圖像，然後形成仁慈之心的完整觀念，或許他可以觀想仁慈之心的產生是出於一個心魂全心投入其他心魂的利益而使之成為自己的利益，然後這個觀想的心魂可以對仁慈之心的道德觀念感到愉悅，這個愉悅並不源自於任何感官世界的歷程，它就只是源自於愉悅的觀念，如果一個人企圖長時間在心魂中保持這種愉悅感的鮮活，這就是對內在感覺、情緒的觀想，會讓內在心魂能力覺醒的有效性並不取決於觀念本身，而是由於持續影響心魂的感覺並非由外在單一印象所激起。

由於超感官知識可以比一般圖像更深入穿透事物的本質，因此將源自於超感官體驗的感覺用於觀想對發展心魂能力會更有效，這對於更高層次修練是必要的，要記得光是積極地觀想仁慈之心這類觀念引發的感覺與情緒就能引導人走得很遠。由於人有不同特質，所以不同的修練法也會對不同的個人有效。關於觀想該持續多久，必定要記得在觀想時越能靜定與謹慎效果就會越強，然而，在這個方面應該避免任何過度，修練本身會產生某種內在韻律節奏告訴我們適當的界線。

〔15〕

＊＊＊＊＊

通常，在個人能感受到成效之前，觀想練習必須持續很長的時間，耐心與堅持是靈性修練不可或缺的，人若是無法喚起這兩種態度，以這兩者構成心魂的基調持續定靜修練，那麼就無法取得多少成效。

〔16〕

＊＊＊＊＊

從上述例子可以看到內在觀想（冥想）是得到更高層世界知識的一

種方法，但並不是任意想像的內容都會導致它，而是要以上述方法建構的才會有效。

〔17〕

＊＊＊＊＊＊

這個路徑首先帶領人到被稱為觀像的知識，這是更高層知識的第一步，從靈性科學的觀點來看，經由感官感知獲得並由受限於感官經驗的智性所吸收的知識可以被稱為「具體知識」，在這之上還有許多更高層的知識，其中第一層就是觀像的知識。使用「觀像」一詞可能引起異議，因為有些人會認為「觀像」只是自以為是的幻覺而無法對應到任何真實，然而在靈性科學中「觀像」的知識應該要被理解為來自心魂在超感官意識狀態的認知，能感知一般感官無法觸及的靈性真實及存有者，由於這個意識狀態是透過觀想象徵或圖像而在心魂中被喚醒，因此其所屬的世界就被稱為「觀像」的世界，與其相關的知識就被稱為「觀像」的知識，因此，「觀像」意謂著有另一種「真實」，不同於物質感官感知到的真實及存有者，用於觀像體驗的心智圖像其內容並不重要，重要的是經由這樣的體驗去發展心魂的能力。

＊＊＊＊＊

有一個反對使用這類象徵圖像的理由是，它們經由夢幻的想法與任意的圖像形成，只能帶來可疑的成果，這類質疑對基於真正靈性修練而構成的象徵是沒道理的，因為所挑選的象徵可以完全與外在感官現象完全無關，並且只有在收回所有對外在世界的注意力、抑制所有的感官印象並消除所有由外在刺激產生的想法，才能從它們對心魂影響的力量中找到它們的價值。

〔18〕

經由將冥想與睡眠狀態進行比較最能生動地說明冥想的過程，它們一方面有相似之處，但是另一方面又完全相反，相對於日常清醒的意識狀態，冥想是一種更清醒的睡眠，重要的是它專注於對應的觀念或圖像，相對於日常生活或一般認知，心魂被迫從內在深處提取更強的力量，這增強了內在的活動，他從有形身體解放出來與睡眠相同，但並不像睡眠會落入無意識的狀態，相反地他體驗了前所未有的世界，雖然從身體解放出來的心魂狀態與睡眠相似，但是相對於日常清醒的意識狀態又更加清醒，如此心魂可以體驗到自己內在真實的獨立本質，相對而言心魂在日常清醒的意識狀態下力量發展就比較弱，需要經由身體的幫助才能得到意識，在這種狀態下心魂並不能體驗到自己，只能從身體活動過程反射的鏡像中意識到自己。

＊＊＊＊＊

〔19〕

依其性質，以上述方式建構的象徵並不關聯到任何靈性世界的真實，它們只是幫助人類心魂脫離感官感知與起初和理解力綁在一起的大腦器官，但這樣的脫離並不會自動發生，除非人能感覺以心魂力量觀像時並沒有運用到大腦及感官，以這種方式修練首先體驗到的是從身體感官解放出來，然後就可以說：「當排除感官感知及日常智性思考時我的意識並不會消失，我可以排除掉它們並且體驗到自己是與以前不同的獨立個體。」這是最初純粹的靈性體驗：可以觀察到心魂靈性當中的吾存有，從被身體感官與身體思考綁在一起的自我中升起一個新的自我。

如果一個人從感官與理性的世界解放又沒有觀想，那就會沈入無意識的「空」，當然，在觀想之前心魂靈性存有者就已經存在，但是人並沒有工具去觀察靈性世界，這就像是一個物質身沒有眼睛去看或沒有耳朵去聽，用於觀想的力量首先在之前無組織的心魂靈性存有者當中創造出心魂靈性的器官，以這種方式創造出來的也會最先被人觀察到，因此某種意義上最初的體驗算是一種自我感知，依照靈性修練的本質，心魂經由自我教育發展到這裡，可以充份意識到在圖像世界（觀像的世界）中能首次感知到自己是由於上述修練的結果，雖然這些圖像在新世界中顯得鮮活，但是心魂必須認清它們只是經由練習而增強的自我映像，心魂不僅必須以清楚的辨識力下判斷，也必須發展出能隨時從意識中移除這些圖像的意志力，在這些圖像中心魂必須能完全地自由與謹慎，這只屬於真正的靈性修練，如果心魂在靈性領域的體驗無法做到這樣，就如同在物質世界眼光被迫凝視某個物體而無法移開。

然而在這個靈性修練階段仍然會有例外，就是有一組內在圖像的體驗無法被移除，它們對應到一個人心魂本身存在的核心，靈性學生可以在這些圖像中認出他的基本存有經歷了累世的地球生命，到了這裡對累世地球生命的感覺成為真實的體驗，除此之外，上述關於靈性體驗的自由必須維持，只有獲得移除自身靈性體驗的能力之後才能達到外在真實的靈性世界，在移除之後會有其他事物顯現，才可視之為靈性真實，人會感覺到心魂從不明確成長為明確，必須從自我感知繼續向前去觀察外在的心魂靈性世界，如果能依下面描述的方式去建構內在體驗就會繼續前進。

〔20〕

******

一開始，靈性學生的心魂對心魂靈性世界的感知還很微弱，在觀想當中他們要花費很大的內在力量去維持住由感官世界刺激建構起來的象徵與心智圖像，但若他們想要真正去觀察更高層世界就不能到此為止，除了心魂能一段時間保持不受外在感官世界刺激影響的狀態之外，也能將先前構成的心智圖像從意識中排除，如此，經由觀想所形成的才能在意識中顯現出來，關鍵在於心魂有了足夠強的內在力量才能真正從靈性感知而不會失去專注，但若心魂的內在力量發展不足就很容易失去專注，最初心魂靈性組織以及學生在自我感知中掌握到的都很脆弱且短暫，即使已經盡可能地防制，來自外在感官世界及其後續記憶的干擾仍然很大，人不只受到那些他注意到的事物干擾，更多干擾來自於他沒意識到的日常生活。

在這樣的狀況下人的本質也可能進入過渡階段，心魂有可能在睡眠時先達到原本被物質世界干擾而無法在清醒時達到的狀態，全心投入內在觀想的人如果能適當地關注意識到睡眠，會發現他並不是「完全沈睡」，有時候在睡眠中他的心魂仍然會以特定方式活動，在這種狀態下睡眠自然地阻隔了外在世界的影響，而心魂仍然無法在清醒時靠自己的力量做到，但若觀想的修練已經產生效果，心魂在睡眠時會將自己從無意識中解放出來而能感知到心魂靈性世界。

這可能會以兩種方式發生，一種是人在睡眠中可以認出我正在另一個世界，另一種則是他能在清醒後回想起我曾經在另一個世界，然而前者比後者需要更大的內在力量，因此後者在靈性修練的初學者當中比較常見，漸漸地學生能達到這個程度，在清醒之後意識到在睡眠期間是待在另一個世界，而醒來時是由那個世界離開，他們對於另一個世界的存有者及真實的記憶會變得越來越明確，靈性學生是以這種或那種型式發生了所謂的意識連續性（在睡眠期間意識能延續），然而這並不意味著這些人在整個睡眠期間都能一直保持意識，如果一個人如同其他人一般睡眠時有某些時刻能有意識地看見心魂靈性世界，或是他在清醒之後能回憶起這些短暫的意識狀態，都已經在意識的連續性上邁進一大步。

然而不要忘記上述內容只能被理解為一個過渡狀態，為了修練經歷這種過渡狀態是好的，但是不應該相信人能從中得到心魂靈性世界的終極看法，在這種狀態下心魂仍然不確定，也不能信賴它的觀察，然而經由這樣的經驗確實會蓄積越來越多力量，以便於在清醒時能排除外在物質世界及內在世界的干擾，要能得到觀察心魂靈性世界的能力，必須排除來自感官印象的干擾、讓與物質腦綁在一起的思考止息、並移除為了預備靈性感知而觀想的心智圖像。靈性科學以任何形式發表的內容，都不應該出自完全清醒意識狀態下的心魂靈性觀察以外的來源。

******

〔21〕在靈性修練的過程中有兩個心魂體驗很重要，藉由第一個體驗人可

以說：「現在開始，如果我能不顧外在感官世界給我的所有印象並向內觀察，我不會看到一個毫無做為的存有者，而是會意識到自己在一個只靠感官印象及一般心智圖像刺激無法感知的世界。」在這一刻，心魂感覺到自己內在以上述方式生出一個新的存有作為其本質核心，這個新存有者的特質完全不同於先前心魂所擁有的。

另一個是體驗到先前的存有者像是第二個存有在新的旁邊，人到目前為止從內在體驗的，從某種意義上轉化為外在所面對的，有時人會經驗到自外於先前以為是本質核心的「吾」，好像他謹慎地活在兩個「吾」當中，其中之一是他一直以來已知的，另一個在祂之上像是一個新生的存有者，他可以感覺到前者相對於後者有某種獨立性，就像人體相對於第一個吾有某種獨立性。這樣的體驗有重大意義，經由它讓人知道活在他經由修練而努力達到的那個世界意味著什麼。

******

〔22〕

現在，第二個新生的吾可以被引導在靈性世界中感知，祂可以在靈性世界中有意義重大的發展，像在物質感官世界中擁有感覺器官一般，若是這個發展達到必要的程度，人就不只是從自己解放出來成為新生的吾，也可以開始感知四週的靈性真實與靈性實體，如同人經由身體感官去感知物質世界一般，這是第三個重要的體驗。

要能妥善應對這個階段的靈性修練，人必須真實面對伴隨著心魂力量增加，自私及自負會達到一般心魂生活未知的程度，不要誤以為這裡所談的只是一般的自私，在這個發展階段，自私會增強到像是心魂中本質力量的程度，需要強大的意志力修練才能克服，這樣的自私並非由靈性修練產生，它一直都在，只是經由靈性體驗使它能被意識到，因此進行其他靈性修練的同時也必須伴隨著意志力的修練，在人剛才為自己創造出來的世界中，會有強烈的衝動要去追求喜樂，某種意義上人必須能以上述方式移除他先前努力附帶而來的影響，在達到觀像的世界後他必須能移除自己，但是最強烈的自私衝動會與之對抗。

很容易相信靈性修練的練習與心魂的道德發展完全分開毫無關聯，相反地，必須指出道德力量是克服自私所必要的，但這會需要心魂達到相應的道德修養，若是沒有必要的道德提升，靈性修練的進展是不可想像的，缺乏道德力量就不可能如上述去克服自私，要說真正的靈性修練不用同時進行道德修養並不正確。只有那些缺乏親身體驗的人才會提出質疑：當一個人相信他有靈性感知時怎麼知道那是真實而非自己的想像（幻覺、妄想等）？

然而事實上，如果一個人是經由適當修練達到這個程度，就會有能力區辨自己創造的心智圖像與靈性真實，正如同任何有健全常識的人都可以區辨自己想像中燒紅了的鐵塊與可以用手觸及的真實鐵塊，只要有健康的體驗就可以區辨出不同，即使在靈性世界中生命本身就是試金石，正如同人都知道在感官世界中的一塊鐵，即使想像它有多熱都不會燙傷自己的手指，修練過的靈性學生也知道他們體驗到的是出於自己的想像，或是靈性世界的真實與存有者經由已覺醒的靈性感官產生了印象，在靈性修練時要遵循哪些方法才能避免成為欺騙的犧牲品將會在稍後提及。

*****

〔23〕

當靈性學生首次意識到新生的吾，對他來說是否已經獲得明確的心魂狀態是至為重要的，因為經由這個吾人類可以掌控他的感知、感受、心智圖像、衝動、欲望和熱情，感知和心智圖像不能只是被遺留在心魂當中，它們必須被謹慎思考所管控，這個吾運用了思考法則為心智圖像及活的思考帶來秩序，類似的狀況也發生在欲望、衝動、傾向及熱情，道德原則成為這些心魂力量的帶領者，經由道德判斷吾在這個領域成為心魂的領導者，當一個人從原本的吾當中精煉粹取出較高的吾，某種意義上原本的吾變得獨立，然而祂也失去了奉獻給較高吾的那些活力。

但是假設有一個人尚未發展出有效且穩定的思考法則及判斷力，又要讓較高吾在這個層次上誕生，他只能留下先前修練的思考能力給原本的吾，如果有秩序的思考不足，變得獨立的原本吾在思考與判斷上將會呈現混亂、疑惑與不切實際，因為在這個人當中新生的吾仍然虛弱，充滿疑惑的較低吾將會獲得超感官感知的主導權，這樣的人在超感官的觀察時就無法展現出平衡的判斷，如果這個人已經發展出足夠的邏輯思考能力，他就可以放心地讓原本的吾獨立。

在道德領域也是如此，如果一個人在道德判斷上仍不堅定，也無法有效管控傾向、衝動和熱情，那麼他原本的吾在獨立時就會受制於上述這些心魂力量，其結果有可能這個人在確認超感官感知體驗時所用的真理感，層次反而未及於外在感官世界帶給他意識的真理感，以如此鬆散的真理感他就有可能把所有幻像都視為靈性真實，在更高吾為了超感官知識而覺醒之前，必須為原本的吾發展完成真理感，當中包含了堅定的道德判斷、穩定的人格與敏銳的良知。這並不是要威懾使人遠離靈性修練，而是要非常認真地對待它。

******

〔24〕

任何有堅強意志力的人盡全力使第一個吾在執行職務時有內在安全感，那麼就不會害怕為了超感官知識而經由靈性修練使第二個吾分離出去，然而他必須留意到自我欺騙的力量很強大，會使人誤以為自己已經「成熟」了，上述的靈性修練會使人發展出活的思考，那麼他就不會有誤入歧途的危險，即使這通常被認為是不可避免的，以這種方式鍛練思考會引發所有必要的內在體驗讓心魂去經歷，但是又不會伴隨著有害的偏差幻覺，若是沒有適當的思考鍛練這些體驗可能引發心魂中強烈的不安全感，在此強調的方法會使這些體驗以學生熟悉的方式呈現，因為他們已經熟悉了以健全的心智狀態去感知物質世界，經由鍛練活的思考一個人更能去觀察自己的體驗，但若缺乏活的思考他就無法用心面對這樣的內在體驗。

＊＊＊＊＊＊

〔25〕

想要經由修練的方式進入更高層世界的人，應該以適當方式修練以下特質，最重要的是心魂能掌控他的思考、意志與情感，以修練的方式來達成掌控有雙重目的，一方面心魂將因此達到某個程度的堅強、安全感與平衡，即使在第二個吾誕生之後仍能維持住這些特質，另一方面，這也會給予第二個吾力量與內在支持。

＊＊＊＊＊＊

〔26〕

首先，在靈性修練當中人的思考必不可缺乏客觀性，在物質感官世界，生命是人類吾在客觀性方面的偉大教師，即使心魂想容許思考徘徊遊蕩，為了避免心魂與生命發生衝突，思考會立刻被生命糾正，心魂必須依據生命中的實況來思考，當人將注意力從物質感官世界移開，就會缺乏來自後者的強制糾正，如果他的思考無法自我糾正就會像鬼火般飄忽閃爍，這就是為什麼靈性學生的思考必須加以鍛練使其能設定自己的方向和目標，思考必須讓自己的內在穩定並且有能力完全專注在一個特定目標，因此適當的「思考鍛練」不應該使用遙遠而複雜的對象，應該要使用簡單而親近的對象。

一個人若是能連續幾個月每天都至少花五分鐘的時間將思考專注於一個日常物品（例如大頭針、鉛筆等等），在這幾分鐘當中排除所有與這個物品無關的思考，就會在正確的方向前進一大步（你可以每天想一個新東西，或是持續幾天想同一個東西）。即使是那些經由科學訓練而自認為是「思想家」的人也不應該鄙視靈性修練以這種方式自我預備，因為當你把思想固定在熟知的事物上一段時間，就可以確定思考是否與事實相符，試問：鉛筆是由什麼組成的？它們如何組裝成鉛筆？鉛筆是什麼時候被發明出來？諸如此類的問題會使他的想法更相應於事實，甚於去想人類的起源或生命的本質等問題，經由簡單的思考鍛練得到能力去理解古土星、古太陽、古月亮的演化，遠超過任何複雜的學術思想，因為在一開始重要的並不是去想這個或想那個，而是以內在力量與事實相符地思考，如果一個人經由易於理解的物質感官過程學到客觀性，即使思考並不覺得自己受物質感官世界及其法則統治，思考也會習慣於與事實相符，這讓人擺脫了思考徘徊遊蕩又與事實無關的過去。

******

〔27〕

正如心魂要在思考的世界成為掌控者，心魂也必須變成意志領域的掌控者，在此相同的是生命本身也會在物質感官世界展現其主導性，生命使人有了這樣或那樣的需要，而意志會驅使自己去滿足這些需要，為了更高的修練，人必須習慣於嚴格服從自己的命令，習慣於這樣做的人會越來越少想起不必要的欲望，在意志生命中的不滿意及不穩定是出於沒有明確概念如何實現的欲望，這樣的不滿意可能在更高吾試圖於心魂中顯現時使整個內在生命失序混亂。

一個好的鍛練是命令自己連續幾個月每天都在特定時間做某件事：今天在「特定時間」我會「做這件事」，然後逐漸可以很精確地在所設定的時間去執行預定要做的事，如此就能使自己超越有害的想法：「我想要這個、我想要那個」而又完全不考慮可行性，一個偉大的人讓先知說出：「我愛那渴望不可能之人。」（出自歌德《浮士德》第二部），歌德自己又說：「堅守理念意味著將不可能視為可能。」（出自歌德《格言與反思》）然而這些話並不能用來反駁上述內容，因為歌德及其先知曼科的要求，只有那些已經鍛練自己只欲求可能之事的人才能達到，透過他們強大的意志力將「不可能之事」轉化為可能。

〔28〕

******

關於情感的世界，為了靈性修練心魂應該達到某種程度的沈著冷靜，為此心魂必須能掌控快樂、痛苦、喜悅、悲傷的表現，關於獲得這樣的特質可能會引起某些偏見，有人可能會認為當一個人「無法享受快樂或不再苦於痛苦」就會變得對他同時代的人感覺麻木而漠不關心，但完全不是這樣，心魂確實應該在開心的事情發生時享受快樂，在悲傷的事情當中感到痛苦，所要掌控的只是快樂、痛苦、感興趣、沒興趣的表現，如果一個人努力做到這一點，就會立刻發現這並不會變得麻木，反而會比以前更容易感受到環境當中的快樂和痛苦，但是想獲得這樣的特質就需要長時間詳實的自我觀察，一個人必須觀察到他能充份體驗快樂和痛苦而又不失去自己以致於非自願地表現自己的感覺，這並不是要壓抑正當的痛苦，而是要能止住非自願的哭泣；不是要失去對惡行的反感，而要是能避免盲目的暴怒；不是要對危險失去警覺，而是要能放下無謂的

「害怕」，諸如此類。

這樣的練習是靈性學生得到情感寧靜的唯一道路，如此當更高吾誕生而運作時，心魂才不會在旁邊成為不健康的副本，在這些事情上重要的是避免沈溺於自我欺騙，已經在日常生活中達到某種程度鎮定的人會覺得不需要做這些練習，其實這樣的人需要雙倍的練習，有人確實可以在面對日常生活事物時保持鎮定，但是當提升到更高層世界時原本被壓抑的不平衡將會更加強烈，必須清楚地認識到先前擁有的對靈性修練成效有限，遠不如規律練習符合所需，這句話看似矛盾實則正確，無論生命讓人學會這個或那個，自我學習所得到的特質才符合靈性修練的需求，如果生活帶來興奮，那麼應該要可以戒除它；但是如果生活帶來平靜，那麼應該經由自我教育來喚醒自己，讓心魂的表現符合所接收的印象，無法對任何事情發笑的人與無法自我控制總是被逗笑的人都一樣算是無力掌控自己的生活。

〔29〕

另一個修練思考與情感的方法會獲得的特質可以被稱為積極正向，有一個美麗的傳說，基督耶穌與一些人走過一隻死狗旁邊，其他人都避開這醜陋的景象，只有基督耶穌欽佩地說牠的牙齒好美，人可以練習在面對世界時維持住這個傳說中的心魂狀態，錯誤、邪惡、醜陋不應該阻止心魂在任何地方追尋真、善、美，但也不應該把這種積極正向與缺乏判斷力或對邪惡、錯誤、低級的事物視而不見混為一談，在讚美死亡動物的「美麗牙齒」時也仍然要看到腐爛的屍體，只是這個屍體並不能阻止人看見美麗的牙齒，不能把壞事當作好事，也不能視錯誤為真實，而是要達到不讓壞事阻止我們看見好事，也不讓錯誤阻止我們看見真實。

＊＊＊＊＊＊

〔30〕

當一個人試著不讓自己被過去的經驗或所學剝奪了無偏見地接受新經驗，與意志結合的思考才算是達到某種程度的成熟，「我從來沒聽過所以我不相信」這樣的想法對靈性學生而言完全沒有意義，在特定時段內他要致力於運用所有機會在任何事物或存有當中學到新東西，如果一個人準備好願意採取先前不曾有過的觀點，就可以從每一陣微風、每一片樹葉、及童言童語當中學習，然而這方面的能力也很容易走過頭，在生命的任何階段人都不應該忽視過去的經驗，人應該基於過去的經驗來判斷當下的體驗，這是秤的一側，然而另一方面靈性學生應該不斷學習新的事物，最重要的是，相信新體驗與舊經驗之間矛盾衝突的可能性。

＊＊＊＊＊＊

〔31〕

在此列出了真正靈性修練學生需要得到的五種心魂特質：掌控思考的方向、控制意志的衝動、鎮定地面對悲喜、積極正向判斷世界、以無偏見的觀點面對生命，在連續一段時間練習獲得這些特質之後，還需要讓它們在心魂中保持和諧，某種意義上他會需要同時成對練習，或三加一練習等等，以便於使它們保持和諧。

＊＊＊＊＊

〔32〕

之所以提供上述靈性修練的方法，是因為如果靈性學生能徹底執行，不只會立即產生上述成效，後續還會間接產生通往靈性世界道路上必要的影響，執行足夠練習的人就會遭遇心魂生命當中的許多缺點與錯誤，也會發現增強與防衛他思考、情感、生命特質所需要的方法，依個人不

＊＊＊＊＊

同的能力、性情與特質也必定需要許多其他練習，但在上述練習徹底執行之後其他練習會自己產生，是的，有人會注意到上述練習也間接地提供一些起初看起來似乎不在其中的東西，例如在一段時間之後，沒有足夠自信的人會發現這些練習提供了必要的自信，其他心魂特質也是如此。（特定、更詳細的練習可以在拙著《如何獲得更高層世界的知識》中找到。）

重要的是靈性學生可以將上述能力提升到比先前更高的層次，他必須掌控思考與情感使心魂有力量在特定時間內創造完全的內在寧靜，在這段期間他可以讓自己的靈與心遠離外在日常生活中的喜悅與悲傷、滿意與擔心、甚至是任務與要求，在冥想期間只有心魂本身選擇的事物才能被允許進入心魂，與此相應的偏見也很容易產生，有人主張，當人每天有特定期間將心與靈從日常生活及其任務中收回會造成他對日常生活及其任務的疏離，但事實並非如此，能在上述期間深沈進入穩定與寧靜的人會產生許多強大的力量可以運用在日常生活的任務，這並不會讓他在執行日常任務時成效不佳，反而會做得更好。

當一個人在這些期間內能完全不想到與個人相關的私事，而是將自己由關心私事提升到關心全人類，這會非常有價值，如果他能讓心魂充滿由更高層靈性世界而來的訊息，並且對這些訊息的關注就如同與個人相關的私事，那麼他的心魂將會從中得到特別的成果。

以這種方式努力調節其心魂生命的人有可能會達到自我觀察，在其中他們能平靜地看待自己的私事如同外人一般，視自己的體驗、喜悅、悲傷如同他人的感受對靈性修練來說是良好的預備，如果一個人在完成每日的工作之後能讓其每日體驗的圖像在靈性之前經過，他就會漸漸達到這方面必要的程度，一個人應該可以在這些體驗的圖象中看見自己，像是從外部觀察自己的日常生活，從日常生活中的一小部分圖像開始練習，會在這樣的自我觀察中得到實踐驗證，一個人在這樣的回顧中會越來越熟練與清晰，所以在長期練習之後就可以在短暫時間之內形成完整的圖像，以倒序回顧經驗對靈性修練有特別的價值，因為這能使心魂離開平常只追隨感官所及事件過程的思考習慣，在倒序思考當中人可以正確地想像但又不受限於感官感知的順序，這是人進入超感官世界所必要的，因此除了能倒序回顧日常生活之外，以倒序方式想像戲劇、故事、旋律等等也很有益。

對靈性學生來說理想狀況是逐漸達到心魂以內在穩定與寧靜的方式面對生活中的事物，並且依其內在意義與本身價值進行判斷，而非基於個人的心魂結構去判斷，考慮到這樣的理想，他會建立起心魂基礎以便全心投入上述關於象徵圖像、想法及感受的觀想。

〔33〕

*　*　*　*　*　*

必須滿足這裡描述的條件，因為超感官體驗是基於進入超感官世界之前在一般心魂生活所建立的基礎之上，從兩方面來看，所有超感官經驗都取決於進入超感官世界之前的心魂起點，沒有努力經由靈性修練先培養好健全判斷力的人，在發展超感官能力時就會以不精確又不正確的方式去感知靈性世界，也可以說他的靈性感知器官並沒有正確發展，就像眼睛有缺陷或疾病的人無法在感官世界中正確地看見，若是靈性感官沒有基於健全的判斷力來修練就無法正確地感知。

以不道德的心魂狀態做為起點進入靈性世界的人，他的靈視會像是蒙上霧霾般昏迷，他在超感官世界面前就像在恍惚狀態下去觀察感官世界，這樣的人確實無法說出什麼有意義的話，即使昏迷的靈性觀察者會比一般意識狀態下的人更清醒，他們對靈性世界的說法還是錯誤。

* * * * * *

〔34〕

當上述心魂觀想（冥想）能被稱為「不受限於感官的思考」的習慣所支持，觀像層次的知識才算是達到內在精熟可靠，如果一個人基於對物質感官世界的觀察來思考，這樣的思考並非不受限於感官，然而人類並非只能擁有這種思考，人類的思考並不會因為拒絕被感官觀察的結果填滿就必然變得空洞而沒有內容，靈性學生要學習不受限受於感官的思考，最安全有效的方法就是去研讀從靈性科學而來關於更高層世界的訊息並經由思考掌握它們，雖然這些實相無法經由物質感官觀察到，如果一個人有足夠的耐心與堅持就會發現他可以理解它們，缺乏修練的人無法研究更高層世界也無法親自觀察它，但是就算你缺乏修練仍然可以理解研究者所述關於更高層世界的一切。

如果有人問：由於我自己無法親見，如何能真誠地相信靈性研究者所述？這是完全沒道理的質疑，因為確實有可能只是經由反思就確定了所言不虛，如果無法經由反思得到確信，並不是因為人不能「相信」自己無法親見的事物，反而只是因為人的思考仍未達到足夠的不帶偏見、廣博全面及深刻透徹，為了明白這一點必須認識到，若是人的思考能從內部有力地提振，其理解能力將遠超過一般的想像，因為思考本身已經具有與超感官世界相互關聯的內在本質，心魂通常不會意識到這些關聯，因為它習慣於只將思考能力運用在感官世界，因此就會認為關於超感官世界的資訊無法理解，然而這些訊息不只能被靈性修練過的思考所理解，也可以被任何意識到自己的完整力量並願意運用它的思考理解。

經由持續不斷將靈性研究的成果佔為已有，人變得習慣以不依賴感官觀察的方式思考，人會學習認出在心魂內思想如何編織思想、思想如何追尋思想，即使它們的關聯並非由感官觀察的力量造成，最重要的是人能覺察到思想世界也具有內在生命，當人能真正地思考就已經處於鮮活的超感官世界當中。

＊＊＊＊＊＊

〔35〕

一個人對自己說：「我之內有某物正在形成思考器官，但我與『某物』合而為一。」當一個人全心投入不受限於感官的思考，會體驗到某種本質存有流入他的內在生命，就像當他以感官觀察時會有某種屬性流入他的感官，感官世界的觀察者會對自己說：「外在空間有一朵玫瑰，它對我來說並不陌生，因為它以顏色和氣味向我展現其自身。」當不受限於感官的思考在一個人當中作用，只要足夠不帶偏見就可以做出完全相應的陳述：「一個本質存有向我展現其自身，讓思想連結思想並形成思考器官。」

然而，觀察外在感官世界事物的感覺仍然異於在不受限於感官的思考中本質存有的展現，前者感覺到自己是在玫瑰之外，全心投入不受限於感官的思考的人感覺本質存有向其展現時是在他之內，他感覺自己與它合而為一，那些有意識或無意識認為這些本質存有是外物的人就無法經由與它合而為一的感覺去感知這些本質存有向他展現的自身，為了在這點上正確看待，就必須要有以下內在體驗，一個人要學習區別由個人任意創造的思想連結，並不同於當個人的任意性被止息之後內在體驗到的思想連結，在後者的狀況下一個人可以說：「我保持內在完全靜默，沒有創造任何思想連結，將自己全心投入『在我之內的思考』。」然後才能充份合理地說：「某種本質存有在我之中作用。」如同一個人能合理地說：「當我見到特定紅色、嗅到特定氣味時玫瑰在對我作用。」

這與從靈性研究者那裡得來的想法內容並不衝突，當人將自己投入這些思想時它們已經存在，但不論任何想法若是沒有在心魂中被重新創造人就無法思考它們，重要的是當靈性研究者要在聽眾及讀者心中喚醒想法時，這些人必須從自己內在把這些想法取出，相對而言，當有人為聽眾及讀者描述感官真實時，這些人可以從外在感官世界觀察到這些事物。

******

〔36〕

（經由靈性科學傳達的訊息通往不受限於感官的思考絕對是安全可靠的方法，然而還有其他更安全、更精確的方法，只是對許多人來說也更困難，就是在拙著《歌德世界觀的認識論》及《自由的哲學》當中所提供的方法，這些作品呈現出若是人類的思考並不獻身於外在物質感官世界的印象而只朝向思考本身會得到什麼，如此純粹思考會像是鮮活的存有者般運作，而非只有感官所及事物的回憶在人之中浮現，即使上述作品當中沒有任何從靈性科學而來的訊息，它們仍然顯示了只作用於自身內在的純粹思考可以闡明有關世界、生命及人類的議題，這些作品處於認識感官世界與認識靈性世界之間的重要中介階段，它們提供了當思考提升到感官觀察之上可以得到的內容，而又避免進入靈性研究，當一個人讓這些作品在他整個心魂上作用，他就已經在靈性世界當中了，只是它讓人將自己認知為思想世界，任何人感覺能讓這樣的中介階段對自己作用就會走上安全的道路，這會使他得到對更高層世界的感覺，並且在未來擁有最美好的果實。）

〔37〕

準確地說，對上述特定象徵心智圖像及感覺的觀想（冥想），其目的是在人的星芒身當中形成更高的感覺器官，最初這些器官是以星芒身為材料創造出來，這些新的觀察器官開啟了一個新世界，在這個新世界中人認識到自己是一個新的吾，不同於物質感官世界的觀察器官，這些新的觀察器官是主動的器官，眼與耳是被動地允許光與聲作用於其上，但是靈性心魂感知器官在感知時一直保持主動並且完全有意識地掌握對象與事實，這會導致一種感覺，靈性心魂感知是與相應事實結合的過程，亦即「活在祂們之中」。

人可以稱這些正在形成的靈性心魂器官為「蓮花」，因為它們在（觀像的）超感官意識中展現就像這樣，（當然人應該要意識到使用這個詞彙並非就是這個東西，就像有人提到「肺葉」時所指並非就是葉子。）經由特定方式的內在觀想使星芒身形成一個或另一個靈性心魂器官（或

******

稱蓮花），依照本書所述實在不需要再強調，人不可以想像這些「觀察器官」只是真實反映在感官印象上的心智圖像，這些「器官」是超感官的並且由特定的心魂活動形塑組成，只有經由實踐這樣的心魂活動它們才能存在，以感官感知看不見這些器官，就如同當人類思考時看不見「水氣」在他四週，任何想像超感官可以被感官感知的人都會陷入誤解，儘管這樣說是多餘的但是仍然要說，因為經常遇到相信超感官的人又想像那只是感官所及的事物，也經常遇到反對超感官知識的人認為靈性研究者所說的「蓮花」只是感官可及但更精微細緻的結構。

任何帶著觀像感知的真正冥想都會影響一個或另一個器官，（在拙著《如何認識更高層世界的知識》有提到特定的冥想和修練會影響到一個或另一個器官。）在適當的鍛練當中學生的個別修練會被組織安排成為系列，使這些器官可以單獨或依序發展，這樣鍛練靈性學生需要非常多的耐心及堅持，一般人由日常生活情境獲得的耐心是不夠的，因為在這些器官發展到足以被靈性學生用來感知更高層世界之前要花費很長很長的時間，當這件事發生的那一刻對他而言可稱之為啟蒙，相對而言在修練發展器官的過程是屬於預備或淨化階段。（在此使用「淨化」一詞是因為這些練習淨化了學生內在生命的某些部分，這些是來自於感官世界的觀察。）

確實可能有尚未真正啟蒙的人反復由更高層世界接收到「閃光」，他應該滿懷感激地接受，這使他能成為靈性世界的見證者，但是即使在似乎過長的準備期間無法見到閃光他也不應該動搖，任何「因為還沒看見任何東西」就失去耐心的人仍未得到與更高層世界的正確關係，這種關係只有那些將修練本身視為目標的人才能掌握，事實上這些修練作用在靈性心魂層面，也就是在自己的星芒身，即使「一個人什麼都沒看見」他也可以「感覺」：「我在靈性心魂上工作」；但若一個人預先設想要「看見」什麼，那就無法有這種感覺，然後這樣的人會將事實上具有重大意義的視為無物，然而一個人應該細心地關注練習中所有的體驗，因為它們根本完全不同於感官世界中的經驗，然後他會察覺到並非是一般物質作用在他的星芒身上，而是生活在一個完全不同的世界，在那裡無法從感官得知任何事物，更高存有者作用於星芒身就如同外在感官世界作用於物質身，若是人不自絕於更高生命就會「撞見」在自己星芒身中的祂，如果有人一再重覆說：「我沒有感知到任何東西。」通常是因為他想像靈性感知必定看起來是這樣或那樣，當他沒有看見他所想像的就會說：「我沒有看見任何東西。」

*****

〔38〕

但是一個人能以正確態度面對修練，就會發現由於練習他越來越愛這些練習，然後他會發現這些練習使他立於靈性心魂世界，他耐心並臣服地等待後續結果，以下態度最好這樣來到靈性學生的意識：「我會做所有適合我的練習，我知道在適當的時刻就會得到對我重要的，我不會不耐煩地索求，但是會隨時準備好去接受它。」

相對的也不能爭論說：「靈性學生也許會極長時間在黑暗中摸索，要到最後成果浮現才會明白自己是走在正確的修練道路上。」然而並非只有成功才能知道修練的正確性，如果學生正確地進行修練，那麼經由練習獲得的滿足感將使他明白自己做對了而不必等到成功，在靈性修練領域中正確的修練不只連結到滿足感也連結到知識，亦即「我能看見我正在做的事使我朝正確的方向前進」，任何靈性學生只要敏銳地關注自己的體驗隨時都能獲得這樣的知識，如果他不注意就只是路過這些經驗，就像一個在沈思的行人沒看見道路兩旁的樹木，只要他注意就能看見它們。

持續練習到時候就會得到成果，不要期待加速獲得成功，因為提早到來的成果很容易只是所有應該實現的當中最小的一部分，從靈性發展來看，部分成功往往是造成完全成功嚴重延遲的原因，因為在部分成功的靈性生活形式下行動會鈍化朝向更高層次發展力量的影響，這種「見著」靈性世界的益處只是表面，以這種方式見著不能提供真實而只能提供幻象。

＊＊＊＊＊＊

〔39〕

當形成的心魂靈性器官（蓮花）於超感官意識中浮現時會在修練者特定物質身器官附近，一系列心魂器官可以敘述如下：兩瓣蓮花位於兩眼之間、十六瓣蓮花位於喉部、十二瓣蓮花位於心、四瓣蓮花位於太陽神經叢，還有其他器官位於其他物質身部位附近。（以「兩瓣」或「十六瓣」來命名是因為所提到的器官可以比作有對應數量花瓣的花。）

＊＊＊＊＊＊

〔40〕

蓮花會在星芒身中被意識到，當你發展出一個或另一個器官時也會知道你擁有了它，你會感覺到可以使用它，透過使用它你就確實進入了更高層世界，人從這個世界得到的印象某種程度仍然類似物質感官的印象，以觀像感知的人會這樣敘述這新的更高層世界：感覺到熱、冷、聲音、語言、光或顏色，因為他就是如此經驗到它們，但是他會意識到在觀像世界感知到的表現與感官世界的表現不同，他知道在它們背後的成因並非物質材料而是心魂靈性，例如，當他感知到像是熱的印象時不會歸因於一塊燒紅的鐵，而是會認為它是心魂過程的外流，正如同他到目前為止在心魂內在生命中所知道的，他知道這些觀像感知的背後有心魂靈性的事物與過程，正如同物理感知的背後有物理的存有與真實。

然而物質世界與觀像世界除了有相似的部分之外還有一個重要的差異，有一些事物在物質世界的展現與在觀像世界當中截然不同，在物質世界可以觀察到事物不斷的出現又消失、有生與死的交替，在觀像世界當中這樣的現象被不斷從一種事物轉化成另一種事物的現象所取代，例如人看見植物在物質世界消逝，當植物枯萎的同時會在觀像世界當中展現出另一種物質感官不可見的結構，衰敗的植物逐漸轉化為這種結構，當植物完全消失不見之後這個結構就在原地發展完全，生與死的觀念在觀像世界當中完全失去意義，取而代之的是由一種事物轉化為另一種事物的概念。

因此，對觀像感知來說關於人類組成本質的真相變得可及，這些內容已經在本書第二章「人類的組成性質」當中傳達，對於物質感官來說只有物質身的歷程可及，這發生在「從出生到死亡的領域」，其他人類組成包括生命身、感覺身與吾都受制於轉化的法則並且可以為觀像感知所及，任何發展到這個程度的人都可以感知到事物死亡時如何從物質身釋放出來而以另一種狀態繼續生存。

＊＊＊＊＊＊

〔41〕

然而發展並不止於觀像世界，想要停留在這裡的人會感知到事物持續轉化但是又沒有能力解釋轉化的歷程，他無法在這個新獲得的世界當中定位自己，觀像世界是一個變動不居的領域，當中充滿運動及轉化而無處可停歇，只有在人發展超越了觀像感知達到被稱為「經由靈感感知」的程度之後才能找到安歇之處。

追尋超感官世界知識的人不必然要先獲得完滿的觀像感知之後才會進一步達到「靈感」，可以在進行導致觀像的練習時同步安排導致靈感的練習，在適當的時間之後他將進入一個更高的世界，在當中他不僅能感知，而且還可以定位自己並知道如何解釋，然而進程通常是以這樣的方式發生，起先某些觀像世界的現象會顯現給靈性學生，一段時間之後他才會自己感覺到：現在我開始自我定位。

然而相對於純粹的觀像來說靈感世界是全新的，經由觀像人可以感知到一種事物轉化為另一種事物的歷程，但是經由靈感人變得能認識到轉化中存有者本身的內在特質，經由觀像人認知到存有者的心魂展現，但是經由靈感人能穿透存有者的靈性內在，重要的是人能認識到各式各樣的靈性存有者以及祂們之間的關係，在物質感官世界當中人也會處理各式各樣的事物，但是在靈感世界當中會有不同的性質，祂們之間的特定關係取決於內在特質，而非如在物質世界事物之間的關係是取決於外在影響，當人在靈感世界感知到一個存有者時並不會顯現出祂對另一個存有者的外在影響，經由兩個存有者的內在特質而有了彼此之間的關係，相對而言物質會顯現出對另一個物質的影響。

這樣的關係在物質世界當中可類比為個別音聲或字母在單字中的關係，以「Mensch」這個單字為例，如此拚字其實是來自它的發音，例如，從 M 到 E 之間沒有任何衝動或外部影響，但是這兩個音聲經由其內在特質而整體協同作用，因此，觀察靈感世界只能類比為閱讀，在當中存有者對觀察者而言就像字母，他必須熟悉這些字母，祂們彼此之間的關係會如超感官文字般展現，相對而言這就是為什麼靈性科學也會將靈感知識稱為「閱讀奧密文字」。

〔42〕

******

現在，以本書前幾章為例來說明如何閱讀「奧密文字」以及如何傳達所閱讀的內容；首先，描述人類的本質是由各種不同成員組成，然後，展示了人類賴以發展的世界如何歷經古土星、古太陽、古月亮到地球等不同的演化狀態，經由觀像感知一方面可以讓人認識人類的組成成員，另一方面地球的相繼發展及先前的轉化也向觀像知識開放自己，但是還必須知道古土星狀態與物質身的關係、古太陽狀態與乙太身的關係…等等，也必須展示人類物質身的初胚源自於古土星狀態，然後經過古太陽狀態、古月亮狀態、地球狀態才演化達到現在的形式，例如還必須指出當太陽與地球分離時人類發生了什麼變化，月亮與地球分離時人類發生了什麼變化，也必須傳達是哪些力量與存有者協同合作造成了人類在亞特蘭提斯時代的轉變，以及後續在古印度、古波斯、古埃及…等時期的發展。

這些關聯的描述並非出於觀像感知，而是來自於靈感感知、能閱讀奧密文字，對這種「閱讀」來說觀像感知到的就像是字母或音聲，然而這種「閱讀」不僅對解釋上述內容是必要的，如果只經由觀像感知來看也無法理解全人類的生命歷程，人確實會感知伴隨著死亡心魂靈性的成員會與留在物質世界的成員分離，但若是不能在觀像感知中自我定位就無法理解死後人類所發生的事與過去及未來的狀況有什麼關係，若是缺乏靈感感知，觀像世界將會如同人凝視文本但無法閱讀它。

＊＊＊＊＊

〔43〕

當靈性學生從觀像發展到靈感後，他很快就會意識到放棄對世界宏觀現象的理解而將自己侷限在涉及人類直接利益的事物是多麼錯誤，還不了解這些的人可能會這樣說：「對我來說只有了解死後人類心魂的命運才重要，如果有人能告訴我這些對我來說就足夠了，為何靈性科學要告訴我一些遙遠的事物，諸如古土星、古太陽、太陽與月亮從地球分離⋯⋯等等？」然而被以正確方式引介這些事物的人會知道，如果不了解這些看似不必要的知識，就永遠無法獲得他想知道的真知識，如果人不能將人類死後狀況與那些遙遠事物所衍生的概念聯繫起來，那麼對人類死後狀況的描述就仍然是完全難以理解而且毫無價值的。

即使是做最簡單的超感官觀察也必須先熟知這些事物，例如，當植物從開花過渡到結果的時候，在開花期間超感官觀察者會看到像雲一般從上面來包覆環繞的星芒實體發生轉化，若是沒有授粉這樣的星芒實體會轉變為與授粉所採用的形式完全不同，如果一個人能預先知道當太陽分離時地球及其居民經歷了何種宏觀宇宙事件，就可以理解從超感官觀察感知到的整個歷程，在授粉前植物處於類似太陽分離前整個地球的狀態，授粉後植物的花就像太陽離開之後月亮力量仍在地球當中的展現，如果一個人從太陽分離獲得了概念，就可以正確理解植物授粉過程的含意，並且說：植物在授粉前處於太陽狀態、在授粉後處於月亮狀態。因為事實上即使是世界上最小的歷程，只有當我們認識到宏觀宇宙事件的圖像才能解釋，否則其本質仍然難以理解，就像把其他部分都遮住只剩下藍色斑點就難以理解拉斐爾的聖母像。

人類所發生的任何事都反映了與人類生存相關的宏觀宇宙事件，如果一個人想要理解超感官意識觀察到在出生到死亡之間發生的現象，以及從死亡到再生之間發生的現象，那麼就要先由研究宏觀宇宙事件得到概念才有能力破譯觀像感知的觀察，這些研究提供了理解人類生命的關鍵，因此就靈性科學的觀點，在研究古土星、古太陽、古月亮的同時也是在進行對人類的研究。

*****

〔44〕

經由靈感使人認識到更高層世界存有者之間的關係，經由更高層次的感知人變得有可能認識到這些存有者的內在本質，這種層次的感知可以被稱為直覺感知。（直覺這個詞彙在日常生活中被誤用為對某件事物不清晰、不明確的洞察，雖然有時候也會與真相符合，但是其合理性起初並無法被證成；然而此處提及的「直覺」並非如此，在此直覺意指最高層次清晰明確的感知，人擁有了它就能充份意識到其合理性。）

感知感官所及的實體意味著在它之外並依其外在印象判斷它，經由直覺感知靈性存有者則是變為完全與其合一、與其內在本質結合，靈性學生會一步一步提升到這種層次的感知；觀像引領他不再只由外在特徵去感知存有者，而是依其流出的心魂靈性去認識祂們，靈感引領他更深層進入其內在本質，學習了解這些存有者彼此之間的意義，在直覺中他穿透進入這些存有者本身。

再次可以使用本書的內容來說明直覺的含義，先前的章節不只說明了古土星、古太陽、古月亮的演化發展，也傳達了在發展過程不同的存有者以各自不同的方式參與其中，有提到意志靈（座天使）、智慧靈、運動靈等等，在地球演化階段談到路西法及阿里曼，宇宙的構造可以回溯到參與其中的存有者，要經由直覺才能理解這些存有者，想要理解人類的生命歷程直覺也是必要的，死亡之後從人類物質身解放出來的部分會經歷不同的狀態，死後的下一個階段某種程度仍然可以經由觀像的感知來描述，然後若是沒有加入靈感，當人類在死亡與重生之間更進一步時觀像就完全無法理解接下來發生的一切，只有靈感才能探索淨化後在「靈性領域」中的人類生命，但是到下一個階段靈感又不夠了，也可以說在那裡失去了理解的線索，從死亡到重生之間有一個時期人類的發展只有直覺能企及。

然而，人類的這部分總是存在人之中，如果想要了解其內在本質就必須在出生到死亡之間經由直覺去尋找，任何只想經由觀像和靈感去理解人類的人，發生於化身與化身之間最深層內在的歷程就會從自身被剝奪，因此只有經由直覺認知才能正確地探究累世生命及業力，傳達與其相關的所有真實都必須出於運用直覺認知的研究，一個人如果想感知自身的內在本質就只能運用直覺，經由直覺他可以感知自己從一世到另一世之間有什麼進展。

******

〔45〕

讓人能經由靈感及直覺獲得知識的唯一途徑就是心魂靈性修練，它們類似於先前提到為了獲得觀像而進行的「內在沈思（冥想）」，但是導致觀像的練習會與物質感官世界的印象產生關連，而在導致靈感的練習這樣的關連必須逐漸消失，為了說明要怎麼做，請再次思考玫瑰十字的象徵，如果一個人全心投入沈思，那麼在他面前會有一個圖像，其中各部分都取材自感官世界的印象：如十字的黑色、玫瑰等等，然而將這些部分組合成玫瑰十字並非來自物質感官世界，如果靈性學生能試圖將黑色十字及紅玫瑰的圖像從意識中完全移除，只在心魂中留下組合這些部分的靈性活動，那麼這樣的冥想就會漸漸將他導向靈感。

你可以在心魂中自問：為了將十字與玫瑰組合成象徵我的內在做了

什麼？我要緊抓住本身心魂經歷的做為，但是讓圖像本身從意識中消失，我會感受到為了創造圖像在心魂中所做的一切，但是不要去觀想圖像本身，這一刻我要完全活在創造圖像的內在活動之中，因此並不是要觀想圖像，而是要全神貫注於自己創造圖像的心魂活動。

這種專注必須用在許多不同的象徵上，然後才能導致經由靈感認知，再舉另一個例子：人可以觀想植物從新生到死亡的心智圖像，植物逐漸生長的圖像在心魂中被創造出來，從種子發芽、葉子一片接著一片長出來、到開花、結果，然後植物開始枯萎、到最後完全消失，經由沈思這樣圖像人逐漸獲得生成與衰敗的感覺，而植物只是一個圖像，從這種感覺出發如果能堅持不懈地進行修練，然後就可能以物質生成與衰敗的轉化為基礎逐漸產生觀像，但是如果你想獲得相應的靈感就必須進行不同的修練，一個人必須反思自己從植物圖像中獲得生成與衰敗的觀念所經驗的心魂活動，現在，你必須讓植物完全從意識中消失，而只沈思自己的內在活動，只有經由這樣的修練才可能提升到靈感的層次。

對於靈性學生來說，一開始就要完全掌握如何進行這種修練並不容易，這是因為人已經習慣讓外在印象決定自己的內在生命，當他發展出另一個與外在印象完全無關的心魂生命就會立即變得不確定並且無所適從，為了達到比觀像更高的境界，靈性學生必須明白若要進行導致靈感的修練，就應該同時採取預防措施來確保並鞏固個人的判斷力、情感生命及個性，如果他採取預防措施將會有雙重效果；首先，經由這些修練他在超感官感知時就不會失去個性的平衡，其次，他將同時獲得真正完成這些修練所需的能力，當一個人還沒獲得某種特定的心魂構成、特定的情感與感覺，他就會堅稱這些修練是困難的，如果一個人能有耐心並堅持在心魂中培養有益於超感官感知萌芽的內在品質，那麼就會突然獲得對修練的理解以及能力。

若是一個人可以習慣於經常收攝自己，安靜地組織及消化生命中的經驗而較少陷溺於自己，他就會得到更多，他將看見當人把一個生命經驗與另一個生命經驗聯繫起來就會使思考與情感變得豐富，他將意識到能學習多少新事物不只來自新印象與新經驗，也會來自舊印象與舊經驗於內在的作用，如果他讓自己的經驗甚至意見以這樣的方式彼此互動，彷彿他自己、他的融合感和離斥感、他個人的利益和情感都不存在，那麼就會為超感官感知的力量打下良好基礎，實際上，他將發展所謂豐富的內在生命。

然而，最重要的是心魂品質的穩定與平衡，當人全心投入某種心魂活動就很容易傾向落入片面，因此，如果他意識到內在沈思與逗留在自己思想世界的益處，就有可能變得更傾向於此而越來越自絕於外在世界的印象，但是這會導致內在生命的乾枯與荒蕪。除了具有退回自己內在的能力之外，還要能對外在世界的所有印象保持開放接受才會走得最遠，人不只是要去思考所謂重要的生命印象，任何人只要保持開放接受的態度，即使是在最貧乏的環境也可以獲得足夠的體驗，一個人不需要去尋找經驗，它們無所不在。

特別重要的是這些經驗在人類心魂中如何被處理，例如，一個人可能會發現某個被他或其他人尊敬崇拜的人，具有某種必須被認為是性格缺陷的特質，這樣的經驗可能導致人類朝兩個方向思考，他可以簡單地對自己說：既然我已經意識到這一點，就再也不能像過去那樣尊敬崇拜這個人了；或者，他可以問自己這個問題：這個受人尊敬崇拜的人怎麼可能會被這樣的錯誤困擾？我應該如何思考這個錯誤不只是一個錯誤，而是由他的生命所造成，甚至是出於其崇高的特質？對自己提出這些問題的人可能會得出以下結論，意識到這樣的錯誤並不會減損對他的尊敬崇拜，每次得到這樣的結論都會從中學習到一些，並且增加對於生命的理解。

若是這種生命觀點的善意誤導他為偏好的人或事物找藉口，甚至習慣於無視所有應被指責的缺點那無疑就都是有害的，會這麼做是因為他以為這對內在發展有助益，如果一個人出於自己內在的動力不只責怪錯誤而且去理解錯誤就不是這樣的狀況；只有相關事件本身需要這樣的態度時會才有助益，無論評價者在其中的得失如何，確實如此：一個人無法經由責怪錯誤來學習，而只能經由理解錯誤來學習，但是那些因為理解而要完全排除不滿的人也不會走得太遠，再次重申，不要片面地往一個方向或另一個方向，而是要朝向心魂力量的穩定與平衡。

還有一個對人類發展特別重要的心魂品質可以被稱為崇拜（虔敬）的感覺，無論是自己內在發展出這種感覺，或是一開始就被大自然恩賜而擁有這種感覺，都會為超感官感知的力量打下良好基礎，童年和青年時期能對人及崇高理想懷有虔敬仰慕之情的人在心魂中擁有萌發超感官洞見的沃土，生命稍後當判斷力成熟，能仰望星空並完全臣服地讚嘆更高力量的啟示，就算是為超感官世界的知識做好準備，能讚嘆展現在人類生命中各種力量的人也是如此，同等重要的是及至成年仍然能對他人抱持最崇高的敬意，無論這個人的價值會被相信或質疑，只有這種崇敬所在之處才能開啟進入更高層世界的視野，缺乏崇敬之心的人無法在知識上長足進步，不願意肯定世界上任何事物的人將被事物的本質拒於門外。

然而，若是被崇拜虔敬的感覺所引誘而完全抹煞健康的自我意識和自信心，則又違反了穩定與平衡的原則，靈性學生會持續自我鍛練變得越來越成熟，這麼做之後他會對自己的品格有信心並且相信自己的力量會持續增長，朝這個方向得到正確感覺的人會對自己說：有力量隱藏在我之中，我可以將它們從我的內在取出來，因此當我看見某種優於我而必須崇敬的人、事、物時不只要保持崇敬，也要相信自己發展內在的一切會使我與所崇敬者一樣。

＊＊＊＊＊＊

〔46〕

一個人越有能力注意到起初個人判斷並不熟悉的生命歷程，就越有可能為發展進入靈性世界創造基礎，可以用下面的例子來說明：一個人來到某個生活情境，在當中他可以選擇做或不做某個行為，他的判斷告訴他：做吧，但是在情感中仍然有某種無法解釋的東西阻止他去做，他可能沒注意到這種無法解釋的東西就依照自己的判斷去做，也可能順從這種無法解釋的衝動而沒有去做，如果他之後進一步追蹤此事將會證實，若是他當初依照自己的判斷去做了會造成一場災難，不去做則是一種福佑，這樣的經歷可能會把一個人的思考帶往特定方向，他可能對自己說：活在我之中的某種東西比我現在擁有的判斷力能更正確地引導我，在我的判斷力還不夠成熟之前應該對「我內在的某種東西」保持開放。去注意到生命中的這類例子對心魂很有助益，它將顯示健康的預感會比他當下的判斷力看到更多，這種關注有助於擴展心魂生命，但是在此也可能導致令人疑慮的片面性，如果一個人習慣於被這些「預感」驅使去做這個或那個而放棄自己下判斷，就有可能成為各種不確定衝動的玩物，如此距離缺乏判斷力和迷信就不遠了。

對於靈性學生來說任何種迷信都是災難性的，要找到真實道路進入靈性生命領域的可能性，就必須小心防範迷信、幻想和白日夢，不以正確方式進入靈性世界的人就會樂於經歷任何「人類想像力無法理解」的過程，對「莫名奇妙」的偏好絕對不會使任何人成為靈性學生，他必須先戒除偏見，即「神秘主義者會假設世界上到處充滿了莫名奇妙、無法解釋的事物」，對靈性學生來說正確的態度是承認到處都有隱藏的力量及存有者，但同時也要假設如果有必要的力量就能去探索那些未知。

＊＊＊＊＊

〔47〕

這樣的心魂態度對任何發展階段的靈性學生都很重要，它不在於片面地表達他們對於知識的渴望而不斷詢問：一個人如何回答這個或那個問題？而是去問：我如何在我之中發展這種或那種能力？如果這種或那種能力之後經由有耐心的內在鍛練自行發展出來，人對特定問題就會有答案，靈性學生永遠都要培養這種心魂品質，這將導致他們自我鍛練而變得越來越成熟，並且拒絕強迫回答某些問題的欲望，他們會等待這樣的解答來到。但是已經習慣片面性的人在此並不會得到真正的進步，在某些時刻靈性學生也可以感覺到用他們目前掌握到的力量自己就能回答最崇高的問題，在此心魂品質的穩定與平衡仍然扮演重要角色。

＊＊＊＊＊

〔48〕

如果靈性學生想經由修練努力追尋靈感，還有許多心魂品質的培養與發展都是有助益的，在任何狀況下都應該要強調，穩定與平衡是最重要的心魂品質，它們預備了理解及能力去進行上述達到靈感的必要修練。

＊＊＊＊＊

〔49〕

達到直覺的修練要求靈性學生從意識中消除為了獲得觀像而投入其中的圖像，以及為了獲得靈感沈浸其中的心魂活動生命，如此他的心魂中就不應該保留任何先前已知的外在或內在經驗，然而如果消除這些外在與內在經驗之後他的意識中空無一物，也就是說他的意識完全消失而陷入無意識當中，那麼他就會從這裡認識到自己不夠成熟，無法進行直覺的修練，然後不得不繼續進行達到觀像與靈感的修練，到某個時刻心魂放下內在與外在經驗之後意識沒有空掉，放下之後意識中仍然有某種影響存在，然後他可以將自己投入其中，就像之前將自己全心投入於外在或內在印象一樣。「這個」具有非常特別的性質，與先前所有的經驗相比這確實是全新的，當你經驗到的時候會知道：這是我從來不知道的，這是一種感知，就像真實的聲音是經由耳朵聽到；但是這個只能經由直覺進入我的意識，如同聲音只能經由耳朵進入我的意識一樣，經由直覺人類印象中感官物質性的最後殘跡被去除，靈性世界開始對我的感知開放，其形式不再與物質感官世界的性質有任何相同之處。

〔50〕

觀像感知是經由從星芒身組織蓮花來達成，經由達成靈感與直覺的修練，在人的乙太身（或稱生命身）當中會出現前所未有的特殊運動、造形與潮流，這些正是人類藉以「閱讀奧密文本」及更高層次能力的器官，從超感官感知觀察，獲得靈感與直覺的人其乙太身的改變會以下列方式呈現，會意識到乙太身在物質身心臟附近會形成新的中心並組織成為乙太器官，從那裡運動及潮流以各種不同的方式湧向身體的各個部位，其中最重要的是通往蓮花的潮流，會穿透它們及每一片花瓣，然後朝外像光線般射向外在空間，發展程度越高的人潮流的範圍就越廣、當中的潮流也越明顯。然而在真正的訓練開始之初心臟附近的中心並不會立刻形成，它需要先預備，一開始在頭部出現一個臨時的中心，然後會向下移動到喉部附近，最後才到心臟附近，如果發育不規則，這個器官可能立刻在心臟附近形成，如此的危險是人並不會達到平靜、合乎事實的超感官感知，而是會變成幻想家而脫離現實。

當更進一步發展，靈性學生達到使乙太身中修練過的潮流及結構獨立於物質身之外並獨立地運用它們，蓮花做為他移動乙太身的工具，然而在此之前必須在整個乙太身的週圍形成特定的潮流及放射，好像完成一個細緻的網絡使其成為一個封閉的實體，當這種狀況發生，乙太身中發生的運動及潮流將能不受阻礙地接觸與連結外在的心魂靈性世界，使外在的靈性心魂事件與（人類乙太身的）內在事件相互交流，如此就到了人類能有意識地感知靈感世界的時刻，這種感知的發生方式不同於用在物質感官世界的感知方式，在物質感官世界一個人經由感官感知，然後形成有關它們的心智圖像及概念，經由靈感感知並非如此，人在當中的感知是立即的，並沒有對感知反思，在物質感官感知之後才能獲得的概念，在靈感感知的同時就可以得到，因此如果一個人沒有先形成上述乙太身中的網絡，他將與心魂靈性環境融為一體、不分彼此。

〔51〕

＊＊＊＊＊＊

當進行達成直覺的修練時不只作用於乙太身，也作用於物質身中的超感官力量，但是不應該想像這種對物質身的影響可以被一般感知觀察達到，這些影響只能由超感官感知判斷，與所有外在認知無關，意識成熟的結果就是當他將先前已知的所有外在及內在經驗排除還可以在直覺中擁有經驗。然而直覺經驗是如此輕柔、親密和細微，相對而言在現今演化階段人類的物質身是粗糙的，因此它為直覺修練成功提供了強而有力的障礙，如果能帶著活力、毅力以及必要的內在平靜持續修練，終究將能克服物質身的巨大障礙，靈性學生會注意到他逐漸能控制某些先前無意識發生的物質身表現，例如他也會注意到在短時間內他覺得需要去調節呼吸（或類似的事）使之與心魂進行中的修練或其他內在沈思達到和諧一致，發展的理想是不以物質身本身進行修練，甚至不進行這類呼吸練習，所有發生在物質身上的影響完全只是直覺修練的結果。

〔52〕

＊＊＊＊＊＊

當靈性學生在通往更高層世界知識的道路上提升，他會在某個階段注意到，將其人格中各種力量凝聚在一起的形式與在物質感官世界不同，在物質感官世界吾使思考、情感、意志這些心魂力量協同一致互動，這三種心魂力量在人類日常生活情境中總是處於特定關係，例如，當人見到外在世界的某種事物，心魂會喜歡或不喜歡它，也就是說事物的心智圖像必定伴隨著喜歡或不喜歡的感覺，人可能會欲求某種事物或是有衝動將它改變方向，這意味著人的意志與欲求事物的能力會伴隨著某個想法和感覺。

〔53〕

＊＊＊＊＊＊

事實上這種協同的發生是由於吾將觀念（思考）、情感與意志統合在一起，如此為人格的力量帶來秩序，如果吾在這方面無能為力，這種健康的秩序就會被中斷，例如意志要採取不同於情感或思考的方向，當一個人認為這個或那個是對的，但是又欲求他認為不對的事物，那麼這個人就不算是處於健康的心魂狀態，如果有人不想要他喜歡的事物而想要他不喜歡的事物，也是同樣的狀況。

這時候人會注意到在通往更高層知識的道路上，思考、情感與意志確實是彼此分離並且有某種獨立性，例如特定的思考本身不會再促使自己擁有特定的情感或意志，其結果是人可以在思考中正確地感知事物，但是還會需要出於自身的獨立動力才能有感覺或意志的決定，以超感官觀察，思考、情感、意志不再是從作為人格共同中心的吾所放射出來的三種力量，他們變成獨立的實體，也可以說有三個獨立人格，一個人必須讓自己的吾更強壯，因為他不只是要讓三種力量井然有序，而是要能指揮引導這三個實體，但是這種分裂應該只被允許存在於超感官觀察當中，在此可以再次清楚顯見，除了進行更高修練的鍛練之外，伴隨著將安全穩定給予判斷力、感情生命及意志生命的練習有多麼重要，因為如果無法將這些品質帶入更高層世界，你很快就會發現吾被證實過於虛弱而無法適當地引導思考、情感和意志，在這種虛弱的狀況心魂將被三個人格撕裂拖往不同方向，其內在的團結一致將不得不停止，但是如果靈性學生是以正確的方式發展，力量明顯轉化就意味著真正的進步，如此吾仍然是構成其心魂各獨立實體的統治者。

在進一步發展的過程中，上述的發展仍會繼續，已經變得獨立的思考激發了特殊的第四種心魂靈性實體出現，這種存者有可以被描述為像是思考直接湧入人類的潮流，整個宇宙像是一個思想結構呈現在你面前，就像物質感官領域中的植物界或動物界，同樣地已經變得獨立的情感與意志也會激發心魂中的兩種力量，一樣可以像獨立實體般行動，另外還會出現第七種力量和實體，與自己的吾相似。

******

〔54〕

這整個體驗會再與別的體驗連結，在進入超感官世界之前人認為思考、情感和意志只是內在的心魂體驗，一旦進入超感官世界，他感知的事物不再從物質感官表現，而是由心魂靈性表現，他在新世界感知到的特質背後是心魂靈性的存有者，現在這些作為外在世界呈現在他面前，就如同在物質感官領域石頭、植物和動物將自身呈現在他的感官面前，這時靈性學生可以感覺到正向他開放的心魂靈性世界與平常習慣經由物質感官感知的世界有顯著差異，無論人類心魂對感官世界的植物有什麼感受或想法它仍然會保持原樣，心魂靈性世界的圖像起初並非如此，它會隨著人對它的感受或想法而改變，因此人就會依自己擁有的特質賦與圖像印記。假設觀像世界中的某個圖像出現在他面前，如果他在情感上漠不關心那麼它會以某種造形展現自己，但是當他對這個圖像感覺有趣或無趣它就會改變造形，所以起初這些圖像不只表現了獨立於人類之外的事物，而且同時也反映了人類本身，它們被人自身的本質完全滲透，就像有一個帷幕籠罩這些存有者，即使一個真實的存有者在他面前，他看見的也是自己所創造的圖像而非存有者本身，也就是說可能在他面前有真相但卻被看錯了，確實，不只是他自己注意到自己擁有的本質才會如此，而是他所有的一切都會影響這個世界，例如人可能有某些隱藏起來的傾向，由於教育與品格並沒有在生活中展現，它們仍然會影響靈性心魂世界，無論他對自己的本質有多少了解或不知道，這個世界會染上這個人整體的獨特色彩。

為了從這個發展階段更進一步，人必須學會區別自己與外在的靈性世界，他必須學會排除自己對週圍心魂靈性世界造成的所有影響，做到的唯一方法是去理解自己將什麼帶入了這個新世界，重要的是必須先具有真實透徹的自我認識才能以純粹的方式感知週圍的靈性心魂世界，從現今人類發展的實際情況來說，這種自我認識在進入更高層世界時必須自然發生。人在普通的感官世界中發展了他的吾（自我意識），這個吾現在成為所有人類附屬事物的吸引力中心，他所有的傾向、融合感、離斥感、熱情、觀點等都聚集在這個吾的週圍，這個吾也是所謂人類業力的吸引力中心，如果一個人能毫不掩飾地直視這個吾，他會注意到在今生或未來累世必須遇到的某些命運，取決於過去世的生活方式及學會了什麼，這個吾及依附於其上的一切就是提升到心魂靈性世界後人類心魂面前的第一個圖像，根據靈性世界的法則，這個人類的副本分身必須是人類進入那個世界之後發生的第一印象，只要考慮以下因素就很容易理解其基本法則，在物質感官生命中人只有在經驗到自己內在的思考、情感和意志時才會感知到自己，但是這種感知是一種內在的感覺，而非如同石頭、植物、動物般展現在他面前，此外，經由內在感知人只能部分理解自己，因為內在有某些事物阻止了他更深地自我認識，經由自我認識他必須承認具有某種特質，如果他不想屈從於自我欺騙，就會產生立刻改變這種特質的衝動。

〔55〕

如果他不臣服於這種衝動，而只是將注意力從自己本身移開並保持原狀，那麼他就剝奪了在這個點上自我認識的可能性，但是如果人能深入探究自己並且面對自己有這個或那個特質而不自我欺騙，那他不是去改善自己的特質，就是在生命現狀下無能為力；在後者的狀況下他的心魂會逐漸潛入一種必須被稱為羞恥的感覺，事實上這是人類天性的健康反應：經由自我認識他經驗到各式各樣的羞恥感，現在，這種感覺在日常生活中也有非常具體的作用，有健全思考的人會確保他充滿羞恥感的特質不會有外在影響，也就是不會在外在行為中放肆，因此，羞恥感是一種驅使人類將某些東西隱藏於內在而不允許其被外在感知到的力量。如果人能適當考慮這一點會發現，他可以理解靈性研究為何將更深遠的影響歸因於與羞恥感密切相關的內在心魂體驗，他發現在心魂深處隱藏了一種隱藏的羞恥感，這是人類在物質感官生活中自己無法意識到的，

＊＊＊＊＊＊

然而這種隱藏的感覺與日常生活中的羞恥感有相似的表現方式：它阻止了人類最內在的本質以可感知的圖像展現在人面前，如果沒有這種感覺，人會覺察到自己的真實本質在他面前，他不只是從內在經驗到他的思考、情感和意志，也會如同感知石頭、植物和動物一般地感知到它們，但是這種感覺讓人類遮蔽了自己，同時它也遮蔽了整個靈性心魂世界，因為一個人最內在的本質被遮蔽了，所以他無法使用為了認識心魂靈性世界而發展的工具來感知；他不能轉化他的本質以致於沒有獲得靈性感官。

但是，如果人類經由適當的修練來獲得這些感官，那麼在他面前的第一印象會是他自己，他感知到他的副本分身，這種自我感知與對靈性心魂世界其他部分的感知分不開，在物質感官世界的日常生活中，上述感覺的作用方式是持續不斷地關閉人類面前通往靈性心魂世界的大門，如果人類想要邁出一步進入這個世界，沒有意識到的羞恥感會立即出現，並隱藏起一部分想顯現出來的靈性心魂世界，上述修練開啟了這個世界，事實上，這種隱藏的感覺就像是人類的大恩人，不經由靈性科學修練人所獲得的判斷力、情感生活與性格，若是沒有進一步預備就無法承受以真實形式感知自己的本質，這種感知將使人失去所有的自尊、自信及自我意識，為了確保不會發生這種情況，除了更高層知識的修練之外，還需要採取預防措施去養護健全的判斷力、情感與品格，經由真正的修練人類從靈性科學中學到許多，無意之間也學到一樣多，還有清楚了許多自我認識及自我觀察的方法，這些都是讓他能強而有力地面對副本分身所必要的。然後對於靈性學生來說，這只是用他已經在物質世界學會的方法去看另一種形式的觀像世界圖像，已經在物質世界以正確方式理解業力法則的人，當他看到命運的種子描繪在副本分身的圖像上就不會特別震驚，一個人經由自己的判斷得知世界與人類的發展，並知道在發展的某個時間點路西法的力量如何滲透入人類心魂，那麼當他意識到路西法及其影響也包含在自我本質的圖像中就不會難以承受。

由此可見，能經由在物質感官世界發展出來的普通判斷力去理解靈性世界的某些真實之前，人不要求讓自己進入靈性世界是多麼必要，靈性學生應該先使用他在真正發展過程中得到的普通判斷力去獲得本書在提到「更高層世界的知識」之前的內容，然後才要求讓自己進入超感官世界。

〔56〕

******

在不重視維護並鞏固判斷力、情感生命與品格生命的修練當中，學生可能在俱備必要的內在技能之前就面對到更高層世界，與副本分身的相遇將會使他沮喪並導致錯誤，但是如果完全避免這種相遇（這也是有可能的）而將人引介進入超感官世界，那麼他將無法以真實的形式去認識這個世界，因為對他來說完全不可能區別他在事物中所見與事物真實的狀態，只有當一個人能將自己的本質視為一個圖像，並且將從他內在流溢出來的一切從週圍環境中分離，才有可能做出這種區別。

在物質感官世界的生命中當人類接近心魂靈性世界，上述的羞恥感會立即使副本分身消失不見，然而如此也會掩蓋隱藏了那整個世界，他像「守衛」般站在那個世界的前面，以拒絕那些還不適合進入的人進入，因此他可以被稱為「靈性心魂世界門戶的守衛」。除了上述進入超感官世界的狀況之外，當人類經歷物質身死亡時也會遇見這個「門戶守衛」，從死亡到重生期間在心魂靈性發展的生命過程中這個守衛會逐漸展現祂自己，但是如此相遇並不會使人類沮喪，因為他知道在出生到死亡期間生活的世界之外還有其他世界。

＊＊＊＊＊

〔57〕

如果人在沒有遇見「門戶守衛」的狀況下進入了靈性心魂世界，他可能陷入一個又一個的欺騙，因為他永遠無法區別哪些是他帶入這個世界的，哪些是真正屬於這個世界的，然而，真正的修練必須引導學生進入真實的領域而非幻覺的領域，如此修練本身使得相遇必須發生一次，這是觀察超感官世界時必須採取的預防措施之一，以避免欺騙與幻想的可能性。

每個靈性學生都必須採取最不可或缺的預防措施就是小心謹慎對自己下工夫，以免成為幻想者而陷溺於可能的幻像、自我欺騙（心理暗示及自我暗示），如果能正確遵循靈性修練的指引，那麼可能帶來欺騙的源頭就被毀滅，當然在此無法詳細說明各種預防措施可考慮到的所有細節，這裡只能簡述最重要的部分，在此考慮的欺騙來自兩個源頭，部分源自於事實上一個人會以自己的心魂本質為真實染色，在物質感官世界的日常生活中這種欺騙來源的危險相對比較小，因為當觀察者依他的願望與興趣想要將其著色，外在世界總是會將其原有形態清晰地強加在人的觀察之上，然而一旦進入觀像世界，這些圖像就會隨著願望與興趣而改變，在他面前的真實是由他自己造成或至少是共同造成的，靈性學生經由與門戶守衛相遇而認識了自己內在的一切，知道這些都可能被帶入心魂靈性世界，由此消除了一個欺騙的源頭，靈性學生在進入靈性世界之前所經歷的準備工作使他在觀察感官物質世界時習慣於排除自己，讓事物及歷程純粹依其本質向他訴說，已經做好充分準備的人可以平靜地等待與「門戶守衛」相遇，經由這樣的相遇終究可以測試出當他面對心魂靈性世界時是否也能真的從感覺中排除自己的本質。

＊＊＊＊＊

〔58〕

除此之外還有另一個欺騙的源頭，當一個人錯誤解讀他接收到的印象時就會浮現，在物質感官生活中可以舉出這種欺騙的簡單例子，當一個人坐在火車上並認為樹木朝火車相反的方向移動，事實上我們是隨著火車一起移動，雖然在感官物質世界還有許多這類欺騙比上述的簡單例子更難被糾正，但是很容易看出來，如果一個人以其健全的判斷力將所有可能有助於做出適當解釋的因素考慮進去，那麼他也可以在這個世界找到方法去消除這類欺騙，然而一旦進入超感官領域情況就不同了，在感官世界事實不會被人類的欺騙改變，因此有可能經由不帶偏見觀察到的事實來糾正欺騙，但是在超感官世界就沒那麼簡單，如果一個人在觀察超感官歷程時運用了錯誤的判斷，就會將錯誤的判斷帶入其中，這會與事實交織在一起，以致於無法立即將錯誤的判斷從事實中區分出來，如此錯誤並不在人之內，正確的事實也不一樣了，錯誤本身已經成為外在事實的一部分，因此就無法僅僅經由不帶偏見觀察到的事實來糾正它，在此指出了那些沒有適當準備就進入超感官世界的人可能湧現大量欺騙與幻想的源頭。

正如同靈性學生獲得能力去排除將超感官世界現像染上自身特質的欺騙，他還必須獲得另一個才能：使上述第二個欺騙的源頭不起作用，一旦識別出自己副分本身的圖像他就可以排除源於自身的影響，如果他獲得了能力可以辨別超感官世界事實的狀態是真實或欺騙，他就能排除上述第二個欺騙的源頭，如果欺騙看起來與真實完全相同那麼就完全不可能區別，但事情並非如此，超感官世界的欺騙本身具有與真實不同的性質，重要的是靈性學生知道哪些性質可以讓他辨識出真實。對靈性修練完全外行的人很自然會質疑：欺騙的源頭如此之多，怎麼有可能保護自己免於被欺騙？然後接著再說：是否有任何靈性學生能確保他所謂的更高層知識並非只是基於欺騙與自我欺騙（暗示及自我暗示）？會這樣說的人沒有考慮到，整體而言每次真正靈性修練的過程都會阻止欺騙的源頭。

首先，真正的靈性學生在預備過程中會獲得所有關於可能導致欺騙及自我欺騙的充足知識，從而使他能保護自己免受其害，在這方面，他比其他人更有機會使自己變得清醒並有能力判斷生命歷程，他所經歷的一切使他不相信不明確的預感、靈感等等，修練使他盡可能小心，此外，任何真正的修練首先都會引導理解大宇宙事件，這會加強必要的判斷力，同時也會精煉與磨礪判斷力，只有那些拒絕前進並堅持想要更明顯「啟示」的人才會失去這種已經磨利的健康判斷力，這種判斷力讓他能確實可靠地區別欺騙與真實。

但是，這一切都不是最重要的事，最重要的事存在於真正靈性修練使用的練習本身，這是因為這些練習的安排必須使靈性學生的意識於內在沈思期間能精確掌握心魂中發生了什麼，首先形成象徵以引發觀像，當中仍然包含從外在感知而來的心智圖像，並非只有人類參與其中，這不是由自己做的，因此他可以自欺它是怎麼來的，可能錯誤解釋其起源；但是當靈性學生提升到靈感的修練，他會從意識中移除這些內容，然後他完全沈浸於自己形成象徵的心魂活動，在此仍然有可能出錯，經由教育、學習等人類養成了心魂活動的特質，他不可能知道所有的起源，接著靈性學生也將這些心魂活動移出他的意識，如果到現在還有什麼留存，就沒有任何東西可以附著於其上又無法被檢視，整體而這就沒有什麼可能被混雜其中而無法評估。

靈性學生在直覺中擁有某種東西，向他展示出在靈性心魂世界中非常清晰的真實像什麼樣子，如果他現在將辨認靈性心魂真實的特質應用於所有他面對的觀察，那麼他就可以區別表象與真實，他可以確定應用這樣的法則將保護他免於在超感官世界中受到欺騙，就像在物質感官世界中他不會將一塊想像中的熱鐵片視為真正在燃燒的鐵片，當然，他只會將這些運用在超感官世界中被視為自身經驗的認識上，而不會運用在從別人那裡接收的訊息與從物質思維及健全的真理感所理解的事物，靈性學生會努力在兩種不同方式得到的事物之間劃出一條明確的界線，一方面他會樂於接收關於更高世界的訊息，並試圖經由他的判斷力來理解它們，但是當他將某些事物視為個人經歷或自己的觀察時，他將會測試這是否完全符合他從真正直覺學會感知的特質。

＊＊＊＊＊＊

〔59〕

當靈性學生遇見背後的「門戶守衛」之後，在提升進入超感官世界時將會面臨更進一步的經驗，首先，他會注意到「門戶守衛」與上述形成獨立實體而浮現的第七種心魂力量有著內在關係，確實，從某種意義上來說這第七個實體就是副本分身，即「門戶守衛」本身，這對靈性學生來說是一項特殊的任務，他必須經由新生的自己去指導與領導一般自我擁有的事物以及呈現為圖像的事物，這會導致某種與副本分身的戰鬥，它會不斷努力爭取優勢，要達到與副本分身的正確關係，就不能允許它去做任何在新生「吾」影響之下不會發生的事，如此也可以增強並鞏固人類的力量。

在更高層世界中自我認知的方向與在物質感官世界不同，在物質感官世界自我認知只呈現為一種內在體驗，而新生的自己會立即將自身展現為外在心魂現象，一個人會看到新生的自己像另一個實體在他面前，但是無法完整地感知到它，因為無論一個人在通往超感官世界的道路上提升到什麼層次，永遠都還有更高的層次，如此他可以感知到更多「較高自己」，因此在任何階段它都只能向靈性學生展現自身的一部分，然而從物質感官世界獲得的觀點來看，當人類首次意識到他的「較高自己」，被吸引去注視這個「較高自己」的誘惑就很大，這樣的誘惑甚至是好事，如果要適當地發展就必然發生，他必須觀察副本分身（門戶守衛）的樣態並將它放在「較高自己」的面前，這樣他才能注意到他現在的狀況與他應該成為的狀況之間有什麼差距，由此來看「門戶守衛」開始變成完全不同的樣態，它將自己呈現為阻止「較高自己」發展的所有障礙圖像，他會感知到是什麼負擔拖累了普通的自己，當他的準備還沒有足夠強大到可以對自己說：我不會在這裡停下來，而是會持續努力朝向「較高自己」發展自己，那麼就會倦怠而退縮不前，這個人確實沈浸於心魂靈性世界，但是放棄了繼續前進，他被這個站在心魂面前的「門戶守衛」的形態所俘虜。

重要的是這樣的經驗並不會帶給他被囚禁的感覺，相反地，他會以為自己經歷了完全不同的東西，由「門戶守衛」喚起的形態會在觀察者的心魂中產生一種印像，他在這個發展階段擁有的圖象當中已經包含了他面前所有可能世界的全部範圍，他已經達到知識的巔峰而不需要再進一步努力，他可能感覺自己像是擁有了所有世界秘密的超級富豪，如果他能考慮到他是在心魂靈性世界當中經歷，而且這個世界的特殊性在於事件可以相反過來呈現，那麼一個人會擁有與真實完全相反的經驗也不必感到驚訝，在本書先前提及死後生命時已經指出了這個事實。

******

〔60〕

在這個發展階段所感知到的形態與「門戶守衛」首次向靈性學生展示的形態不同，先前在副本分身當中可以感知到人類一般自我被路西法力量影響的所有特質，然而在人類發展的過程中，另一種力量經由路西法的影響進入了人類的心魂，這就是在本書先前章節提到稱為阿里曼的力量，正是這種力量阻止人類在物質感官狀態下去感知在感官表面背後的外在世界靈性心魂存有者，在這種力量影響之下人類心魂就會產生了上述經驗發生後浮現形態的圖像。

能為這樣經驗做好適當預備的人就可以對此做出正確的解釋，然後另一個角色將會出現，相對於先前提到的「小守衛」可以稱之為「更偉大的門戶守衛」，祂告訴靈性學生不要停留在這個階段，要充滿活力繼續前進，祂喚醒觀察者的意識，如果持續以適當方式下工夫，那麼所征服的世界就會成為真實而不會轉化為幻像。但是如果一個人經由不適當的靈性修練還沒有準備好面對這種經驗，當他遇見「更偉大的門戶守衛」時在心魂中會湧入「巨大的驚恐」與「無盡的害怕」之類的感覺。

＊＊＊＊＊

〔61〕

正如同與「小門戶守衛」相遇使靈性學生有可能去測試是否受到保護，免於受害於將自己本質帶入超感官世界所產生的欺騙，他也可以用最終引導朝向「更偉大的門戶守衛」的經驗來測試，是否他已經可以處理上述第二個源頭的欺騙。如果他可以抵抗巨大的幻像—當他還是俘虜時引導他相信他已經擁有的圖像世界是豐富的財產，那麼在未來發展過程中就可以免於將表相視為真實。

＊＊＊＊＊

〔62〕

某種程度上門戶守衛將為每個人採取個別的形態，如此相遇正好對應到克服了超感官觀察帶有個人特質的經驗，使人有可能進入沒有個人色彩而且對每個人都有效的體驗領域。

＊＊＊＊＊

〔63〕

如果靈性學生有了上述的經驗，那麼他就可以在心魂靈性環境當中區分出他自己以及外物，然後他會意識到為了理解人類及其生命，了解本書所述的宇宙歷程是必要的，只有當一個人認識到物質身如何經由古土星、古太陽、古月亮到地球的演化建構出來才能理解物質身，只有經由古太陽、古月亮到地球的演化追蹤乙太身的形成才能理解乙太身，……等等，當他認知到這一切如何逐漸發展，也會理解當下與地球演化的關係，經由靈性修練一個人可以有立場去認識人類的一切與外在世界中相應的事實及存有者的關係，因為事實上人類的每一個部分都與外在世界相關，在本書中只能提及粗略的大綱，然而他必須放在心上，例如，在古土星演化階段人類物質身只以初胚狀態呈現，他的器官——心、肺、腦——在之後的古太陽、古月亮、地球演化階段才從初胚發展形成，因此心、肺等器官與古太陽、古月亮、地球演化階段相關，其他部分如乙太身、感覺身、感覺心等也是如此，人類是從周圍整個世界形塑而來，他的每個細節都對應到外在世界的歷程或存有者。

在適當的發展階段靈性學生會開始認知到自身本質與偉大世界的關係，這種層次的認知可以被稱為意識到「小宇宙（即人類自己）」與「大宇宙（偉大世界）」的對應，如果靈性學生終於達到這樣的認知就可能為他帶來新的體驗，僅管他感覺到自己完全獨立，也會開始覺得自己已經與整個宇宙結構交織在一起，他會感覺融入整個世界、與之合而為一，但又不失去自己的本質，這個發展階段可以被稱為「與大宇宙合一」，重要的是不要認為經由這樣的合一會讓個人意識停止而且人類本質會完全排空，這種想法只是源於未經訓練的判斷力所表達的觀點。

就此處所描述的入門過程，朝向更高層知識的各個階段可以列舉如下：

一、運用在物質感官世界獲得的判斷力來研究靈性科學。
二、得到觀像的感知。
三、閱讀隱藏的本文（對應靈感）。
四、安居於靈性環境（對應直覺）。
五、認知小宇宙與大宇宙的關係。

（64）

******

六、與大宇宙合一。
七、讓上述經驗整體成為心魂的基本氛圍。

〔65〕

*****

然而不要認為這些階段必然是一個接著一個發生，相反地，修練會依據靈性學生的個別狀況進行，當他開始進行下一個階段修練時，上一個階段只完成到某個程度，例如一個人以安全的方式只得到一些觀像，但是已經修練到能親身體驗靈感、直覺、甚至小宇宙與大宇宙關連的知識，這樣也是很好的。

〔66〕

*****

如果靈性學生獲得了直覺的經驗，他不僅可以辨認出心魂靈性世界的圖像，在「隱藏文本」中閱讀到祂們之間的關係，進而認識到存有者本身，經由與這個世界的互動人類從屬於它，如此他能學會自己的形態其實是在心魂靈性世界當中的靈性實體，他已經努力實現感知他的較高自己，並且意識到必須如何進一步努力鍛練才能掌控他的副本分身，即「門戶守衛」，但是他也遇到了「更偉大的門戶守衛」，在他面前不斷敦促他繼續鍛練，這個「更偉大的門戶守衛」現在成了他要努力追趕的榜樣，如果靈性學生浮現了這種感覺，他就有機會知道站在他面前的「更偉大的門戶守衛」究竟是誰，在靈性學生的感知中這位守衛現在轉化為基督的形態，在本書先前的章節中已經表明了祂的本質及對地球發展的參與影響，由此靈性學生被引介進入連結到基督之名的崇高奧秘，基督顯現自己作為「塵世人類的偉大模範」。

如果能在靈性世界經由直覺認識基督，也就可以理解在後亞特蘭提斯的第四個時期（希臘—拉丁時期）在地球歷史上發生的事情，那時崇高的太陽存有者—基督存有—如何參與影響了地球演化，以及祂如何在地球演化中進一步作用，這些都將成為靈性學生親身經歷的知識，因此靈性學生經由直覺得以解釋地球演化的意義及重要性。

******

〔67〕

在此描述通往超感官世界的道路，無論目前的生命狀態如何任何人都可以依循，談論這樣的道路時必須考慮到，在地球演化的任何時期知識及真理的目標都相同，但是人類在不同時期的起點各不相同，例如，現今要走進超感官領域道路的人起點必然不同於古埃及時期的入門者，因此指派給古埃及時期靈性學生的修練並不適合就這樣讓現今的人類進行，從那時起人類心魂經歷了各種不同的化身，累世的進展並非無意義或不重要，每次化身心魂的能力與特質都會改變，即使只從表面觀察人類歷史生活的人都會注意到，從西元十二或十三世紀以來所有的生活條件都發生了變化，人類的觀點、情感及能力也都與之前不同了，在此所述更高層知識的道路是適合於現今化身的心魂，它以人類當代靈性發展所在的位置為起點，無論他當下處於何種生活條件。

正如隨著演化進展人類的外在生活形態有所改變，更高層知識的道路也會依不同時期採取不同形式，任何時刻外在生活與入門必須保持完美和諧。

第十六章

宇宙與人類演化的現在與未來

〔1〕

若不理解過去的演化就不可能從靈性科學的角度去理解人類和宇宙演化的現在與未來，因為當靈性研究者觀察過去隱藏的事實，他所感知到的同時也包含他對現在與未來所知的一切，這本書已經提到了古土星、古太陽、古月亮及地球的演化階段，如果不觀察過去演化階段的事實，就無法從靈性科學的角度理解地球的演化階段，因為現今人類在地球上所面對的，某種程度也包含了古月亮、古太陽、古土星演化階段的事實，涉及古月亮演化階段的存有者及事物進一步發展，現今屬於地球的一切都由它們而來。但是並非所有從古月亮演化到地球的一切都可以被物質感官感知到，一部分由古月亮演化到地球的只能顯現在某種程度的超感官意識中，獲得了這種知識之後我們的塵世就連結到超感官世界，這包含了一部分尚未凝結到物質感官可及的古月亮事物，起初它只包含了現今的狀態而非在古月亮演化階段的狀態，然而超感官意識有可能得到它

******

在那時狀態的圖像。

如果這種超感官意識可以集中專注在目前可以得到的感知上，就會顯示出這個感知本身逐漸分開為兩個圖像，一幅圖像本身呈現出地球曾經在古月亮演化階段的形態，另一幅圖像呈現的方式可以如此被感知到：它包含了仍然初胚階段的形態，這只在地球現今成為真實的未來才會真正變成真實，進一步的觀察顯示從某種意義上來說，地球上正在發生的事情所產生的影響持續不斷注入這種未來形態，在當中他所面對的是我們地球即將變成的樣子，地球存在的影響將與更高層世界發生的一切結合，由此將出現一個新的宇宙，地球將會轉化為那個新的宇宙正如同古月亮已經轉化為地球，那個未來形態可以被稱為新木星階段。任何以超感官觀察新木星階段的人都會發現有某些歷程必然在未來發生，因為地球世界的超感官有一部分是起源於古月亮階段的存有者和事物，當物質感官的地球上發生這件或那件事情時它們會以某種形式存在，因此在新木星階段會有一些事物已經在古月亮演化階段預先決定，另外還有一些新事物經由地球演化階段才加入整個演化過程，因此超感官意識可以得知在新木星階段將會發生什麼。

在這個意識範圍內觀察到的本質及事實並不具有感官圖像的特質，它們甚至沒有表現為精緻通透的結構去產生使人聯想到感官印象的效果，從它們那裡得到的是純粹靈性的音聲印象、光印象、熱印象，這些無法經由任何形式的物質體現來傳達，只能經由超感官意識來掌握，但是仍然可以說這些存有者擁有「身體」，這個身體在它們的心魂中展現自己當下的本質，像是攜帶在他們心魂本質中凝聚的記憶總合，一個人可以在本質中區分出什麼是它們正在經歷的，什麼是它們經驗過而記得的，後者像身體一般被包含在心魂本質當中，其體驗方式就像地球人類體驗他的身體一樣。

運用比感知上述古月亮和新木星所需更高的超感官感知有可能感知到某些存有者及事物，它們是古太陽階段已經存在的存有者及事物更進一步發展的形式，它們現今存在的程度如此之高，以致於僅能感知到古月亮形式的意識無法感知到它們，內在沈思當中這個世界的圖像也會分為兩幅，一幅圖像使人感知過去的古太陽階段，另一幅表現地球未來的形式，也就是當地球與新木星過程的影響注入那個世界的形態之後地球將會轉化成的形式，以這種方式觀察到的未來世界就靈性科學的觀點會稱之為新金星階段，相似地，對於更進一步發展的超感官意識來說還有一個未來的發展階段可以稱為瓦肯星階段，它與古土星階段的關係就如同新金星階段與古太陽階段、新木星階段與古月亮階段，因此如果考慮到地球演化的過去、現在和未來，可以說有古土星、古太陽、古月亮、地球、新木星、新金星、瓦肯星等階段。

除了地球演化的整體狀況之外，對不久將來的觀察也會出現這樣的意識，過去的每一幅圖像都對應到未來，然而當我們談論這樣的事情時，必須強調一些盡可能仔細檢視的考量，如果一個人要認識這樣的事情就必須完全放棄以下觀點：只對感官所及的真實進行哲學思考就可以徹底了解相關的一切；這些事情不可能也不應該經由哲學思考來研究，如果有人相信當他獲得靈性科學關於古月亮演化階段的訊息，再經由哲學思考把地球與古月亮的情況加以比較就會得出新木星的樣子，那麼他就沈迷於巨大的欺騙，要提升到超感官意識的觀察才能對這些情況進行研究，只有研究成果的訊息才可能在沒有超感官意識的情況下理解它們。

〔註5〕

在本書中的各個章節中已經描述了人類所屬的世界以及人類本身如何經歷被稱為古土星、古太陽、古月亮、地球、新木星、新金星、瓦肯星的狀態，也指出人類演化與現存地球以外天體（包括土星、木星、火星等等）的關係，這些天體自然也會經歷她們的演化，現今她們演化達到的階段有物質層面可以被感知到，而在天文物理學當中被稱為土星、木星、火星等等，從靈性科學的觀點來看，現今的土星某種程度可以視為古土星的再軀體化，之所以如此是因為在太陽與地球分離之前，有特定的存有者無法參與這種分離，由於它們融合了許多適合土星存在的特質，以至於太陽特質最發達的地方無它們容身之處。然而，現今的木星之所以出現，是由於有某些存有者的特質只能在整體演化達到新木星階段時才能發展，為他們創造一個居所，在其中可以預示未來的演化，就如火星這個天體其上居住的存有者正在經歷古月亮階段的演化，以至於它們無法從地球的進一步發展中獲益，火星是古月亮在更高層次的再軀體化，居於現今水星的存有者領先地球的演化，他們以高於地球可能的形式發展出某些地球特質，現今的金星以類似的方式預示了新金星的狀態。

綜上所述，以現今在宇宙中有相關表現的星體名稱來為地球之前及之後的階段來命名是適當的，毋庸置疑，如果是用外在自然觀察訓練出來的智力將超感官感知到的古土星、古太陽等演化狀態與相應名稱的物質天體進行比較，就會對上述說法提出許多反對意見，但是，正如有可能經由數學概念將太陽系化為時間—空間事件的圖像置於心魂之前，經由超感官感知也可能使這個數學圖像充滿心魂內涵，如此就能容許上述的比較，這樣充滿心魂內涵的圖像也完全符合嚴格自然科學研究的進一步成果，只是目前自然科學仍然僅限以純粹數學—機械的概念來尋找太陽系與地球之間的相互關係，若是能這樣做，那麼未來的科學將會被自身驅動從這些機械概念擴展延伸到心魂概念。為了證明在現今自然科學概念的基礎上有可能發生這樣的擴展延伸會需要編寫另外一本書，即使指出的事情必定會遭受一些誤解，在此還是要指出以下觀點，靈性科學與自然科學之間的分歧通常只是表面的，因為自然科學目前仍然拒絕在形成概念時不僅要符合超感官感知的要求，也要堅持感官感知事實的要求，不帶偏見的觀察者可以在現代自然科學觀察結果當中到處看到純粹感官觀察以外領域的跡象，這些跡象未來必須以純粹自然科學的方式進行研究，這些研究將表明超感官感知揭露的超感官世界事件與感官顯現的對應可以完全被自然觀察所證實。

＊＊＊＊＊＊

〔2〕

靈性研究者現在傳達有關未來訊息的處境，不同於傳達有關過去訊息的處境，一開始人類無法像看待過去那樣不帶偏地見面對未來的事件，未來將發生的事件激起人類的情感及意志，與承受過去事件完全不同，任何觀察生活的人都知道在日常生活中也是如此，只有了解超感官世界中某些事物的人才能知道隱藏的生命事實以何種形式及多大程度增加了這樣的傾向，這也就是為什麼有關這些事情的知識會被限制在特定範圍。

＊＊＊＊＊＊

〔3〕

正如同大宇宙的演化可以被描述為從古土星階段到瓦肯星階段不同狀態的序列，例如地球演化階段這樣較短的時期也可以這樣描述，自從巨大動盪導致古亞特蘭提斯的生命結束之後，接著人類發展歷經了不同階段，在本書中描述為古印度時期、古波斯時期、埃及—迦爾底亞時期、希臘—拉丁時期，第五個時期是現今人類所在的時期，它從第四、第五世紀開始預備，大約十二、十三、十四世紀逐漸開始，到十五世紀很清楚地展現，先前的希臘—拉丁時期起始於公元前八世紀左右，在前三分之一結束時發生了基督事件。從埃及—迦爾底亞時期到希臘—拉丁時期的過渡，人類的心魂狀態及能力都轉變了，之前，現今所謂以邏輯思考來理解世界的方式還不存在，人類現今可以經由理智獲得的知識，在那時適合的形式是直接經由某種意義上的內在超感官知識獲得，當人感知到事物，心魂所需的概念和圖像就浮現在他的心魂之中，當認知能力是這樣的，不只會出現感官物質世界的圖像，在心魂深處也會得到非感官事實及存有者的特定認知，這種古老、昏暗的超感官意識的殘留曾經是全人類的共同資產。

在希臘—拉丁時期越來越多人缺乏這種能力，取而代之的是對事物開始有理性思考的能力，人類越來越遠離對靈性心魂世界夢幻般的直接感知，越來越依賴經由思考與情感來形成它的圖像，從某個角度來看，整個後亞特蘭提斯的第四個時期都持續這種狀態，只有那些保留了古代心魂狀態為遺產的人才能於意識中直接感知靈性世界，但這些人是更古老時代的落隊者，他們的感知方式不再適合新的時代，由於演化法則的緣故，當新的能力出現舊的心魂能力就完全失去意義，人類生命適應了新的能力就不再以舊能力做任何事。然而也有一些人開始以非常有意識的方式去開發比已獲得的思考及情感更高的能力，這使他們有可能再次穿透進入靈性心魂世界，他們不得不開始用與古代入門學生不同的方式來進行，古代入門學生不必考慮第四時期發展出來的心魂能力，在本書中被描述為現代的靈性修練方式起始於第四時期，但是那時它才剛起步，要經驗實際的培訓要等到第五時期（從十二、十三世紀開始，尤其是到了十五世紀之後），以這種方式尋求提升進入超感官世界的人可以經由他的觀像、靈感、直覺得知更高存在領域的事物，對於那些保持在已發展的思考及情感能力的人，只能經由代代相傳的口語或書寫傳統來學習古代靈視所知。

〔4〕

＊＊＊＊＊＊

然而在基督事件之後才出生的人，若是沒有提升進入超感官世界，就只能經由上述傳統才能得知基督事件的真正本質，然而也有一些入門者即使忽略了新的思考及情感，仍然對超感官世界具有自然的感知能力並且經由發展提升進入更高層世界，這創造了由舊式入門到新式入門的過渡，這種人物也存在於後續時代，然而第四時期的本質特徵在於經由隔絕心魂與心魂靈性世界的直接交流，人類增強並鞏固了思考與情感的力量，在那時軀體化的心魂以這種方式高度發展了思考與情感，然後將發展成果帶入第五時期的化身，作為這種隔絕的補償，古代智慧的偉大傳統出現了，尤其是基督事件，經由其內容的力量提供心魂來自更高層世界的可靠知識。

總是會有人在思考及情感能力之外發展出更高的感知能力，他們的任務是經由直接的超感官認識來體驗更高層世界的事實，尤其是基督事件的奧秘，總是有許多從他們那裡流入其他人的心魂，更甚於這些心魂所能理解及受益的。與地球演化呼應，基督宗教第一次擴張的時候大部分人類都還沒有發展出超感官感知能力，這就是為什麼當時傳統的力量如此強大，需要最強大的力量引導那些無法親見這個世界的人相信有超感官世界，除了十三世紀的短暫例外，幾乎總是有人可以經由觀像、靈感、直覺提升進入更高層世界，這些人是古代入門者在基督之後的繼承人，他們曾經是奧秘智慧中心的領導者及成員，他們的任務是經由他們擁有的能力再次認識古代奧秘智慧曾經掌握的知識，因此他們必須補充基督事件本質的知識。

＊＊＊＊＊＊

〔5〕

因此，在這些新式入門者之間出現了一種知識，包含了舊式入門者的所有主題，但是從這種知識的中心放射出對基督事件奧秘的更高認識，在第四時期人類心魂要強化思考與情感能力，這種知識只能很有限地流入一般生活，因此在那時這是非常「隱密的知識」，然後新的時期破曉，可以被稱為第五時期，它的本質在於思考能力的發展已經進步而繁榮興盛，並且從現在到未來還會繼續開展，它從十二、十三世紀開始慢慢準備，從十六世紀到現代進展變得越來越快。在這些影響下，在第五時期的發展期間思考力量得到越來越多關注，之前信任的知識、傳統知識對人類心魂越來越沒有力量，但是這時候的發展可以被稱為由現代超感官意識而來的知識不斷流入人類心魂，儘管「隱密知識」起初不為人所知，還是流入了這個時期人類的思考方式當中，不言而喻，直到現在思考力量仍然拒絕這種知識，即使有這些暫時的拒絕，應該發生的還是會發生。

這些從另一端理解人類並且越來越能被人類理解的「隱密知識」可以用「聖杯」做為知識的象徵，一個人若是能學會理解這個象徵在故事傳說中展現的更深層含義，就會發現上述以基督奧秘為中心的新式入門知識具有意義重大的本質，因此現代入門者也可以被稱為「聖杯入門者」，「聖杯科學」引導朝向超感官世界之道，在本書中已描述了其中的第一個階段，這種知識的獨特之處在於只有當一個人學會了本書中所描述的方法才能對其事實進行探究，然而一但事實被發現了，就可以被第五時期已經發展出來的心魂力量精確地理解，是的，這些力量將經由這些知識得到越來越多滿足感，這種現像會越來越明顯，在我們生活的現代，這些知識將比過去更豐盛地被一般意識所吸收，本書希望從這個觀點傳達其訊息，當人類演化吸收了聖杯的知識，基督事件給予的驅動力可能變得越來越重要，基督宗教發展的外在將會越來越與內在連結，經由觀像、靈感、直覺感知到與基督奧秘連結的超感官世界將會越來越滲透到人類的思考生命、情感生命和意志生命當中，「隱密的聖杯知識」將會變得公開，作為一種內在力量，它將越來越滲透到人類的生命表現當中。

******

〔6〕

在整個第五時期，超感官世界的知識將會持續流入人類意識，當第六時期開始，人類將會在更高層次重新獲得遠古時期仍然昏暗朦朧的非感官知覺，但是新獲得的完全不同於舊有的形式，在遠古時期心魂對更高層世界所知並未被思考與情感力量滲透，這種知道只是靈光一閃，在未來不會只有靈光一閃，而是會理解並感受到它存在於自己的本質之中，當關於這個或那個存有者或事物的知識來到，理智會發現這個知識的正當性必須由其本質來證成，如果另一種關於人類行為道德誡命的知識要確立自己，心魂會對自己說：「只有吾能依其知識行為，我的情感才會覺得自己是正確的。」在第六時期將有足夠多的人類修練達到這種心魂狀態。

從某種意義上說，第五時期重複了第三時期（埃及—迦爾底亞）帶給人類演化的貢獻，那時心魂仍然能感知超感官世界的某些事實，但是這樣的感知正在逐漸消失，因為思考力量正在為它們的發展做準備，如此才能暫時將人類隔絕於更高層世界之外，原本在第三時期由昏暗朦朧的意識知覺到的超感官事實在第五時期再次顯現，這些事實現在被人類的思考力量及情感力量滲透，也被基督奧秘賦與心魂的知識滲透，因此它們採取的形式與之前完全不同，在遠古時代，從超感官世界得來的印象被感覺為從人類以外的外在靈性世界而來的驅動力量，隨著近代的發展，這些印象被感覺為來自人類在當中日益成長並逐漸站穩腳步的世界，沒有人應該相信埃及－迦爾底亞文化重複的方式就只是讓心魂吸收到那時已經存在並且傳承下來的事物，正確理解基督驅動力對人類心魂的作用，就會感覺自己是靈性世界的一員並且依循對靈性世界的認識而行動，先前他們仍然感覺自己在靈性世界之外。

如此，第三時期在第五時期中復興使第四時期帶給人類心魂的全新事物滲透瀰漫，類似情況也發生在第六時期對應第二時期、第七時期對應第一時期（古印度），所有偉大導師在古印度宣揚的奇妙智慧將再現成為第七時期人類心魂的生活真理。

＊＊＊＊＊＊

〔7〕

現在，人類以外的地球發生任何變化也都與人類自身演化有某種關係，在第七時期結束時地球將遭遇堪比亞特蘭提斯與後亞特蘭提斯之間的動盪，之後，轉化後的地球狀態將再經歷七個時期的演化，那時軀體化的人類心魂會在更高層次上體驗成為更高層世界的社群共同體，而人類心魂在亞特蘭提斯時代只能在較低層次體驗到，但是只有那些在後亞特蘭提斯時代的希臘—拉丁時期及後續的第五時期、第六時期、第七時期都曾經軀體化而受其影響的心魂，才能適應重新構造的地球情境，這些心魂的內在將會對應到那時地球的變化，其他心魂在那時將不得不落後，而這是他們先前的選擇所創造的狀況，特別是那些在後亞特蘭提斯第五時期過渡到第六時期倖存下來心魂，在下一次大動盪之後將會成熟達到相應條件以思考力量與情感力量滲透超感官知識，可以說第五時期和第六時期是決定性的，在第七時期當中已經達到第六時期目標的心魂將循此進一步演化，但是其他心魂在已經改變的情境條件下幾乎沒有機會彌補之前錯失的一切，要到遙遠的未來才會再次出現容許彌補的情境。

就這樣從一個時期演化發展到下一個時期，超感官感知不僅觀察未來涉及地球本身的變化，也會觀察與四週天體協同進行的變化，將來地球和人類都會演化到如此先進，以致於在列木里亞時代為了使地球上的人類可能進一步發展而不得不脫離地球的力量及存有者將可以重新與地球團聚，到那時月亮將再次與地球結合，之所以會發生這樣的情況，是因為有足夠數量的人類心魂擁有如此多的內在力量，使這些月亮力量有益於進一步演化，在那個時代除了有相當數量的人類心魂達到高度發展之外，還有另外一些心魂朝向邪惡方向發展，這些落後的心魂將在他們的業力中累積大量的錯誤、醜陋與邪惡，他們暫時組成邪惡與歧途的特殊聯盟，激烈對抗善良人類的社群。

* * * * *

〔8〕

善良的人類將經由其發展學會使用月亮的力量從而轉化邪惡的部分，使它成為地球上一個特殊的國度隨同地球進一步演化，經由善良人類的工作，已經與月亮重新結合的地球再經過一段時間演化之後會與太陽（及其他行星）團聚。在一段像是暫居於更高層世界的過渡階段之後，地球將自身轉化為新木星狀態，在這種狀態下現今所謂的礦物界將不復存在，礦物界的力量將被轉化為植物界的力量，與現今相比植物界將有全新的形態，在新木星階段植物界是最低的顯現，在它之上是轉化後的動物界，然後是源自於地球上邪惡聯盟的後代所組成的人類國度，之上還有更高層次的人類國度是源自於地球上善良人類社群的後代，後一個人類國度的大部分工作是去提升落入邪惡聯盟的心魂，使他們仍然可以找到回歸真正人類國度的道路。

在新金星狀態下植物界也將消失，最低的界將是再次轉化後的動物界，還有三個完美程度不同的人類國度，在新金星狀態下地球仍然與太陽合而為一，另一方面在新木星階段的演化方式是，在某個時刻太陽再從新木星分離並從外在影響她，然後太陽與新木星再次結合，並逐漸轉化成為新金星狀態，在那時將有一個特殊的天體從新金星分離出來，當中包含了所有抗拒演化的存有者，被稱為「不可救藥的月亮」，因為它演化的方向與人類在地球上可以經驗到的一切完全不同，以至於沒有語言可以表達它的特質，然而演化後的人類會成為完全靈性化的存在走向瓦肯星演化階段，對此的描述超出了本書的範圍。

******

〔9〕

可以看到人類演化的最高理想源自於「聖杯的知識」，人類可以設想經由人類自身的努力獲得靈性化，因為人類於當今演化的第五時期及第六時期在思考力量、情感力量與對超感官世界的感知之間達到平衡，終於使這種靈性化出現，他於心魂內在努力獲得的一切最終將成為外在世界，人類的靈性將自己提升到外在世界的強大印象，先是猜想、後來才辨識出這些印象背後的靈性存有者，人心感受到這種靈性的無限崇高，但是人類也可以將他內在體驗到的理智、感覺和品格視為形成靈性世界的種子。

〔10〕

＊＊＊＊＊＊

如果有人認為人類的自由與對事物未來狀態的預知及預定並不相容，那麼就應該考慮到人類未來的自由行動並不取決於預定事物的狀態，所謂的自由是，他計劃在一年後要入住的房子狀態取決於他現在的計劃，他將盡可能自由地按照自己的內在本質去建造自己的房子，他在新木星與新金星當中的自由程度會相應於他在那時升起的內在狀態，自由並不取決於上述狀況預先決定的東西，而是取決於心魂對自己的作為。

〔11〕

＊＊＊＊＊＊

地球狀態包含了先前在古土星、古太陽、古月亮狀態演化的一切，地球人類在四週發生的過程中發現了「智慧」，這種智慧是先前發生事物的成果，地球是「古月亮」的後代，古月亮將自身及從屬於她的一切造成「智慧的宇宙」，地球現在是演化的開始，新的力量經由演化注入這種智慧，這使人類感覺自己是靈性世界中獨立的一分子，這是由於事實上他的「吾」是在地球階段由「造形靈」造成，正如同在古土星階段由「意志靈」造成他的物質身、在古太陽階段由「智慧靈」造成他的生命身、在古月亮階段由「運動靈」造成他的星芒身，經由「意志靈」、「智慧靈」與「運動靈」的互動產生了智慧的外顯，經由這三階層靈性存有的作用，地球上的存有者及過程可以有智慧地與世界上其他存有者和諧相處，人類從「造形靈」得到了獨立的「吾」，經由在地球階段注入智慧的力量，這個吾將在未來與地球、新木星、新金星與瓦肯星的存有者和諧相處，這就是愛的力量，在地球人類當中這種愛的力量必須開始。

「智慧的宇宙」正在演化成為「愛的宇宙」，「吾」可以在自身中發展的一切都應該變成愛，在描述基督演化時可以辨識出崇高太陽存有者的顯現是無所不包的「愛的典範」，因此愛的種子被沈入人類本質核心的最深處，並且應該從那裡注入整體演化，正如先前形成的智慧顯現為地球外在感官世界的力量，成為現今的「自然力量」，未來愛本身也會在所有現象中顯化成為一種新的自然力量，這是未來所有演化的秘密：人類出於對演化的真實理解而完成的一切及得到的知識，都是必成熟為愛的種子，產生多少愛的力量未來就能完成多少創造工作，終將變成愛的一切當中具有強大力量導致上述靈性化的最終結果，越多靈性知識注入人類和地球的演化中，未來將有越多可萌發的種子出現，靈性知識經由其本質轉化為愛。

上述從希臘—拉丁時期到現代的整個過程展示出這種轉變將如何發生以及演化朝向未來的開端，經由古土星、古太陽到古月亮準備好的智慧作用在人類的物質身、乙太身、星芒身，其自身成為「智慧的宇宙」，然而自身在「吾」之中內化，「外在世界的智慧」在地球演化階段變成人類的內在智慧，當它內化就成為愛的種子，智慧是愛的前提，愛是智慧在「吾」之中重生的結果。

******

〔12〕

如果有人被前面的說明引誘而以為上述演化具有宿命論的印記那就是誤解了，如果有人相信這樣發展會責罰特定數量的人類成為「邪惡人類」國度的一分子，就無法看見這樣演化如何形成感官狀態與心魂靈性的相互關係，在一定限度內，感官狀態與心魂靈性分別形成獨立的演化潮流，經由感官狀態潮流本身的力量會形成「邪惡人類」的形式，但是只有當人類心魂本身造成相應的條件，人類心魂以這種形式軀體化的需求才會存在，也有可能發生這種狀況，源自感官狀態力量的形式遇不到源自先前時代的人類心魂，因為這些心魂太過善良而不適合這種身體，如此，這些形式必須從外在宇宙尋找先前人類心魂以外的方式才能活過來，只有當人類心魂準備好要以這種方式軀體化，這種形式才會經由人類心魂活過來。超感官感知必須說出在這個領域看見了什麼，在所指涉的未來會有兩個人類國度，一者為善、一者為惡；但不必然要從人類心魂當前的狀態以理智去推論出某種未來狀況是自然而必要發生，超感官感知必須以兩種完全獨立的途徑去探索人類形式的演化與心魂命運的演化，在世界觀中將兩者混淆將是物質主義態度的殘留，如此就將可疑的方法伸入超感官科學當中。

第七章

奧密科學領域的細節

******

〔1〕

人類的乙太身

如果經由超感官感知觀察人類的較高成員，這種感知從來不會完全等同於經由外在感官所感知到的，當人觸摸一個物體並有一種熱的感知，他必須要區分何者是由物體散發出來的，何者是他在心魂中體驗到的，內在心魂體驗到的熱感並不同於物體散發的熱，現在設想完全只有心魂體驗而沒有外物，想像在心魂中體驗到熱感就只是來自心魂而非由外物造成，如果沒有任何原因造成這種體驗就是幻覺，靈性學生確實會在沒有物質原因之下體驗到這種內在感知，尤其這種感知並非由他的身體引起，然而在某個發展階段他會知道內在感知並非幻想（如前所述可以經由自己的體驗得知），而是由外在超感官世界的靈性心魂存有者所引起，正如同一般對熱的感覺是由物質感官可及的外物所引起。

當談到色彩感知時也是如此，必須區分外物的顏色和心魂中對顏色的內在感覺，想像當心魂感知到外在物質感官世界的紅色物體時內在感覺如何，讓這樣的印象在記憶中保持鮮活並將目光從物體上移開，仍然留在記憶中的色彩可以視為內在體驗，如此就可以區分內在體驗的色彩與外在的色彩，這種內在體驗的內容與外在感官印象完全不同，與一般感官感知相比它們帶有更多痛苦和快樂感覺的印記。現在設想有一種在心魂中升起的內在體驗，並非由物質感官可及的外物或對外物的記憶所引起，具有超感官感知的人可以擁有這種體驗，在適當狀況下他還可以知道這不是幻覺，而是心魂靈性存有者的表現，如果這個心魂靈性存有者引起的印象與物質感官世界的紅色物體相同，那麼就會被稱之為紅色，然而就感官物質實體而言，總是會先有外在印象然後才有內在的色彩體驗，從現今人類真正的超感官感知來看則是相反的狀況：先有像色彩記憶般朦朧的內在體驗，然後才有越來越鮮活的圖象，越沒注意到事實上這個過程必須如此進行，就越無法區分真正的靈性感知與自以為是的欺騙（幻覺、幻想……），這種心魂靈性感知的圖象有多生動（會像昏暗的陰影一般保持朦朧或是像外物般有鮮明的效果），完全取決於具有超感官感知的人發展得如何。

現在可以這樣描述觀察者對人類乙太身的一般印象：如果超感官感知者達到如此的意志力，儘管事實上有一個有物質身的人類站在他面前，他仍然可以將注意力從身體眼睛所見移開，並經由超感官意識注視這個人類物質身佔據的空間，當然，強烈提升的意志不只能把注意力從他所想的事物移開，也可以從站在他面前的事物移開，以致於物質印象完全磨滅，但是這種提升是有可能的，而且可以經由達到超感官感知的練習而發生，以這種方式感知首先可以得到對乙太身的一般印象，心魂中浮現的內在感覺與看見桃花顏色的感覺相同，然後這變得鮮活，所以他可以說：「乙太身是桃花的顏色」，然後，他也感知到乙太身的各個器官和潮流，但是，也可以用與熱感、聲音印象等相應的心魂體驗來進一步描述乙太身，因為這不僅是一種顏色現象，星芒身與人類的其他成員也可以如此描述，如此考量就能明白如何看待靈性科學的描述。（請參閱

本書第二章）

＊＊＊＊＊＊

〔2〕

星芒世界

如果一個人只觀察物質世界，那麼人類所居住的地球會呈現為一個獨立的天體，但是當超感官感知提升到其他世界之後這種分離就會停止，因此可以說，用觀像感知地球的同時也感知了已經演化到現今的古月亮狀態，以這種方式進入的世界不只包含了地球的超感官層面，其他物理上與地球分離的天體也嵌入其中，超感官世界的觀察者不僅觀察了地球的超感官層面，也開始觀察到其他天體的超感官層面，（當被追問到「為何超感官觀察不表明火星上看起來是什麼樣子？」等問題時，應該記住這是對其他天體超感官層面的觀察，而提出這樣問題的人在意的是物質感官所見的狀況。）因此在本書的描述中可以談到地球演化與同時的土星、木星、火星等演化之間的關係。

當人類星芒身在睡眠中被帶走，它不只屬於地球狀態，也參與其他宇宙領域（星辰的世界），是的，這些世界在清醒時也會影響人類的星芒身，因此，「星芒身」這樣的稱呼似乎是合理的。

＊＊＊＊＊＊

〔3〕

人類死後的生命

在本書的描述中已經提過，在人類死後有一段時間星芒身仍然與乙太身連結在一起，在這段時間裡對於生前的整體記憶逐漸消失（參見第三章），這段時間的長短因人而異，取決於人類星芒身將乙太身維持在自身當中的力量有多強，也就是說，星芒身對乙太身有多少掌控力，以超感官感知觀察到一個人依其心魂及身體狀況實際上應該要睡著了，但是他能經由內在力量讓自己保持清醒，那麼就可以得到這種掌控力的印象，現在很明顯，不同人能保持清醒而不被睡眠打敗的時間長度各不相同，人類在死後對生前的記憶能維持多久（也就是星芒身與乙太身保持連結的時間），大約與他在極端狀況下能保持清醒的時間一樣長。

＊＊＊＊＊

〔4〕

如果乙太身在死後與人分離（參見第三章），但是其中會有一些所謂的精粹或本質仍在後來整體人類演化當中，這些精粹包含了生前生命的果實，它是人類從死亡到新生之間靈性發展過程一切開展的載體，就像來世的種子。（參見第三章）

＊＊＊＊＊

〔5〕

從死亡到重生之間的時間長度（參見第三章）是由以下事實決定的：通常在物質感官世界已經有足夠改變以至於「吾」可以體驗到新的事物

之後，「吾」才會返回物質感官世界，當吾在靈性領域之時地球居所正在改變，這種變化一方面與宇宙的巨大變化一起發生，包括地球與太陽相對位置的變化等，但是當中確實有些變化會重複發生而又伴隨著新的條件，你會發現它們的外在表現如下列事實，太陽春分時在天球上出現的點大約經過兩萬六千年會環繞一週，因此，春分點一段時間之後就會從天球上的一個區域移動到另一個區域，在十二分之一的期間（大約兩千一百年），地球上的條件已經發生了足夠的變化，以至於人類心魂在經歷先前化身之後一樣可以體驗到新事物，然而由於人類在男身或女身的體驗不同，所以在上述期間通常會有兩次化身，一次為男性、一次為女性。但是這些也取決於人類從塵世生命帶入死亡的力量，因此，包括此處提供的所有這類資訊應該理解為基本原則，細節可以有個別不同的變化。

一方面，人類的吾在死亡到新生之間會在靈性世界停留多久取決於上述宇宙條件，另一方面，它也決取於人類在這段期間經歷的發展狀態，一段時間之後這些狀態會引導「吾」進入一種不再滿足於其內在靈性生命的精神狀態，從而產生了改變意識狀態的欲望，經由映照感官經驗獲得滿足，結合了內在對軀體化的渴求以及在宇宙中找到適當軀體的可能性使人類進入塵世生活，這兩者必須配合，即使「渴求」尚未達到高點，但是由於出現了大致適合化身的軀體，因此軀體化可以發生，在另一種狀況下，即使還不到適當的時間，但是由於「渴求」已經超過高點，軀體化也可以發生，人類經由其身體本質的構成而發現自己的整體生命情懷與這些條件有關。

******

〔6〕

人類的生命歷程

要充份理解從出生到死亡之間人類生命一系列狀態的展現，就不能只考慮感官可及的物質身，也要注意到人類本質當中超感官組成部分的變化。可以由下列方式看待這些變化：物質身的誕生表現為人類脫離了母體的保護，人類胎兒誕生前與母體共有的力量，要到誕生之後才獨立存在，然而在之後的生命中發生了類似於物質身誕生的超感官事件可以被超感官感知到，直到人類在六或七歲換牙之前人類的乙太身仍然被包覆在乙太外鞘之中，乙太外鞘會在這段時間脫落，如此乙太身就「誕生」了，但是人類仍然被星芒外鞘所包覆，星芒外鞘會在十二到十六歲之間（性成熟之時）脫落，如此星芒身就「誕生」了，再更後來真正的「吾」才誕生。（這些超感官事實產生了一些對教育有益的觀點，載於拙著《從靈性科學觀點看兒童教育》，在此只能簡述的內容其中有進一步闡釋。）

在「吾」誕生之後，人的生活方式融入了世界和生活條件，並且經由「吾」去運作以下成員：感覺心、理知心及意識心，然後到了某個時刻乙太身再次倒退，經歷了從七歲以來相反的發展，先前星芒身的發展方式如下，最初展現為出生時已有的潛能，然後在「吾」誕生之後經由外在世界的經驗豐富了自己，到了某個時刻它開始以乙太身來滋養自己的靈性，這會消耗乙太身，再之後的生命中乙太身也開始消耗物質身，這與物質身的衰老有關。

如此，人類的生命歷程可以分成三個部分，首先物質身與乙太身逐漸開展，然後是星芒身與「吾」發展成長，最後是乙太身與物質身又再反向轉化，然而星芒身參與了由生到死的整個歷程，從靈性層面來看它在十二歲到十六歲之間才真正誕生，到生命最後階段不得不消耗乙太身與物質身的力量來維持自身，如果沒有在物質身與乙太身當中發展，只靠星芒身自己的力量來發展速度會更慢；死亡後，當物質身與乙太身脫落後，淨化期的發展大約歷經生死之間壽命的三分之一時間（參見第三章）。

******

〔7〕

靈性世界的更高領域

經由觀像、靈感和直覺超感官感知逐漸提升到靈性世界的某些領域，在當中可以接觸到參與宇宙和人類演化的存有者，這也使他能夠用可以理解的方式去追踪人類從死亡到重生之間的發展，然而還有更高的領域存在，這裡只能簡要提示。當超感官感知上升到了直覺，那麼就他活在靈性存有者的世界之中，這些存有者也持續演化，可以說當今人類所關注的事務延伸到了直覺的世界，然而人類在死亡到重生之間的發展歷程也接受了來自更高領域的影響，但是他並沒有直接經歷這些影響，靈性世界的存有者將這些影響帶給他，如果考慮到這些就可以得知人類所發生的一切，但是只有經由超越直覺的感知方式才能觀察到這些存有者本身的事務，包括祂們指引人類演化的需要。可以用這樣的方式想像來指向那個領域的情況，在地球上最高層次的靈性事務在那裡屬於最低層次，例如在地球領域理性決定是屬於最高層次，礦物王國的影響屬於最低層次，而在更高領域中理性決定大約相當於地球上礦物的影響，在超越直覺範圍的領域，宇宙計劃是由靈性因素所編織。

＊＊＊＊＊＊

〔8〕

人類的組成部分

如前所述（參見第96頁及其後），「吾」對人類組成部分包括物質身、乙太身及星芒身下工夫，並以相反順序轉化形成了靈自我、生命靈及靈性人，這是指吾經由最高的能力對人類的組成部分下工夫，這些發展在地球演化階段才剛開始，但是這種轉變先前發生在較低層次而形成了感覺心、理知心及意識心，因為在人類演化的過程中，感覺心的形成在星芒身中發生了變化，理知心的形成表現為乙太身的轉化，意識心的形成表現為物質身的轉化，在本書描述地球演化的過程中提供了某些細節。因此在某種意義上可以這麼說：感覺心基於轉化後的星芒身、理知心基於轉化後的乙太身、意識心基於轉化後的物質身，但是也可以說這三個心魂都是星芒身的一部分，因為以意識心為例，他只有成為一個星芒存有者才可能進入適合的物質身，他在被轉化為居所的物質身當中過著星芒生命。

＊＊＊＊＊＊

〔9〕

夢境狀態

在本書第三章當中已經描述了夢境狀態的特定層面，一方面它可以被理解為人類在古月亮演化階段與大部分地球演化階段期間古老圖像意識的遺蹟，因為在演化過程中較早的狀態也會在之後的階段顯現，因此現今作夢時過去正常的意識狀態成為遺蹟顯現在人類之中，然而同時這種狀態也有相異於古代圖像意識之處，因為自從吾形成以來祂也參與了星芒身發生在睡夢中的歷程，因此在夢境中的圖像意識由於吾的臨在而改變，但是因為作夢時吾並非有意識地作用在星芒身上，所以從靈性科學的觀點來看，任何屬於夢境領域的事物都不算是對超感官世界的真實感知，這同樣適用於一般被稱為異像、預感或「第二視覺」的情況，這些情況是由於「吾」被關閉而浮現了古代意識狀態的遺跡，在靈性科學中並不直接使用這種意識狀態，如此觀察到的內容不能被視為靈性科學真正的成果。

* * * * *

〔10〕

獲得超感官的知識

在本書中詳述獲得超感官知識的途徑也可以稱為「直接的知識之道」，此外有另一條途徑可以被稱為「感覺之道」，但若是相信前者與培養情感無關就完全搞錯了，相反地，它導致深化情感生命的最大可能，但是「感覺之道」直接轉向純粹的感覺，並試圖由此提升到感知，這會基於以下事實，當心魂在一段時間內完全獻身於某種感覺，那麼這種感覺就會轉化為感知，一種圖像的觀念，例如，如果心魂可以在幾週、幾個月甚至更長的時間內完全充滿了謙卑的感覺，這種感覺的內容就會轉化成觀念，一個人也可以經由逐漸經歷這種感覺而找到進入超感官領域的方法。然而現代人要在日常生活情境下實踐並不容易，由現代生活中引退隔絕幾乎是無法避免的，因為特別是在發展初期，日常生活帶來的印象會干擾心魂達到完全沈浸於某種感覺，另一方面，本書所描述的知識之道可以在現代生活的各種狀況下實踐。

＊＊＊＊＊

〔11〕

觀察靈性世界中特定的事件及存有者

可以問一個問題：內在沈思及其他獲得超感官感知的方法是否只

允許從整體去觀察人類在死亡到出生之間或其他靈性歷程，或是也可能去觀察特定的歷程及存有者，例如觀察某個特定死者？對此的回答必須是：任何以上述方式得到觀察靈性世界能力的人也可以觀察其中發生的細節，他使自己有能力與介於死亡到重生之間在靈性世界的人類進行聯繫，必須注意的是從靈性科學的觀點來看，這只應該在經過真正超感官感知的修練之後才去進行，只有這樣在涉及特定事件與存有者時才能區別欺騙與真實，任何人未經適當修練就去觀察特定事物可能會成為許多欺騙的受害者，即使像是理解如何解釋超感官世界特定事實的印象這麼基本的事，如果沒有先進的靈性修練也不可能做到；本書所描述導致觀察更高層世界的修練，也能導致人可以追踪特定人死後的生活，甚至還可以觀察並理解特定靈性心魂存有者如何從隱藏的世界作用影響到外顯的世界。

但是只有先從整體認識到人類在其中演化的大宇宙以及人類在靈性世界的實際情況，才可能對特定事物進行正確可靠的觀察，任何人只要一端而不要另一端就會誤入歧途，觀察靈性世界必經的過程在於，只有先努力通過嚴肅而困難的道路，傾向以一般知識問題去揭示生命的意義之後，才被允許進入最初渴望的超感官領域；只有當一個人以純粹無私的求知欲走上這條道路，足夠成熟之後才能觀察細節，在此之前對細節的觀察只是滿足了私慾，即使一個人是出於愛—例如對一個死者的愛—而想要尋求對靈性世界的洞察，只有當一個人對一般靈性科學知識有濃厚興趣並且能不帶私慾把這些細節視為客觀科學事實，才能得到對特定事物的洞察。

好生活 017
奧密科學大綱（Die Geheimwissenschaft im Umriß）

作者：魯道夫・史代納（Rudolf Steiner）
譯者：李怡達（丹尼爾）
美術設計：Johnson Lin

總編輯：廖之韻
創意總監：劉定綱

法律顧問：林傳哲律師 / 昱昌律師事務所

出版：奇異果文創事業有限公司
地址：台北市大安區羅斯福路三段 193 號 7 樓
電話：（02）23684068
傳真：（02）23685303
網址：https://www.facebook.com/kiwifruitstudio
電子信箱：yun2305@ms61.hinet.net

總經銷：紅螞蟻圖書有限公司
地址：台北市內湖區舊宗路二段 121 巷 19 號
電話：（02）27953656
傳真：（02）27954100
網址：http://www.e-redant.com

印刷：永光彩色印刷股份有限公司
地址：新北市中和區建三路 9 號
電話：（02）22237072

初版：2020 年 5 月 27 日
再刷：2022 年 4 月 19 日
ISBN：978-986-98561-9-5
定價：新台幣 888 元

國家圖書館出版品預行編目 (CIP) 資料

奧密科學大綱 / 魯道夫 . 史代納 (Rudolf Steiner) 著 ; 李怡達
譯 . -- 初版 . -- 臺北市 : 奇異果文創 , 2020.05
面 ; 公分
譯自 : Die geheimwissenschaft im umriß
ISBN 978-986-98561-9-5(精裝)

1. 靈修 2. 神祕主義

192.1 109007179